DISRUPTING CLASS
How Disruptive Innovation Will Change the Way the World Learns

重塑教育
颠覆式创新如何改变课堂

[美] 克莱顿·M.克里斯坦森　迈克尔·B.霍恩　柯蒂斯·W.约翰逊　著
(Clayton M. Christensen)　(Michael B. Horn)　(Curtis W. Johnson)

周爽 译

机械工业出版社
China Machine Press

图书在版编目（CIP）数据

重塑教育：颠覆式创新如何改变课堂 /（美）克莱顿·M. 克里斯坦森，（美）迈克尔·B. 霍恩，（美）柯蒂斯·W. 约翰逊著；周爽译 .— 北京：机械工业出版社，2022.1（2022.6 重印）

书名原文：Disrupting Class: How Disruptive Innovation Will Change the Way the World Learns

ISBN 978-7-111-69580-6

I. ①重… II. ①克… ②迈… ③柯… ④周… III. ①课堂教学-教学研究 IV. ① G424.21

中国版本图书馆 CIP 数据核字（2021）第 251955 号

北京市版权局著作权合同登记　图字：01-2020-2445 号。

Clayton M. Christensen, Michael B. Horn, Curtis W. Johnson. Disrupting Class: How Disruptive Innovation Will Change the Way the World Learns.

ISBN 978-0-07-175910-6

Copyright © 2017, 2011, 2008 by Clayton M. Christensen.

All Rights reserved. No part of this publication may be reproduced or transmitted in any form or by any means, electronic or mechanical, including without limitation photocopying, recording, taping, or any database, information or retrieval system, without the prior written permission of the publisher.

This authorized Chinese translation edition is jointly published by McGraw-Hill Education and China Machine Press. This edition is authorized for sale in the Chinese mainland (excluding Hong Kong SAR, Macao SAR and Taiwan).

Translation copyright © 2022 by McGraw-Hill Education and China Machine Press.

版权所有。未经出版人事先书面许可，对本出版物的任何部分不得以任何方式或途径复制或传播，包括但不限于复印、录制、录音，或通过任何数据库、信息或可检索的系统。

本授权中文简体字翻译版由麦格劳-希尔（亚洲）教育出版公司和机械工业出版社合作出版。此版本经授权仅限在中国大陆地区（不包括香港、澳门特别行政区及台湾地区）销售。

版权 © 2022 由麦格劳-希尔（亚洲）教育出版公司与机械工业出版社所有。

本书封面贴有 McGraw-Hill Education 公司防伪标签，无标签者不得销售。

重塑教育：颠覆式创新如何改变课堂

出版发行：机械工业出版社（北京市西城区百万庄大街 22 号）	邮政编码：100037
责任编辑：刘　静	责任校对：殷　虹
印　　刷：固安县铭成印刷有限公司	版　次：2022 年 6 月第 1 版第 2 次印刷
开　　本：170mm×230mm　1/16	印　张：19.75
书　　号：ISBN 978-7-111-69580-6	定　价：50.00 元

客服电话：(010) 88361066　88379833　68326294　投稿热线：(010) 88379007
华章网站：www.hzbook.com　读者信箱：hzjg@hzbook.com

版权所有·侵权必究
封底无防伪标均为盗版

目 录

赞誉
总序
推荐序一
推荐序二
译者序
致谢

001　　引言
021　　兰德尔高中

第 1 章
千人一面的"教"和千人千面的"学"

030　　❖ 重新理解智能和我们的学习方式
035　　❖ 相互依存性和模块化
039　　❖ 学校的困境：标准化教学和个性化学习
041　　❖ 在今天的工厂流水线式学校里实现教学的定制化是否可能
045　　❖ 在以学生为中心的新系统中实现因材施教
046　　注释

第 2 章
学校职能：应社会要求而变化

- 055 ❖ 颠覆式创新理论
- 060 ❖ 用颠覆式创新理论解读公立学校系统：如何衡量"性能"
- 074 ❖ 这件事儿就别责怪老师和学校管理者了
- 076 注释

第 3 章
削足适履的教学电脑

- 084 ❖ 在非消费者中引入颠覆式创新
- 085 ❖ 科技落地和立法程序
- 092 ❖ 如何把电脑塞进学校
- 095 ❖ 如何实施基于电脑的教学：拉赫玛尼诺夫的启示
- 098 注释

第 4 章
颠覆性使用电脑的正确姿势

- 105 ❖ 新市场中颠覆式创新的萌芽
- 108 ❖ 以市场需求为导向
- 110 ❖ 沿着颠覆式创新的脚印
- 118 ❖ 未来的教室
- 121 ❖ 测评的未来
- 126 注释

第 5 章
以学生为中心的学习体系

138	❖ 颠覆价值网络
147	❖ 通过颠覆式创新实现以学生为中心的教学体系
155	❖ 受管制的颠覆性市场：从其他行业汲取的教训
158	注释

第 6 章
早教对学生健康成长的影响

165	❖ 舞蹈性语言
168	❖ 恶性跨代循环
169	❖ 我们应该如何做
171	注释

第 7 章
为什么越来越多的学生缺乏学习动力

177	❖ 为了解决这个问题，让我们来借鉴从其他商业场景中学习到的激励客户购买商品的方法
177	❖ 正确进行市场细分的重要性
185	❖ 学生们的任务
187	❖ 整合任务
195	注释

第 8 章
亟待改进的教育学术研究

205	❖ 理解体的建立和描述
208	❖ 改善描述性理解体
214	❖ 教育研究中的进步
216	❖ 什么样的研究结论是有效的
218	注释

第 9 章
组织创新

230	❖ 组织的灵魂
232	❖ 组织设计的一个模型
238	❖ 公立学校系统的创新及组织架构
248	❖ 促进体系结构变革的政治力量
254	❖ 有希望改变学校现状的治理工具
257	❖ 教育者的困境
258	注释

结语

268	致教育系统的领导者：行政人员和民选官员
270	致慈善机构与基金会
271	致企业家和创业者
271	致教师培训学院
272	致研究生教育学院
272	致教师、家长和学生

赞 誉

教育是国际现象。在改革开放，加强教育国际化的过程中，我们更需要了解世界各国改革的动向和各种不同的思想观念。非常高兴看到周爽翻译的《重塑教育》一书，本书介绍了美国学者运用企业中的颠覆式创新理论分析美国公立教育的问题，读来让人产生思考和受到启发。周爽既有中国教育的背景，又有美国教育经验。欢迎她投入祖国的教育事业。

顾明远
北京师范大学资深教授，中国教育学会名誉会长

这是一本让我眼睛一亮的著作。作者用颠覆式创新理论来解释许多教育现象并提出解决方案，其中许多观点与我 2019 年出版的《未来学校：重新定义教育》中的观点非常接近，特别是关于在以学生为中心的新系统中实现因材施教，重视早教对学生健康成长的影响，改进教育学术研究，创新公立学校系统等问题的论述，颇具创见。

朱永新
新教育实验发起人，国家全民阅读形象代言人

技术推动了学习方式的变革，学习方式的变革必将影响和改变学校的教育。不论你愿意不愿意相信这一切，它都必将到来。这是本书作者向读者传达的重要观点。

今天，几乎每个孩子手中都持有移动终端设备。作为教育者和家长，你应该做的就是教导他们将这些设备用于学习，而不是粗暴地剥夺他们使用这些设备的权利。只有那些有能力管理个人资源的人，那些对学习保有终身热情的人，那些善于利用学习工具的人以及善于合作和创新的人，才能更好地适应未来的职业与生活。

刘长铭

民盟中央教育委员会副主任

中国教育学会高中教育专业委员会理事长

原北京四中校长

中国的教育行业参与者们，不论是政府、学校还是教育公司，都比以往更加迫切地需要学习和掌握科技这个强大的第一生产力。《重塑教育》为教育创新提供了一个很有价值的战略工具。希望我们的教育从业者和创业者广开思路，借鉴国内国际、业内业外一切可借鉴的经验，用与科技相结合的手段，创新式地解决中国优质教育资源稀缺的难题，让每个孩子都能享有公平而有质量的教育。

俞敏洪

新东方创始人

基于智能技术，建立促进个性发展的教育体系，是未来教育发展的基本趋势，在这个变革的征途中，需要颠覆式创新。

余胜泉

北京师范大学教授、博士生导师

未来教育高精尖创新中心执行主任

"移动学习"教育部－中国移动联合实验室主任

放眼全球，大家都对教育寄予厚望。无论是教育公平和普惠，还是教育升级，技术创新都大有可为。作为一名教育创新的探索者，我相信这本《重塑教育》可以给当下所有从业者带来启发。

周　枫

网易有道 CEO

应用商业模式分析学校教育，最大的意义是引导我们严肃认真地分析学生的真正需求，正如公司重视分析消费者需求以获得市场生存一样。作者在信息技术设备全面冲击教育的当下，坦陈学校教育并没有发生深刻变革的现实，并把学术界的最新主张用生动易懂的语言介绍给社会，描绘了颠覆式创新技术应该如何把教师和学校从重复性工作中释放出来，致力于实现以学生为中心的个性化教学并保障教学质量。

张　羽

清华大学教育学院教育经济学副教授、博士生导师

人类现有的教育范式从 200 多年前普鲁士教育体系确立以来，就鲜有根本性的变化，直到互联网技术的出现。互联网、大数据、AI、在线直播等新技术的出现，正在全面而深刻地改变原有教育体系的方方面面。让我们看看克里斯坦森如何从颠覆式创新的视角重新审视技术变革给教育体系带来的一系列深刻变化。

冯　新

碳 9 资本创始人

通过透视全球教育思考中国教育的方向，是我们每一个教育人毕生的追求。教育兴，国家旺。

张爱志

华夏桃李 & 橙啦教育创始人

就像 iTunes 彻底改变了音乐产业一样，技术也具备颠覆美国教育的潜力，上

千万名学生将因此获得高质量的教育。本书教会我们如何在教育转型中杀出一条血路。

杰布·布什（John Ellis Bush）

佛罗里达州前州长

克里斯坦森的精妙之处在于，他将聚光灯照在了我们应该如何调动学生对学校的最初热情上，让学生通过以自我为中心的方式学习，将教师的角色从"讲台上的智者"变成"学生身旁的指导者"。

《华盛顿邮报》

《重塑教育》必将成为教育改革的绝佳蓝图。

乔尔·克莱因（Joel Klein）

纽约市教育局前局长

克里斯坦森为这个混乱无序的教育世界带来了光明。

吉姆·柯林斯（Jim Collins）

畅销书《从优秀到卓越》作者

克莱顿·克里斯坦森和他的同事们描绘了颠覆式科技赋能个性化教育，最终为教育带来变革的可能路径。教育行业的每个领袖都应该深读本书，立刻把它定为下次全员会议的讨论主题，研究自己的组织如何在这次即将到来的变革大潮中占领先机。

汤姆·范德·阿克（Tom Vander Ark）

X PRIZE 基金会总裁

在《重塑教育》一书中，克莱顿·克里斯坦森将"颠覆式创新"的强大理念带入了 K-12 教育市场。颠覆式创新理论在商业领域已经获得了广泛的认可，并从根本上改变了创业创新的思维方式。克里斯坦森研究了迄今为止科技对教室内场景的微乎其微的影响，并分析了其原因，然后进一步指出美国如何才能用科技振兴公立学校体系，培养出21世纪有竞争力的人才。

弗雷德里克·M. 赫斯（Frederick M.Hess）
美国企业学会教育政策总监，《符合常识的学校改革》作者

美国的公立学校正在面临多方面的压力：政客要求可见的教学效果提升，学生希望能够学到有用的知识，教师希望自己的职业能有好的回报，纳税人希望学校能更有效率。公立学校如果想要解决所有这些问题和挑战，克莱顿·克里斯坦森在本书中指出的，可能是唯一的解决路径。

特德·科德利（Ted Kolderie）
政策研究中心高级研究员

克里斯坦森、霍恩和约翰逊认为，下一轮的学校改革必将更加依赖学习软件。迄今为止，学校顽强地抵制教学软件的全面使用。另外，学生们已经日益在生活的所有其他方面习惯了科技的渗入。所以，对于下一次教育变革，我们的疑问是，真正的因材施教是出现在学校内部场景还是校外场景中？本书为所有教育改革者指出了方向。

凯瑟琳·麦卡特尼（Kathleen McCartney）
哈佛大学教育研究生院院长

克莱顿·克里斯坦森的颠覆式创新理论已经在帮助商业企业获得成功方面卓有成效。在本书中，作者将颠覆式创新理论用于公立教育系统，对于一个组织如何面对颠覆式创新的挑战进行了深入分析，并且向学区董事会和校长们指出，为什么他们也将"平行运营"两种不同的商业模式，以及如何运营。

罗恩·沃尔克（Ron Wolk）
《教育周报》的创始人和原主编

《重塑教育》一针见血地指出，在过去的24年中，超过600亿美元的预算被

用于为学校购置电脑和学习软件,但是教学效果毫无起色……并且精练地指出如何建立面向未来的新型学习组织。

威廉·安德烈奥洛斯(William G. Andrekopoulos)

威斯康星州密尔沃基学区负责人

作为前教育政策制定者和教育公司的常年顾问,我曾经为我们的公立学校系统如此顽固不化和难以进步而感到泄气。本书道出了我的心声,并为未来的教育者和政策制定者如何利用科技红利来提升学校的服务水平指明了方向。

简·斯威夫特(Jane Swift)

马萨诸塞州代理州长,任期2001~2003年

克莱顿·克里斯坦森的成名之作《创新者的窘境》彻底改变了商业界看待创业和创新的方法。今天,他和他的两位同事迈克尔·霍恩和柯蒂斯·约翰逊联袂推出了又一部伟大的著作,用颠覆式创新理论来解读教育变革。

大卫·葛根(David Gergen)

美国总统顾问

克莱顿·克里斯坦森的深刻洞见很有可能正是我们教育从业者急需的临门一脚,它可以把我们踢出自己的舒适区,面对拖延已久的颠覆性任务——如何从根本上改革我们的学校。对教育从业者而言,我们经历了为改革公立教育的振臂高呼,但只看到给孩子们的服务有了微小的改良。本书无疑是振奋人心的。

维姬·菲利普斯(Vicki Phillips)

盖茨基金会教育总监

本书既充满了战略的智慧,又具备执行性,为我们用科技实现因人而异的教育指出了方向。我以极大的热情推荐本书。

亚当·乌尔班斯基(Adam Urbanski)

纽约州罗切斯特教师联盟总裁、美国教师联盟副总裁

我们终于从商业界拿来了创新战略的宝典。每个关心美国教育制度的人都应该好好地阅读本书。

保罗·休斯敦（Paul Houston）
美国学校管理者协会执行总监

我已经看到太多的商业图书试图"拯救"美国教育。但是，终于出现了一本认真研究因材施教怎么能够成为可能的、既目光远大又深思熟虑的著作，它带领我们思考：真正的因材施教是什么样的，以及如何去实现这样的未来。

霍华德·加德纳（Howard Gardner）
《未来的五个思想家》作者

总　序

如果要说过去30年对商业界最有影响的管理理论，可能非克里斯坦森的颠覆式创新莫属。这个从熊彼特于20世纪30年代提出的"创造性破坏"演化出来的词，在《创新者的窘境》于1997年出版之后，在产业界大受追捧：持续经营的大企业时时忧心被颠覆，雄心勃勃的创业企业时刻准备颠覆已有企业，在当下这个竞争格局急剧变化的商业社会，行业排行榜上的领头羊每隔两三年就会重新洗牌。商业领袖对这一术语的加持，更是让颠覆式创新成为流行热词：苹果公司的乔布斯说，给他深刻影响的就是克里斯坦森的《创新者的窘境》，亚马逊的贝佐斯甚至要求公司的高管人手一本。还有戏剧般的演绎：说克里斯坦森点石成金，给安迪·格鲁夫支招推出低端产品——赛扬处理器，以抵御AMD从低端市场的破坏，从而挽救了英特尔。

在管理研究领域，颠覆式创新似乎也成了流行词，如果把各期刊中主题词为"颠覆式创新"或者"颠覆式技术"的文章挑出来做一张图，从1995年到2010年蓄势待发，到2011年左右突然爆发，每年的相关文章数量呈现指数型增长态势，至今没有减缓的迹象，是一根妥妥的S形曲线。

一时间，从学术界到企业界，人人都在谈颠覆。颠覆仿佛成了一个讨论创新和企业战略时的必备词，要是你不偶尔说一两次，你就落伍了。

当然，有赞誉，就会有批评。先是著名的学术期刊《产品创新管理》（*Journal of Product Innovation Management*）在 2006 年组织编发了一期特刊，对"颠覆式创新"理论提出批评，不过这只是学术界小圈子里的讨论，可谓"茶壶里的风暴"，没有在商业界造成太大的影响；2014 年，与克里斯坦森同在哈佛就职的科技史教授莱波雷在《纽约客》上撰文，批评颠覆式创新理论，认为克里斯坦森的研究案例不可靠、来源有问题。2015 年，金教授在《斯隆管理评论》上又发表了达特茅斯大学塔克商学院的文章，回溯了克里斯坦森 20 年前研究的各个样本企业后来的状况，得出结论，说颠覆式创新理论缺乏预测力。这一轮批评不仅在学术圈引起讨论，《商业周刊》《华尔街日报》等财经媒体也很快跟进，顺带还翻出了当年 iPhone 刚推出的时候，克里斯坦森公开表示不看好 iPhone 前景的旧事，恰逢苹果手机如日中天的当口，这一时间成为热议的话题。

克里斯坦森是一位高产的管理学者，一生出版了 10 本书、发表了 60 多篇文章。其标志性的贡献，就是颠覆式创新理论。在创新研究领域，克里斯坦森第一次把需求作为重要的因素引入了分析的视野。在他之前，主流的创新管理理论是技术生命周期理论，认为技术发展具有周期性，技术的性能随着时间的推移会呈现一个 S 曲线的形状（技术的 S 曲线），如果企业的创新适应了技术生命周期不同阶段的要求，就能获得成功，否则就容易失败。

事实上，克里斯坦森的导师罗森布鲁姆（Richard S. Rosenbloom）就是这一学派的积极贡献者，而克里斯坦森在其读博士期间的研究工作，就是从考察技术的 S 曲线的局限性开始的。他在对磁盘驱动器行业的案例回溯中另辟蹊径，找到了需求端的因素对企业和产业创新的影响。概而言之，他认为，企业是在异质的、多维度的市场空间中竞争的，不同的企业可以通过选择满足不同的市场需求来创新，市场需求的变化则会筛选出"合适"的创新。市场中的领先企业过分聚焦已有用户的高端需求,却忽略了另一些看似无足轻重的需求;新进小企业通过满足这些领先企业无暇顾及的需求而获得立足之地,并不断向主流市场移动。一旦主流市场的需求开始选择这些新进小企业的产品,原有的领先企业的竞争优势就开始失效——于是颠覆发生。这就是颠覆式创新理论。

在20世纪90年代的学术界,主流的创新理论都还在关注供给端(企业)的因素对创新以及产业格局的影响时,克里斯坦森的颠覆式创新理论首先揭示了需求变化的重要性,开创了需求端创新研究(demand side perspective on innovation, DSPI)这一崭新的学术流派。这在当时是石破天惊的事。然而,克里斯坦森的颠覆式创新理论对需求如何变化、如何追踪需求的变化这两个问题,没有提出一个系统的分析框架,因此在分析需求变化如何导致颠覆时,都只能从事后市场竞争的结果来回溯,是后验的(expost),这也是一些学者批评颠覆式创新理论没有预测性的原因。

尽管如此,但终究瑕不掩瑜,作为需求端创新研究的拓荒者,克里斯坦森确实启发和激励了一批学者从需求端考察创新对产业的影响。我和合作者杨斌教授,就是受到克里斯坦森教授的启发,引入创新扩散理论,把需求的变化从时间轴上展开,来追踪需求侧的变化对产业中产品市场、资源市场和股权市场的影响,发展了"战略节奏"理论,以期帮助企业家思考如何识变、应变和求变。如果说《战略节奏》能有什么贡献的话,首先就是它站在了克里斯坦森颠覆式创新理论这一巨人的肩上。

克里斯坦森笃信理论,他认为强大的理论能够解释在各个层面已经发生和将要发生的事情,可以用来观察和理解很多领域的复杂问题。与此同时,他也深知,理论要通过企业家的具体实践才能产生影响。为此,他创立了咨询公司创见(Innosight),传播颠覆式创新理论,在为企业提供战略咨询服务的同时，也帮助他的研究与企业的鲜活实践保持互动和交流，从而发展和修正他的理论。他的很多著作，包括《重塑教育》和《创新者的处方》，都是合著，除了克里斯坦森自己，一位是他在创见的同事，另一位是行业领域的专家。

哈佛商学院教授亨德森说，克里斯坦森"是商业领域少有的能改变管理实践的学术大家……以我的视野所见，他有一种在学术界罕见的能力：热忱地致力于将前沿的思考付诸实践"。但是面对前来向他请教的企业界人士，克里斯坦森常常坦言："我没有战略可以告诉你，我只有一套理论；我无法告诉你怎么做，只能教你怎么想。"理论与实践的结合，首先就是研究者要走出象牙塔，去和实践者在一起，在这方面，克里斯坦森教授是身体力行的榜样。

回到克里斯坦森点石成金挽救英特尔的传奇故事。真实的过程是这样的：格鲁夫听手下的一个工程师推荐了颠覆式创新理论，就给克里斯坦森打电话，邀请他去参加英特尔的一个内部会议，要求他用10分钟就"面对Cyrix和AMD的竞争，为什么英特尔会被颠覆"发表看法。克里斯坦森却说，"我不了解英特尔，但是我有一套理论，是理论本身对英特尔有看法"，并开始用小型钢铁公司颠覆大钢厂的案例来阐释颠覆式创新理论。克里斯坦森还没说完，格鲁夫就明白了。之后的一年，英特尔送了18个批次共2000多人去哈佛商学院学习颠覆式创新理论，让整个公司都用同一套语言和思维框架来讨论公司的战略威胁，在公司内部达成了一个当时令业界不能理解的共识：推出赛扬处理器，占领低端市场。

理论是每个个体单独吸收的，克里斯坦森的理论被格鲁夫吸收，变成了公司的战略意图，接着被那18个批次共2000多人吸收，形成了推出赛扬处理器的组织战略的决定。英特尔推出赛扬处理器固然与克里斯坦森的颠覆式创新理论有关，但真正让英特尔避免被颠覆的关键，还在格鲁夫和英特尔公司本身。面临数字照相技术威胁的柯达，也曾请克里斯坦森去提供咨询意见，但最后未能幸免于难，关键也在当时柯达的领导人和柯达的企业组织本身。

社会的进步，靠的是学者和企业家各自承担自己的专业使命：克里斯坦森可以不看好乔布斯推出的iPhone，但他发展的颠覆式创新理论，可以给乔布斯启发；乔布斯可以不理会克里斯坦森对iPhone前景的具体判断，但他在颠覆式创新理论的启发下，推出iPhone，推动了行业和社会的进步。学者的专业使命是发展理论，企业家则用"批判的武器"进行理论思考，在具体实践中转化为"武器的批判"，通过创新推动社会的进步。

所有创新都是在一定的社会条件下进行的，因此，创新的最大挑战就是要穿越社会采用的障碍，这既包括了用户的接纳，也包括了价值链环节各利益相关者的认同，而且需要得到整个社会的接受。像医疗、教育这些与社会管理、文化传统、制度环境息息相关的领域，创新的发展都有鲜明的本地化特征，对来自不同社会经济文化背景的创新经验，都要进行批判性的吸收，才能有所借鉴。

机械工业出版社出版的《重塑教育》与《创新者的处方》，是克里斯坦森用其颠覆式创新理论对美国教育及医疗行业的洞察和分析，对于我们思考中国的教育和医疗问题大有裨益。但是，由于医疗及教育行业有其特殊性，因此，我们必须特别小心地不要试图将其结论直接应用于中国的实际，而是要借鉴克里斯坦森应用颠覆式创新理论对美国教育、医疗问题的分析，学习他的庖丁解牛之法，以此为镜，再来观照中国教育、医疗体系的内在逻辑，从而思考和探索中国的教育和医疗领域的创新之道。

毕竟，理论永远是灰色的，而生命之树长青。

2020年1月23日，一代学术大师克里斯坦森因白血病与世长辞。在机械工业出版社重译出版《重塑教育》与《创新者的处方》之际，谨以此文纪念克里斯坦森教授。

朱恒源

清华大学经济管理学院创新创业与战略系教授

清华大学全球产业研究院副院长

《战略节奏》作者

2021年10月于北京

推荐序一

颠覆式创新是当代最强大的字眼之一。特别是在科技领域突飞猛进发展的今天，颠覆式创新几乎发生在每一个领域，并深深地影响着我们每个人的生活。但值得深思的是，"创新"这两个字在两个领域是很少被提到的，一个是宗教组织（当然不在本书范畴之内），另一个就是教育。

本书讲的恰恰是在教育领域内进行颠覆式创新的思维，这也正是本书吸引人的地方。本书的作者坦言自己并非传统定义上的教育家，而是在哈佛从事多年创新研究的学者，所以他以"只缘不在此山中"的视角去看一个传统的行业，并且提出一些新鲜犀利的观点，更有独特的价值。我本人作为一个多年在科技创业和风险投资领域的实践者，也不是教育行业的一员，但是这种"只缘不在此山中"的思维，外加本书译者、我的好友周爽的推荐，使我对本书产生了浓厚的兴趣，从而有机会领略本书作者贯彻始终的创新精神，以及精彩的看问题的视角、观点和论述。总而言之，能将一个几乎通行于当今世界绝大部分领域的颠覆式创新视角带入教育领域，用一副"局外人"的放大镜研究教育世界，恰恰是这本书的精彩之处。我被其内容深深感染和打动，也确实学到很多东西。

教育是中国每一代人都脱离不开的话题，也是一代人对自己和下一代人的使命。所以不论你是否从事教育事业，我相信这本书里都有能触动你的内容。

杨　镭

中国首个纳斯达克上市无线科技公司掌上灵通（NASDAQ:LTON）CEO

中国第一家机构化天使投资基金泰山天使的创始合伙人

现任华山资本创始管理合伙人

2021年10月1日于美国硅谷

推荐序二

这是一本探讨美国公立教育体系颠覆式创新的著作，作者克里斯坦森及其团队研究公立学校若干年，对美国公立教育有深刻的理解。我认为书中所探讨的问题、所倡导的创新具有普遍性，许多观点很有冲击力，我个人很受启发，也非常认同。作者认为人的学习方式是不一样的，这个观点也得到了脑科学、认知心理学等学科的支持，只有当教学方法与学生的思维模式相匹配时，学生才能理解学习内容，掌握知识和原理。学生的学习方式千人千面，而我们的教学却千人一面，所以个性化教与学是非常必要的。

人们经常提及因材施教、个性化学习，但是究竟怎样才能实现个性化学习，目前并没有一个行之有效的办法。我比较认同克里斯坦森的观点，首先要建立以学生为中心的教育理念和教学模式，然后对教学内容进行模块化的处理，恰当运用智能化的教学平台，让每个学生利用教学平台学习，拥有一个高度智能化的"私人教师"，让定制化的个性学习成为现实。本书内容丰富，涉及面广，很接地气，甚至专门论述了学前教育，颇具可读性，相信每个读者都会有所收获。

王殿军

清华附中校长

2021 年 10 月 17 日于北京

译者序

科技驱动的教育创新

守成者的业务大抵是脉络相似的，创新者的道路上却布满了各种窘境和歧途。

初读克里斯坦森教授的《创新者的窘境》时，教授还执教于哈佛商学院，"颠覆式创新理论"之父的声誉如日中天。彼时，我在斯坦福师从罗伯特·博格尔曼，研究硅谷科技企业的创新战略。斯坦福商学院咖啡馆的对面是一面由著名的计算机视觉艺术家彼得·瓦格纳设计的巨大的"求变之路"液晶墙：它由300个泛着光泽的黑色LED面板组成，每个面板亮起的时候会随机出现一个用于修饰"变化"（change）的词，如无形的、永恒的、有利可图的、不可阻挡的、使人困惑的、胆大包天的、愚鲁的、残酷的、令人满意的，等等。加利福尼亚下午充足的阳光斜射中庭，光滑的黑色墙面映出一波又一波说着"要去改变世界"的学生、教授和风险投资人匆匆的身影，与这些褒贬难辨的修饰"变化"的词裹挟成一股洪流，生机勃勃，奔腾向前。

回国从事教育科技投资以来，我和我的团队一直致力于在中国教育创业圈培养类似硅谷核心圈的创业创新生态。"求变之路"体现的是硅谷迷恋创新、崇尚改变的价值观的精髓。硅谷的创新精神既是科学的又是信仰的。科学，是指以克里斯坦森教授为代表的一批商业经验和学术造诣俱佳的商学院教授，用科学的方法对创新中遇到的各种挑战进行定性描述、提出假设、建模预测和反馈调整，从而建立具备可验证性的创新理论和方法，使得企业和个人的创新能力不再是可遇不可求的卓越素质，而是可构建、可教授于人的一门学科。信仰，则是指以斯坦福校园为中心的硅谷创业投资圈，对于"科技"和"变化"，永远抱有少年人一样单纯而心无旁骛的信仰。

本书的有些读者也许记得这样一个场景：网景（Netscape）浏览器于1994年面世的时候，预见到互联网信息过载导致现代人注意力分散的科技先知有两群人，一群人忧心忡忡地奔走抵制，另一群人去做了搜索引擎、排名和推送。这和我们今天担心屏幕使用时间过长有损健康，或者担心新兴媒体导致大众受到信息误导并无二致：一群人把孩子送去戒网、搬到乡间小住，书写优美的文字缅怀田园生活；另一群人在研发更护眼的屏幕、更符合人体力学的椅子、更精准的辟谣算法，甚至给过劳脱发的"码农"研制生发剂。以上两群人都是正直的社会公民，既有远见又愿意为尽自己的社会责任而做出卓越的努力，但是两群人努力的方向和结果截然不同。两种截然不同的价值观之间分歧的底层，正是我希望本书读者思考的一个问题：

你认为"变化"一词是褒义的、贬义的，还是中性的？

去硅谷之前，我是一个受过多年严格的金融专业训练的严谨、可靠的"专业人士"。那时候，我认为变化理所当然是中性的，其逻辑如下：①默认的世界是静止的，直至变化发生；②事有一利，必有一弊。每次变化发生的时候，结果是变好还是变坏都有可能，各种结果的分布应该接近于钟形曲线（即正态分布曲线），理性的预期值等于各种结果按影响和可能性进行加权平均之后的均值。

然而，在硅谷的话语体系里，"变化"已经成为一个达成共识的褒义词。如果把斯坦福商学院的关键词"改变"和哈佛商学院的关键词"领导力"进行对比，对文化标签敏感的读者大概可以感受到硅谷文化是如何把"求变"强行拔高到美德层面的。其逻辑如下：①默认的世界是持续前进甚至加速前进的，变化一直在发生；②科技进步是持续的，而当科技创新的效果外化的时候，总是先缓慢，后突然（change happens gradually, then suddenly），其影响和可能性更接近指数分布（我们常说的"S曲线"——清华大学经济管理学院的朱恒源老师已经在其著作《战略节奏》中讲解了创新发展过程类似于指数曲线的特征）。

如果读者已经对克里斯坦森教授的颠覆式创新理论有所了解，或者已经预览了本书的第4章，就会明白我上面所说的两种价值观的不同，与持续性创新者和颠覆式创新者之间思维方式的不同极其类似。对持续性创新者而言，变化是中性的，既有机会又有威胁，关键在于调整现有格局，寻找新的平衡，最大化总体利益；对颠覆式创新者而言，变化是必然的、持续的、不可阻挡的，因而顺应、追求乃至主动加速变化成为硅谷的美德。如果变化带来了负面影响，对于持续性创新者而言，默认策略是抗拒和抑制；而对于颠覆式创新者而言，抗拒变化是不可能的，默认策略是用更激进的变化来解决变化带来的问题。

克里斯坦森教授的颠覆式创新理论聚集了美国工业时代、电子时代和互联网时代的大量案例，并且催生了一大拨视"传统""专业化"为累赘的互联网时代创始人。可以说，我们今天所看到的硅谷文化（包括舍命狂奔地追求进步，对新技术和新产品可能带来的各种弊端绝不退避三舍，对失败者宽容、对保守者嘲讽，等等）既是颠覆式创新理论的土壤，又是颠覆式创新理论被广为信仰的结果。领英的创始人，同时也是传奇投资人雷德·霍夫曼建议后辈创业者"如果你不为你出品的产品（的不完善）感到羞愧，说明你出品得太晚了"，正如Facebook的早期口号是"舍命狂奔"（move fast and break things）一样。然而，如世人所知，同样的硅谷文化也造就了像《坏血》里描述的血液检测公司Theranos的产品丑闻、各种打着区块链技术的名号圈钱的欺诈者，以及其他各种历史与硅谷的年龄一样长的投机行为。虽然硅谷不乏学者和商业领袖时时反思这些丑闻和滋生它们的土壤，但我认为硅谷不会因此而放弃它对"求变"的浪漫化追求和对科技改变世界的必然性的信仰。

既然"求变之路"墙上的词并不全是美好的，那么我们为什么还要在中国，尤其是中国教育圈培养类似硅谷的创业创新生态？教育、医疗、农业是任何一个国家的国计民生的基础，这些非市场化、重监管、影响深远的行业是否适用颠覆式创新的理论和方法？孩子的教育、父母的医疗、基数大的农业人口的生活方式变化，是否可能像互联网行业一样"快速试错""舍命狂奔"？

作为中国教育科技的投资人和从业者，我身处中国迅猛发展的"教育+科技+资本"的交叉区域，在线教育、教育信息化正在以前所未闻的速度改变这个行业的形态。几乎每个教育从业者都在讨论教育创新，但是与克里斯坦森团队在《重塑教育》第1章所描述的情况一模一样的是，几乎每个从业者对教育的理解、对教育创新的预期都有微妙的不同。随着中国教育在线化程度的加深，资本市场对教育行业的兴趣日渐浓厚，近年来几乎所有互联网企业大举进入在线教育领域。在这个过程中，学界泰斗、教育公益组织基金会、教培行业创始人之间的理念争论，"教育+互联网"的效率与效果的争论，"教育+资本"的社会效益与商业价值的争论，引起了越来越多来自社会各界的关注。

从2018年开始，我有幸经清华大学经济管理学院的老师推荐，为机械工业出版社华章公司翻译克莱顿·M.克里斯坦森、迈克尔·B.霍恩、柯蒂斯·W.约翰逊合著的《重塑教育》。克里斯坦森教授在本书的引言中讨论了为什么一群战略学家，经历了对美国公立教育体系的亲身体验和多年研究后达成共识，颠覆式创新的理论和工具不仅可以而且应该被应用于教育创新和教育改革，使我在翻译本书的过程中也得到了很多鼓舞和启示。

我刚回国开始做教育投资的时候，每每与教育界的校长和名师们讨论中国的教育科技是否太"快"，是否太"功利"与"浮躁"，常常反省自己是否被彩虹泡沫与独角兽的硅谷文化影响了价值观。但是，在近距离观察了一千多例中国教育科技的创业案例之后，尤其是见证了2020年新冠肺炎疫情对全球传统教育教培行业的巨大冲击之后，我日渐变得更加迫切地希望看到颠覆式创新理论落地于中国教育领域，为中国的公立教育改革和民办教育创新提供理论工具和操作借鉴。我所看到的，是中国的教育创新还远远不够快，无法满足经济实力和国民生活水平迅速上升对教育变化的职能需求，无法抓住教育科学进展以及互联网、大数据、人工智能带来的技术红利。在科技创新的推动下，时代洪流滚滚向前，全球政治、经济、金融板块在快速地分离、碰撞和重组。世界在迅速变化，中国在迅速变化。教育是立国之本，而教育行业保持不变，或哪怕以几十年前的发展速度进步，恐怕都不是可行的选择。

1. 教育的职能随时代而变化

如本书第2章所讨论的，北美的公立学校系统其实200年来一直在时快时慢地改革并进步。但是和商业目标相对清晰、可衡量的公司制商业企业不同，公立学校系统在不同历史阶段担任的社会职能是不一样的：精英教育、技能教育、普惠教育、消除贫困等，而且这些职能的定义和衡量都更加困难。多年前我曾在加拿大的市级和省级政府供职，对每年躲不掉的学区预算会议、教师工会协商、罢工和家长育儿补贴头痛不已。共事者都是内心温暖、尊重教育情怀的教育从业者，但多重社会职能、模糊的衡量标准，再加上北美公立学校体系决策机制的复杂和低效，造成了公立教育广受诟病的结果。

在研究中国教育市场的时候，我们的投资团队将它分为社会职能截然不同的三个板块：教育升级、教育公平和教育行业服务。"教育升级"主要是家长或者学生自己作为付费主体的消费品板块，此板块包括大量民办教培、知识付费和文娱企业，主要职能是为消费者提供更好的教育产品和服务。"教育公平"是以政府预算为付费主体的公立教育板块，主要职能是利用有限的预算建筑教育基础设施，为国家培养和选拔更多优质人才。"教育行业服务"是面向以上两个板块的服务机构，包括行业媒体、咨询公司、人力服务、科技和数据公司，也包括我们这样的教育行业投资机构，我们的主要职能是促进行业的发展和进步。

时至2020年，我们可以清晰地感受到中国教育的各个板块都在随着科技进步和政治经济形势的变化而发生快速且有意义的职能调整。教育升级方面表现为随着在线教育和教育科技的进步，名师网上授课的效率大大提高，网课的价格下降，教育服务的价格上升，呈现出本书第9章中克里斯坦森教授所憧憬的"网课＋辅导老师"的教育模式的雏形。

在教育公平方面，中国近年来为教育信息化1.0和教育信息化2.0进行了万亿人民币级的预算投入，新冠肺炎疫情造成全国"停课不停学"后，公立教育系统仅用两周时间就使得1.7亿左右的中小学生大部分实现了网上复课。虽然在线教育"紧急上岗"暴露了诸多问题，但整个公立教育系统紧急动员中体现的强大执行力使世界为之侧目。我一直认为中国政府系统的强执行力，以及中国政府需要为数目庞大的下沉市场学生提供普惠教育的强诉求，会使中国在教育信息化和智慧教育方面超过欧美国家，更早进入基于互联网的因材施教。2020年年初的疫情进一步加速了这个进程。

教育的职能调整不止发生在一个维度上。我之前曾经撰文分析世界各国随着人均GDP的上升，作为消费品的教育品类选择会发生偏移。无论是美国、日本、韩国还是中国一线城市，在近代都先后经历过能源学科—工程学科—金融商科—科技互联网—人文学科的消费偏好迁移。今天，在中国的一线城市，这种迁移表现在家长对素质教育中音乐、文化、艺术、创造力等更偏人文的教育产品和服务的需求上升，与此相应的教育供给也很快发生了升级。而对于教育公平板块，随着中国对国民体能、国民意识和文化自信、基础学科研究能力、科研创新能力的需求愈发迫切，我们也在公立教育的变革中看到了相应的调整。

2. 教育科学的进步、教育大数据和"教育 + 人工智能"

我并非教育学专家，但即使作为一个教育行业的从业者，也能深深地体会到教育学作为一门社会科学，不可能像自然科学一样给出确定性的结论。后果之一，就是教育效果的测评和衡量没有放之四海而皆准的标准。曾经被广为使用的IQ测试被诟病为弊大于利，如今只能用于非常有限的场景。而中国的应试教育，也可以说是在缺乏更好的公认教育测评体系的情况下的无奈对策。

管理学大师彼得·德鲁克有一句名言："如果你无法衡量一件事，你就无法改进它。"这句话放在今天的战略管理学界未必全对，却在以往教育创新遇到的困境中非常适用。

科技创新也在这个方向让我们看到了隧道尽头的光亮。最近十来年，脑神经科学、认知科学、数据科学的进步，使学界看到了新的可能性。有一批卓越的教育学新兴研究者开始尝试用量化的方式进行教育学研究。4G、5G的铺设和中国的教育信息化建设为学校场景的数据化提供了基础设施；廉价的教育硬件和云服务使得大规模捕捉数量在千万级的学生的学习行为数据成为可能；相对统一的教材、知识图谱和应试知识点使得为学生开发自适应的应试系统在经济和技术上是可行的。中国公立教育系统在学习数据采集和学情汇总方面有远胜于欧美体系的政策优势，中国超级城市里高人口密度、高度线上化的生活方式，使得家长对孩子上网和使用教育硬件的态度越来越开放。

以上这些都让我们看到了教育大数据和"教育＋人工智能"在中国落地的希望。海量、高质量、有代表性的行为数据不但能帮助学校更好地管理学生，帮助老师更有针对性地辅导每个学生，还可以反哺教育科技产品，使得课件更好用、交互课程设计更"智能"，更能为教育学研究积聚宝贵的实证资料，并且使得教育创新的试验和测试更快捷、更精准。

《纽约时报》曾引用过彼得·拉格的抱怨："过去30年内产生的新信息，比过去5000年都要多。"可能我们并不需要那么多泛泛的信息，但是在教育科学领域，关于我们的大脑如何思考、如何进行思维训练、如何获得新的知识，我们在过去的5000年所知甚少。随着教育大数据、"教育＋人工智能"的迅速发展，我们今天对教育的许多认知将会在未来的30年内被颠覆。

3. 世界格局持续加速变化，科技进步成为主要推手

教育学界很多德高望重的校长、老师之所以存在忧虑，并不是因为觉得教育科技发展得"太快"不好，而是因为担心网课、教育科技、教育游戏化这些产品"不够好"，目前不能替代线下好老师高质量的教书育人的时

间。比如，2020年，我们看到疫情期间的网课教育效果不够好，我们手里有一笔投资，是应该用于回到线下的实体教室，培养更多的好老师，建设更好的实体学校，努力让1000个孩子都能享受线下小班教育呢，还是应该去做更有交互的网课、更好用的家校沟通界面、教育效果更好的线上内容，让1000万个孩子能免费或者低价听到北京名校名师的在线课程？

对于中国教育这样一个巨大的市场，优质教育资源的稀缺是个永恒的话题。上面的问题可能并没有标准答案。向任何一个方向努力的优秀教育者和创业者都是我们卓越的行业伙伴。但是，我们已经看到在互联网、物联网、大数据和人工智能迅速发展的今天，我们的社会正在科技创新驱动下沿指数增长曲线加速前进。变化是正在发生的必然，今天看到的微小变化，明天就可能成为令人措手不及的突变。

在今天这样的世界中，如果我们仍要用传统的方式给中国约1.7亿中小学生提供"足够好"的教育，需要多少新建师范院校、多少老师、多少校区？要多少年才能实现？即使在最好的假设下，这也只是个线性的解决方案。但是，如果中国的教育体系能够实现科技赋能的线上线下相结合（Online-Merges-Offline，OMO），如果整个市场对科技有足够的信仰，就能够支持教育科技创新克服指数增长曲线早期的进展缓慢、产品不完善、改变使用习惯带来不适应性等缺点。混沌大学的创办人李善友教授对创新早期阶段经常遇见的弊病、挫折和负反馈有一个精妙的总结：欺骗性失望区——如果我们有一线希望，能够推动中国的在线教育和教育科技进入爆发式增长轨道，那么，在不远的将来，科技创新驱动的高质量的教育公平乃至因材施教就有希望在中国实现。

在今天这样的世界中，不变不是一个选择。甚至变革过慢，都会让我们的教育系统步美国后尘，成为制约经济、政治和社会进步的路障。2018年我为了翻译本书而温习了美国独立以来一代代教育改革者和教育政策制定者的生平，当时深觉这些200多年前的教育政策制定者的理念和行为，与他们自身所受教育高度相关，而他们制定的教育政策又在某种程度上造就了今天美国高比例的低学历、反智、反全球化的选民基础，让我们从业者不由得对教育的长期效果，在敬畏中生出惶恐来。观人省己，中国教育市场无论是在幼教供给、K-12学生的创造力、职业教育的普及度、大专以上学历人数，还是大学生的独立思维能力、基础学科的科研能力等方面，都与欧美诸国存在一定的差距。去全球化背景下，目前国际科研合作和出国留学的路径都受到严重压缩，而且用人民币购买海外优质教育机会终非长久之计。

在今天这样的世界中，我们没有时间用传统的、线性的方式改良中国的教育行业。不论是从教育政策、教育科技、教育信息化还是教育商业模式方面，中国教育行业都急需颠覆式创新的思路，来走一趟这条艰辛然而必需的路途。

著名的未来学家凯文·凯利在2016年出版了一本书叫作《必然》（The Inevitable），预测互联网世界的必然趋势，其中第一条就是现在进行时的动词"成为"（becoming）：逐渐加速进化的互联网世界已经不再相信成品。那我们永远不会完善，永远不会到达，永远要学习，永远要开发和适应新的事物。

本书出版之际，新冠肺炎疫情仍在横行；美国民粹主义盛行，贸易战的讨论取代了国际赛事和商旅合作；去全球化，而不是我们所熟悉的全球化，占据了报刊的头版；黑天鹅事件频发；"90后""00后"世代迅速崛起。这一切仿佛进一步印证了"世界是不断加速变化的"这一硅谷信仰。如果变革是必然，那么拥抱变化、运用先进的理论和实践工具，走在变化的前端，甚至引领变革，就是每一个教育改革家、创新者和创业者必备的素质。对原本主要由好老师、好校长、好的学校管理者领导的教育行业而言，这无疑是一次重大而艰难的进化。

惟其艰难，方显勇毅。惟其磨砺，始得玉成。无论是商场创业、非营利性机构创新，乃至整个社会的变革和进步，莫不如是。我衷心希望《重塑教育》能出现在每位关心中国教育的创新者的案头，与我们一起见证中国教育行业装上科技引擎，发展腾飞的时代。

周　爽

2021 年 10 月

致　谢

"*Disrupting Class*——对一本研究公立学校的著作而言，这样的标题是否太过分了？"最近，一位朋友这样问我。是，这个标题有多种解读方式，而这正是我们选用它的原因。本书阐述的核心是颠覆性理论——研究创新中人与人之间的互动、行为的形成、组织文化如何建立及如何影响决策——可以被用来解释为什么学校改革如此艰难，以及如何能够解决学校改革中的问题。我们希望，通过本书，读者能够理解我们的核心理念，即为了解决我们的学校存在的一系列问题，颠覆式创新是必需的，而且越早进行越好。

我们特意用了"class"一词。它可以指课堂，也可以被理解为社会阶级。可以说，长久以来，美国的教育系统是为中产阶级及以上家庭服务的——中产阶级及以上家庭父母受教育水平良好且能够给孩子足够的资源和人生经验。课堂是我们绝大部分教育服务发生的场景。教室里发生的教育在多重意义上对社会阶层有深远的影响，而这个影响，好坏皆有可能。我们的国家决心改变教育资源不均衡的现状，为每个孩子提供好的教育服务，学校改革对我们来说，社会意义重大。

我在哈佛大学主要的研究和写作方向是关于"如何成功"的管理创新。我自己是一名老师，而且是老师的丈夫、老师夫妇的孩子。但是，我不敢妄称自己是教育专家。是，我从事教学，但是直至我开始撰写本书，我并没有系统地研究过教育。大概12年前，一个全国性的学校改革者组织"学校进化"的代表访问了我。这是我研究教育的起源。这些代表包括特德·科尔德瑞、乔·格拉巴、瑞恩·沃克，以及柯蒂斯·约翰逊，都是委办学校改革运动的先锋人物。他们向我提出一个方案："克莱顿，如果你用你研究的方法论从创新的视角研究公立教育系统，我想你会比我们这些'身在此山中'的教育者有更深刻的洞见。帮我们想想怎么改良我们的学校吧。"科尔德瑞关于"学校作为一个机构有能力自我创新"的观点，以及格拉巴关于"如果我们只是调整现有学校系统，我们真的没办法获得足够多的、满足我们需求的学校"的陈述，说服了我接受他们的邀请。我在此深深地感谢这些学校改革运动的先锋，感谢他们将终生奉献给学校的改革和改良，并激励我加入这一事业。

哈佛商学院是一个老师提升自我最好的地方，因为它使用的是案例教学法：老师负责问问题，学生其实是自己教自己。其中一些优秀学生，比如 Iris Chen、Trent Kaufman、Dan Dellenbach、Eleanor Laurans、Gunnar Counselman、Allison Sands、Josh Friedman、Emily Sawtell，以及 Ethan Bernstein，都在将颠覆式创新理论运用于解决公立教育问题方面取得了杰出的成就，并将颠覆式创新理论教给了一大批老师。Sally Aaron、Will Clark、Scott Anthony，以及迈克尔·霍恩，无私地将他们宝贵职业生涯中的一年时间贡献出来，在从哈佛教育学院毕业后，跟随我一起研究公立教育的问题。他们像剥洋葱一样，一层一层地揭开公立教育系统中存在的种种问题的表象，试图解读为什么学校有那么多的能人志士——管理者和老师，有那么多的资源，但是我们的学校改革仍然如此不情不愿，举步维艰。

每次直到我试图认真地写某个领域的案例时，我才会突然发现我对它其实一无所知。每次直到我试图把一个问题的结构尽可能通俗易懂（而不是简单粗暴）地教授给别人，我才会突然发现它有多难。因此，毫不奇怪，直到我开始研究公立教育，我才明白这个问题有多复杂。令人鼓舞的是，随着我们一点一点地从这个复杂的谜团中抽丝剥茧地抽出一些认知，我们那些有耐心、包容心的朋友越来越频繁地邀请我们在他们的会议上发表演讲，从而让我们得以测试我们的初步认知的合理性和有效性。另外，一些朋友慷慨相助，义务地帮我们试读和检查了本书中引用的诸多论文。

这些朋友是：Dennis Hunter（应用材料公司）；Anoop Gupta 和 Stephen Coller（微软）；Dusty Heuston（Waterford 研究院）；Tom Vander Ark（X PRIZE 基金会）；Gisele Huff（Jaquelin Hume 基金会）；Steve Seleznow（盖茨基金会）；Gregg Petersmeyer（America's Promise）；Christopher Kellett 和 Thomas Payzant（波士顿公立学校）；Justin Cohen 和 Susan Cheng（哥伦比亚公立学校）；Peter Holland 和 Anne-Marie Mahoney（贝尔蒙特公立学校）；Leslie Feinzaig 和 Tim Huse（Innosight Institute）；犹他州议员 Howard Stephenson 和曼彻斯特代表 Will Brownsberger、Don Deshler（堪萨斯大学）；Paul Hill（华盛顿大学），以及 Oystein Fjelstad（挪威管理学院）；哈佛大学教育研究生院的 Kathleen Mapp 院长，教员 Chris Dede 和 Bob Schwartz，以及以 Leland Anderson 为代表的学生们；哈佛大学公共关系学院的 Paul Peterson 教授、Dutch Leonard 教授、Stacey Childress 教授，以及哈佛商学院的 Allen Grossman 教授。另外，还有一大波朋友：Tracy Kim、Stig Leschly、Matthew Matera 和 Marc Prensky。这些朋友无私地贡献了他们的时间、才华和经验，让我们得以不断精进和改进我们的思考。

本书每一章开头的校园小插曲由著名作家 Sugi Ganeshananthan 撰写，她给我们描绘了一幅日常公共教育和生活的栩栩如生的场景图。Lisa Stone

和 JaNeece Thacker 都是具有丰富经验的教师，他们负责学校改革项目的管理细节。感谢 Danny Stern 帮助我们精心设定了本书的目标受众和人群，具有高超的艺术眼光的 Angelina Barlow 帮助我们设计了封面；还要感谢 Mary Glenn 和她在麦格劳-希尔的编辑人员，熟练地帮我们审阅书稿。我们在此向这些帮助过我们的同事表示深深的感谢。

我的第一本书《创新者的窘境》全程由我自己执笔，主要是因为那时候我正在参加名校终身教授的评选，学术界的严苛要求导致我几乎处于单独监禁状态。但是从那以后，我的数百篇文章中几乎每一篇都有优秀的合著者，因为我非常重视与和我看法不同的同事进行合作或碰撞。与我的合著者迈克尔·霍恩和柯蒂斯·约翰逊一起研究并撰写《重塑教育》，是我极大的幸运。迈克尔是我在哈佛商学院数千名学生中的佼佼者，他谦虚、文笔优美、态度严谨，在本书中发挥了他在写作和政府政策方面的特长。哈佛教育学院前院长柯蒂斯·约翰逊，亲身经历了学校改革的政治斗争并非常无私地贡献了自己的经验，帮我们塑造了本书中对教育者的建议部分。我对这些人，以及让我有幸与这些优秀的人共事的命运，感激不尽。

最后，我向家人表示最深切的感谢。我的父母罗伯特和韦达·梅，他们都是出色的老师，他们教会我相信，智慧是上帝的荣耀，真理具有不可估量的永恒价值。这激发了我对学习的渴望和对知识的追求——大胆，没有偏见，也没有恐惧。我的太太克里斯汀，是我所认识的人中最聪明的。32年前，她放弃了自己高中英语文学老师的职业，成为我们五个出色的孩子马修、安、迈克尔、斯宾塞和凯蒂的母亲。克里斯汀启发他们热爱学习，彼此相爱，热爱正义。她是世界一流的老师。有些晚上，这本书不太成熟的内容随我一同回到家里，通过我与克里斯汀和孩子们的对话得以测试和完善，第二天再与我一起回到哈佛商学院。我带着最大的钦佩、感激和爱心，把这本书献给他们。

克莱顿·M.克里斯坦森
哈佛商学院
马萨诸塞州，波士顿

• • •

老实说，我当年去哈佛商学院读书，不是为了写作。恰恰相反，我是为了摆脱写作。但是，在商学院，我遇到了一位最好的老师，他彻底改变了我对世界的看法。这位老师就是克莱顿·克里斯坦森。而那个改变了我的课程，正是克莱顿运用颠覆式创新理论解释现实世界和商业活动的课程。因此，当我被告知有幸能与克莱顿共同撰写一本像 K-12 教育这样重要主题的书时，我马上决定重返写作世界。之后的两年，我的所得远远超过我的想象。我不仅写了一本关于教育的书，还持续向卓越、非凡的人学习。更重要的是，我得到了一位导师，让我有机会将一个成熟的理论应用于有意义的国家需求领域，而且我也在克莱顿的指导下取得了长足的进步。我对他怀有永恒的感激之情。

我还从其他合著者那里学到了很多东西。在这两年中，柯蒂斯·约翰逊的鼓励、学识和工作对完成本书至关重要。和他一起工作是我的荣幸。柯蒂斯在哈佛教育学院的同事也孜孜不倦地助推这个项目的进展。我感谢他们的洞见和支持。

如果我写了一本关于公共教育的书而不感谢我的公立学校的老师和同学，他们岂不是会感到很失落？特别感谢伍迪·阿克斯、派乐和沃克·惠特曼高中的老师，尤其是 Brebbia、Chism、Stuart Shifrin、Chris Allen 和 Jan Bowman。

除了克莱顿，我一生中很幸运有两个始终关怀我、给我依靠的导师——Charley Ellis 和 David Gergen。他们有无穷无尽的时间和耐心来帮我。Charley，你是对的：我们每个人都有一本尚未写出的书。

"我在颠覆式创新如何改变课堂"这个项目上的第一年主要是作为哈佛的助理研究员为克莱顿工作。感谢那里的各位教职员工和学生，特别是 Stacey Childress 和 Tony Mayo，以及我的研究小组成员——Chris Van Keuren、Terry Heymann、Tracy Manty 和 Renee Kim，感谢你们在我们共同工作和生活中给我带来欢乐。

在撰写本书的第二年，我与黄捷升（Jason Hwang）共同创立了 Innosight Institute，专门用颠覆式创新理论帮助社会部门解决创新的问题。Jason 后来成为我的好朋友和法律顾问。我在此也感谢所有支持 Innosight Institute 的伙伴，感谢你们让我们安置公司，并时不时为我们提供美餐。

谢谢克莱顿的助手，我的朋友 Lisa Stone，她为克莱顿所做的工作，以及她提供的帮助对本书的面世是必不可少的。

感谢我的中学密友 Sugi Ganeshananthan。她不仅帮助我们撰写了每篇开头的校园小插曲，而且作为最近出版了新书的作者，她还帮助我了解了出版之路。

此外，还有无数重要的朋友为这本书做出了贡献，特别感谢 Gisele Huff——他一直是"颠覆式创新如何改变课堂"项目的指导者。

我十分感恩拥有一个充满爱心的家庭。谢谢奶奶和爷爷，你们提供的机会和无条件的爱一直是我成长历程中不可或缺的部分。我还要感谢安迪、芭芭拉、杰弗里、苏珊和埃里克对我的支持。我想对我所有的亲人说：我爱你们。我也想对我的兄弟们说：你们是我最好的朋友。史蒂文，你已经从一个充满阳光的小弟弟成长为一个可靠的同伴，你的笑容使我充满能量。乔纳森，在你小的时候，我想当你的老师，但你很快超越了我，让我有幸从你那里学习到了很多东西。爸爸妈妈，你们是我的灵感之源、我的英雄、我的榜样。我将本书献给你们。

迈克尔·B. 霍恩

Innosight Institute

马萨诸塞州，沃特镇

● ● ●

在为了编写本书而向人们征集意见的过程中，我听到了一些可喜的建议，以及两个经常出现的疑虑。首先，听到我们仅仅源于理论就想写出本书，很多人会立刻皱起眉毛：它不会过于厚重而乏味吗？事实上，本书并不枯燥无趣。学者们将运用克莱顿·克里斯坦森的理论，纵览多个企业和产业漫长而艰苦的发展过程，来解释为什么我们相信学校系统会逐渐改得更好，以及公立学校改革如何在质量和结果方面取得飞跃。

其次，人们反复提醒我们，公立教育是独特的，和其他行业截然不同。当然！公立学校系统有许多法律限制，内部自成政治体系，国家决策在许多方面屈服于地方特权，但是在确定标准、基本规则、资源和评价手段方面仍由国家系统负责制定政策。正如我们希望你将看到的那样，颠覆式创新理论仍然适用——它仍可以用来解释公立教育的现状、预期和未来。

我们尊重美国对标准和责任制的追求，以及过去十年里开放教育资源供给的努力，包括特许学校法案的通过。但我认为，创建新学校的许可或严格设置学习标准，和教育还有一定距离，不能混淆。重要的是课堂上会发生什么，无论这个课堂是线下的还是线上的。

我永远感激克莱顿·克里斯坦森说服我参与这个项目。我曾经当过老师，后来作为政策研究组织的负责人，参与了明尼苏达州的几次教育改革，我十分愿意利用自己的经验为本书做一些事情。与克莱顿的这次合作成为我一次难忘的知识之旅。我们很随意的对话也可以立即变成研讨会，在讨论中，看起来简单的事情变得复杂、立体，却又抽丝剥茧、易于理解。而且，任何观察过克莱顿的人，都会注意到他给予学生的关注——他对学生的爱是仅次于他对家庭和信仰的。他是我们所有人都希望但很少有人能够有幸找到的老师、同事和朋友。

没有迈克尔·霍恩，这本书就不可能面世。他坚定的努力使得我们可以从初稿开始，整理思路，对各章的顺序进行根本性的调整和增删，并在我和克莱顿传递给他的无比庞杂的资料中逐一确认参考资料和索引信息，落实到一字一句中。我很自豪能够和他一起工作。

克莱顿在书中提到了"教育进步"组织在全美范围内的不断进步。创始人 Ted Kolderie 和 Joe Graba，以及导演 Schroeder 在启发这本书的出版方面功不可没。Kolderie 在 2004 年出版的 *Creating the Capacity for Change* 为理解本书奠定了基础。为什么现在美国学校的情况是这样的？Kim FerrisBerg 定期发表有关当今学生的新见解和思考。Mark Van Ryzin 与我们分享了他对创新学校类型的研究。罗恩·沃尔克，《教育周刊》的创始编辑（现已退休），为我们提供了想法、信息和鼓励。Robert Wedl 贡献了他担任教育专员期间的见解。彼得·哈钦森，作家和各级政府的顾问，对他在作为大城市学校负责人期间的经验进行了反思。

我也很感激我在城市州立集团的合伙人 Neal Peirce 和 Farley Peters，他们了解编写这本书将有助于我们的工作，并一次又一次地帮助我调整工作安排。

最后，衷心感谢我的家人——我的妻子卡罗尔和我们的六个孩子。他们的理解和支持使我可以在正常的日程安排之外得以进行研究和写作。感谢你们无条件的支持与爱。

柯蒂斯·W. 约翰逊

城市州立集团

明尼苏达州，明尼阿波利斯

引　言

在我们大多数人的心目中，学校一直是一个神圣的地方。我们每个人希望在这个神圣殿堂里实现的目的也许各有不同，但总的来说可以归纳为以下几类：

1. 最大化实现我们作为"人"的潜能；
2. 培育一个茁壮的民主环境，使我们的选民不被自私自利的政客的聒噪所迷惑，能清醒、理智地行使投票权；
3. 训练人们的技能、能力和品性，提供足够的人才来保证我们国家的经济繁荣、国力强盛，保持国际竞争力；
4. 教育人们理解和宽容他人的多样性，使他们懂得，不一样的观点应该被尊重而非被迫害。[⊖]

令人遗憾的是，我们的学校在满足以上这些殷殷期许方面，实在成就寥寥，甚至在某些方面有退步的端倪。我们当然可以把这归罪于教会影响力的式微，或者家庭权威的没落，但大部分人不得不承认：我们其实对学校期望得更多。我们希望学校系统能在实现以上美好心愿方面发挥更积极、更有效的作用。

为什么我们的学校在与时俱进方面如此举步维艰？这是个见仁见智、众说纷纭的话题。其中一个观点是我们的学校资金短缺。如果这

⊖ 感谢我们的朋友，丹尼斯·亨特（Dennis Hunter），帮助我们定义这些学习的目的。在我们为撰写本书进行研究的多年时间里，很多人对"我们对学校有哪些崇高的期望"给出了精彩回答。我们这里的清单无法一一详述，更不能科学严谨地囊括所有学校被寄予的厚望。更恰当地说，这个清单概括了人们对于学校在培养我们下一代方面种种期待的动念和意图。

确实是症结所在,那么,我们的州政府应该划拨给学校更多的预算,我们的市政府应该收取更多的房产税以补贴学校,我们甚至可以要求家长自掏腰包。对这个观点深信不疑的民权运动者曾经发起集体诉讼,起诉那些对公立学校拨款不足的州政府,指责它们忽略了宪法规定的政府义务。战略咨询公司盖洛普(Gallup)于2006年进行过一次民调,证明大部分民众确实愿意上调教师的工资。

但是,钱就能解决这个问题吗?还是说,钱只是问题的体现?美国政府在公立学校每个学生身上花费的预算,已经令许多国家难以望其项背。但是美国学生的成绩仅勉强达到平均水平,甚至低于发达国家的平均线。在过去的30年间,除去通货膨胀,每个学生平均花费的公共经费已经翻倍,我们却看不到成比例的效果的提升。纵览所有学区,学校花在单个学生身上的平均开支和学生的成绩之间并不成比例。以肯塔基州的两所中学为例:2004年,杰斐逊县的波特兰初中在每个学生身上花费的预算,是卡莱尔县立初中的三倍。两个学校的学生在人口统计数据方面并没有显著差异,但是卡莱尔县立初中根据"州立负责性指数"㊀计算的学生成绩比波特兰初中高了足足26%。我们并不是要证明钱(学校的开支)对学校的教育成果没有影响。但是,仅用学校开支的多少来解释全肯塔基州、全美国乃至全世界那么多学校的优劣,明显是说不过去的。我们需要寻找更深层次的原因。

教室里缺乏电脑等现代信息化设备是症结所在吗?㊁20世纪80年

㊀ 波特兰初中和卡莱尔县立初中都有超过50%的学生享有免费或折扣午餐待遇(政府给家庭收入在一定水平以下的学生的福利)。

㊁ 大多数教育从业者已经看到这一理论的限制性并将其抛弃,但是有些政客和专家仍喜欢利用这一论点。在很多选民调查中,民众仍然表现出学校配置电脑至关重要的意向。正如我们在本书中将要论证的一样,电脑确实对学校系统改良有着重要的作用,但是比起电脑硬件本身,如何运用电脑,以及如何运用基于电脑的学习方式更为重要。

代中期，美国曾经兴起一股教室装电脑的热潮。要知道，电脑虽然现在已经是人们司空见惯的工具，但在那时候它可是才刚刚在社会的各行各业普及开来。很多人坚信电脑会带来世界的大变革，因此学校里必须有电脑，否则，学生不是输在起跑线上了吗？

于是，和学校很多其他相关的开支一样，学校的电脑预算经历了一次飙升。1995年，美国公立学校平均拥有72台电脑用于辅助教学。到2003年，这个数字达到了136台。1998年，平均每12个学生共享一台能上网的电脑，而2003年，每4个学生就有一台。如果往教室里增置电脑能够解决我们的教育质量问题，那么我们早就应该看到成果了吧？成果何在？看不到。学生的测试成绩像被焊住了一样毫无起色。这只能说明，增加电脑等现代信息化设备并不是对症的灵丹妙药，一定存在其他的解释。

还有一群专家将教育质量的下滑归咎于学生和他们的父母。很多教育从业者经常抱怨学生对课业不感兴趣，缺乏主观能动性，或者抱怨父母既不监督孩子做作业，也不出席家长会。大众舆论喜欢这样的论调。他们对于"学生"的印象是街角游手好闲的不良少年，倒扣着鸭舌帽，穿着松松垮垮的挂在腰上的肥大裤子。如果这些还不够让学校头痛，另一个难题更加重了学校的担子：少数族裔学生的占比从20世纪70年代的20%左右一路飙升到今天的35%左右，而少数族裔学生一直以来是学业成绩最差的。还有一个大类的差生来自父母不说英语的家庭，1980年以前这些孩子占总学生人数的不到10%，现在已经上升到20%左右。⊖

⊖ 资料来源：美国教育统计中心，教育参与率，"小/初中教育：表5-1"，http://nces.ed.gov/programs/coe/2007/section1/table.asp?tableID=667；美国教育统计中心，教育参与率，"小/初中教育：表6-1"，http://nces.ed.gov/programs/coe/2007/section1/table.asp?tableID=668。

确实，有了以上种种挑战，学校完成教书育人这一任务是比以前要难很多。但是，如果仅用这些一般性因素来解释我们的学校现在所面临的困境，那么我们的统计分析结果中还是存在很多不能解释的现象。比如说，所谓"差生"占大多数的学校，其学生的成绩却比富裕家庭孩子占大多数的学校的学生更好，这只能证明我们还没有挖掘到最根本的原因。一个很好的例子是马里兰州蒙哥马利县的公立学校系统。该县将本地的学校分为红区和绿区，红区主要位于贫民区，绿区则不是。但是，自从这个地区开始划分红绿区，红区的少数族裔学生突然开始奋起直追，其成绩已经接近绿区那些白人学生。㊀此外，学校收录的学生质量，和学生进校后学校的教学管理能力其实并无必然关系。所以，一味地责备生源质量是无意义的。

难道美国的教学方式和其他国家相比已经落后了吗？让我们在脑海中描绘这样一所学校：每间教室里都有一个教师站在讲台上，一天到晚只管喋喋不休地向学生讲课。学生从不发言，就算不懂也不会提问。教师上课以灌输为主，学生考试主要靠死记硬背。然后，让我们来想象另一所截然不同的学校：这里更加充满活力和变化，生机勃勃。教师也讲课，但是学生经常举手提问和参与讨论。有时候，学生自己埋头做功课，教师在教室里巡视并主动提供帮助；另一些时候，学生分组做各种有趣的项目。

哪所学校比较好？大部分人会选后者。我们所描绘的第一幅景象代表的是大部分亚洲学校的传统课堂，而第二幅景象代表的是典型的美国

㊀ 举例而言，红区中的美国非裔和拉丁裔幼儿园学生的学年末标准阅读水平测评，已经和绿区中的白人学生接近。这一结果和五年前相比大大提升。资料来源：蒙哥马利县公立学校系统在哈佛公共教育领导力论坛上的演示文档，2007年6月20日。

课堂。①基于以上描述，我们会理所当然地认为亚洲学校的传统课堂里教出来的学生不如美国学生。但是有趣的是，平均而言，亚洲学生的数学成绩远远超过美国学生。更无法解释的是很多亚洲学校还在努力学习美国学校的教学方式。所以，好像我们也不能说美国的教学方式一无是处。

我们可以将矛头指向教师工会吗？很多人指责教师工会的压力使得学校把教师的利益放在学生之前。这些人相信，如果我们能打破教师工会的桎梏，学校将更好地服务于学生。

这个说法和之前我们分析过的诸多论点一样，不无道理，但是把责任全推到教师工会身上是站不住脚的。举个简单的例子，蒙哥马利县公立学校系统有一个强大的教师工会，而南卡罗来纳州的查尔斯顿县完全没有工会，但蒙哥马利县公立学校的学生成绩却比查尔斯顿的强。②回头看看美国众多的特许混办学校（chartered schools），它们不受教师工会的条条框框管束，但也没见得比有工会的公立学校好到哪里去，有时候甚至还不如公立学校。所以，就算我们解决了工会问题，也未必能够把我们的学校从现在的困境中解脱出来。

这里我特意选用了"特许混办学校"而不是人们常说的"特许学校"这个名词。其实两者的意义是一样的，但是我认为这类学校的名称应该是"特许的"学校，而不是"特许"和"学校"两个名词并列——常用的说法是不准确的，因为"特许"只说明了学校成立的机

---

① 资料来源：2001 年 3 月 19 日《华盛顿邮报》B01 版，"亚洲教育者向 Loudoun 学习先进经验"，Michael Alison Chandler。克莱顿·克里斯坦森的亲身观察与此一致。

② 我们相信，这里面还有私立学校入学率的影响。查尔斯顿的白人学生中在私校就读的比例明显高。这个因素是支持"这届学生不行"这一观点的。即使如此，我们对这两所学校的对比也足以表明，是否存在教师工会不是衡量学校教育成功与否的关键因素。

制。但是今天我们看到的特许学校其实包括很多类别，有些是传统的，有些是项目学习制的，有些是虚拟的。我们用了有点儿累赘的"特许混办学校"一词而不是大家常用的"特许学校"，因为我们认为这个表述更为准确地描述了1990年以来公立教育系统中出现的新变化。

钱少、电脑不够用、学生（包括他们的家长）兴趣不足或者准备不充分、教学方式失败或者教师工会过于强大，这些单一因素都不能够解释美国公立学校令人头痛的现状。那么，我们是否可以猜想，以上因素共同作用，形成了美国教育前进的绊脚石？当然可以这样说。但是，其他国家的学校也面临着同样的问题，可它们的学生成绩确实比美国要好。为什么呢？

随着我们拨开迷雾，逐一否定那些常规的、试图解释我们教育系统目前困境的借口，我们逐渐看到了另一个理论的端倪：也许，我们用来衡量学校好坏的标准自身存在根本性的偏差。这个说法乍听合理，但是同样地，每个国家的学校都面临着同样的问题：理论上来讲，就算是最优的衡量标准，也不过是对现实结果最好的趋近模拟。○

但是进一步想：其实这个理论，其可挖掘的深度远超过最近甚嚣尘上的"考试分数的存在意义"之类的争论。本书作者之一克莱顿·克里斯坦森，在硅谷大大小小的办公室里度过了大半的职业生涯。30年前，硅谷的这些工作主要属于在美国出生并受教育的美国人。今天，

○ 在某种程度上，所有国家都面临着与美国所面临的同样问题。首先，各个国家对学校的目的解读不同，而没有一个国家的学校能够魔法般地满足所有人的所有期望。美国的学校因学生成绩差而备受诟病，而日本人埋怨自己国家死记硬背的教学风格会扼杀创造力。也许，美国学生敢于质疑权威，并问"为什么"的优点是美式教育的积极成果，但是它不能体现在考试成绩中。其次，没有哪个国家能够令人满意地教育它的每一位公民。

硅谷的办公室和小隔间里坐满了以色列人、印度人和中国人，其占比之高令人咋舌。在美国学校接受教育长大的美国人，在硅谷的就业市场上节节败退。之所以造成了这种现象，不应当是因为全世界只有美国这一个国家无法准确地衡量学习成果这么简单。现在美国在世界上所占据的科技优势，并不是因为它的公立学校系统能够把最好的潜在科技人才送进美国大学。迄今为止，美国是在依赖它的磁石效应，把全球最好的人才吸引到美国来维持自身的竞争优势。但是现在，美国的这一优势有被削弱的趋向。㊀

如果上面这些我们能想到的原因，都不能帮助我们理解我们的教育究竟出了什么问题，那么，问题到底出在哪儿呢？

❖ 我们萎靡不振的教育业及其萎靡原因

本书的目的是穿透前面所罗列的诸多表象借口，剖析我们的学校难以进步的本质原因。在此基础上，我们针对辨明的问题，提出了一系列改进建议。我们在撰写本书的过程中采用的方法是独特的：大部分讨论学校系统应该如何改革的著作是基于作者对学校的研究。但请

㊀ 《经济学人》中的一篇文章增添了这一观察发现的重要性。它指出："美国的高科技产业由外国大脑驱动……自 1995 年以来，几乎 1/3 的硅谷初创企业由印度人或中国人创立。这两个人种也为美国大学，尤其是科研部门提供珍贵的人才。在美国计算机科学和工程学领域获得博士学位的学生中，40% 是外国出生的。但是，正如我们所注意到的，美国对外国出生人才的吸引力正在下降。"《经济学人》的这篇文章讨论了美国移民法使得外国高智力人才进入美国市场需要等待漫长的时间，从而拒绝了大量智力资源。而其他国家——"包括澳大利亚、加拿大、英国、德国，甚至法国"正积极地招揽这些人才。"与此同时，印度和中国的经济都在蓬勃发展……印度人和中国人曾经愿意付出百般努力赢得在美国工作的机会。但是，现在他们在国内有越来越多的选择。"资料来源：《美国的无知政府：为什么移民制度亟待修复》，《经济学人》，2007 年 3 月 24 日至 30 日版，第 40 页。

读者谨记，本书的作者都是研究创新战略的学者。我们在进行研究和编撰本书的过程中，使用的都是站在公共教育行业外部的视角，把我们的创新战略研究框架和工具当成放大镜，对这个行业的问题和挑战进行换位思考。这些创新战略研究的"放大镜"曾被我们用来分析从国防到半导体、从医疗到零售、从汽车到金融服务再到通信行业等为数众多的行业，它在研究复杂问题上的有效性，已经在实践中得到了充分的证明。现在，我们用这个放大镜来研究公共教育，希望它能够和以前一样不负众望，帮我们发现创新性的洞见。

让我们马上动手来分析问题的"本源"：为什么美国学生比不过其他教育制度相似的国家的学生？

对于任何成功的创新，"动机"都是最重要的催化剂之一，对于学习来说，这一点同样适用。我们都知道，无论是想成为伟大的运动员还是伟大的钢琴家，都需要大量、持续的努力。训练大脑神经元形成正确的并发机制需要时间，塑造肌肉记忆需要时间，学会恰当思考需要时间——这些训练在所需要的时间和努力方面，和我们学习阅读、处理信息或者解决数学和科学问题并无二致。动机，是每个机构在招徕客户时必须解决的问题，教育要招徕它的客户，自然也不能例外。

动机分为外来的和内生的。外来动机，顾名思义，来自任务之外。比如说，一个人之所以学习某种技能，是因为只有学习它才能得到他想要的某样东西，而不是因为他觉得学习这项技能本身刺激或有趣。内生动机，则是指一项任务本身有趣和令人享受，能够驱使人自发地执行这项任务。在这种情况下，即使没有外来动机的诱导或者压力，

一个具备内生动机的人也会自主决定去挑战某项工作。○

当然，如果每个人都有强有力的外来动机去学习，学校的日子会好过很多。在这种环境下，学校不是非得把教材教得生动有趣才能激发内生动机，只要提供必要教材，大家就已经感激不尽了。学生有着强大的外部压力来主动努力学习。相反，如果没有强大的外来动机，问题就没那么简单了——学校需要自己想办法来激发、诱导学生的学习兴趣，因为这时候，能让学生付出努力去学习的，只有内生动机。

让我们来看一个例子：20世纪七八十年代，正是日本制造业迅猛发展、把美国这个竞争对手打得措手不及的时代。为什么会有这种情况出现？一个常见的解释是，日本大学生选择数学、科学和工程学的人数是美国的4倍，而那时候日本的总人口只有美国的40%。很多美国人认为这些日本科学家和工程师是日本经济腾飞的功臣，也是"日本威胁论"的缘起。○

但是，当日本整体达到富裕水平之后，一件有趣的事情发生了：科学和工程学专业毕业的学生数量明显下降。为什么？这个趋势的变化和学校本身并无关系——学校还是那些学校。罪魁祸首是富裕。一开

○ 为了捕捉社会科学家所谓的学生的"出于自我选择的奋斗"，人们越来越关注学习动机的来源。克莱蒙特研究生院心理学教授、著名的积极心理学倡导者米哈里·契克森米哈赖（Mihaly Csikszentmihalyi），以他的"心流"理论而闻名于世。在接受《连线》杂志2006年9月的采访时，契克森米哈赖将"心流"描述为一种"完全参与其中"的状态。在这种状态下，一项活动的目的是它本身。自我消失了。时间飞逝。每一个动作、运动、思想，不可避免地从前一个中流淌出来，就像一场美妙的爵士乐现场演奏。你整个人都参与其中，你正在最大限度地使用你的所有才能。这种概念是另一种思考内在动机的方式。参见《顺其自然》一文，《连线》2006年9月刊，第4期。

○ C. M. 克里斯坦森，T. 克雷格和S. 哈特，《伟大的颠覆》，《外事》杂志，第80卷，2001年3～4月刊，第80～95页。

始，当日本刚刚从第二次世界大战的一片废墟中走出来的时候，学生通过学习科学和工程学等专业来脱离贫困，过上薪酬优渥的生活的外来动机是极其强烈的。但是，当国家富裕了，家庭生活水平提高了，这样的外来动机就被逐步削弱了。仍然会有一定比例的人确实喜欢传统教育方式下教授的科学和工程学，因而保有强有力的内生动机；另有一定比例的人依旧有强烈的外来动机来通过学习改变命运。但是对大多数学生而言，他们已经失去了强迫自己去学习不喜欢的科目的动机。同样的趋势也出现在新加坡和韩国。随着这些国家的经济步入繁荣，下一代里愿意学习数学、科学和工程学的学生占比逐步降低，因为之前的外来动机已经消失了。而且，这些学科的传统教授方式使得学习它们毫无乐趣可言，内生动机根本无从谈起。

让我们再来看另一个例子：前面我们提到，本书作者之一克莱顿·克里斯坦森，作为硅谷土著，与硅谷的诸多科技公司大佬相交甚好。这些名列硅谷传奇的人物全部是世界级的工程师、数学家和科学家。但是，这些在科技界响当当的人物的孩子，少有秉承家学的。相反，这些家族的孩子大多选择的是人文学科和社会学。家族的财富完全熄灭了学习父母当年赖以安身立命的工程学、数学和科学学科的外来动力。美国前总统约翰·亚当斯（John Adams）对此有句名言：

"我必须学习政治和战争学，这是为了我的孩子们可以自由地选择学习数学和哲学。

"我的孩子们应当学习数学和哲学，还有地理、自然史、舰艇设计、航海、商业和农业，这是为了他们的孩子们可以自由地选择学习绘画、诗歌、音乐、建筑、雕塑、织锦和陶艺。"

亚当斯的话触及了真谛：当一个国家忙于发展经济、迈入工业化社会时，学习科学、数学和工程学是穷人家的孩子脱离贫困的最佳路径。但是，当这个国家到达富裕和稳定的阶段，学生就有更多的选择去学习他们自己认为更有趣、更能激发内生动机的学科。

所以，讽刺的是，富裕成了学习动机的敌人，尤其是对于那些被教授得不那么有趣、不能激发内生动机的学科。㊀这是科技优势先从美国转移到日本，又从日本转移到中国和印度的关键。由于一系列文

㊀ "Public Agenda"制作的一份研究报告指出，家长和学生并不认为这些高级主题和技能与自己的生活有什么相干。Public Agenda认为这反映了美国的普遍现象。有趣的是，同样可以看到，如果这些科目能让家长和孩子在大学申请过程中受益，那么父母和学生会更有动力去推动这些科目。参见艾莉森·卡德莱克、威尔·弗里德曼与安伯·奥特的《重要，但不适合我：父母与堪萨斯州和密苏里州的学生谈论数学、科学和技术教育》，Public Agenda，2007年。梅里斯·斯坦斯伯里（Meris Stansbury）对此进行了精练的总结，"父母们，你们的孩子们不需要数学和科学技能"，校园电子报，2007年9月21日。

一些报告表明，还有更多的方式可以激励、培养更多的美国科学家。据《高等教育纪事报》的一篇文章中引用的证据，"超长的培训期，缺乏学术工作机会，以及申请研究补助金的激烈竞争"造成了美国许多最聪明的学生避开科学的职业。越来越多的博士生只能获得临时阶段博士后职位，而不是全职工作。因此，他们的工作保障和经济前景是高度不确定的。许多本科生及早看到这些问题，并在他们还有选择的时候，选择退出科学学术生涯。其他人则跳槽寻找商业领域的其他机会。理查德·蒙纳斯特斯基（Richard Monastersky），《真正的科学危机：年轻研究员的黯淡前景》，《高等教育纪事报》，2007年9月21日。

正如另一篇文章所说："许多有条件的美国人回避科学学术生涯，因为科学可能是一个比在乐队打鼓更冒险且无益的职业选择。就算我们没有一个经济学家那样的头脑，我们也该知道，美国在农业播种和采摘方面多么地依赖外国人：薪酬那么低，工作条件那么苛刻，只有贫穷的外国人才愿意做。可悲的是，美国在依赖外国人填补美国科学教室和员工实验室，以及科学和工程学院系方面同样脉络清晰。"文章继续详细说明，一个美国学生如果选择法学院，毕业3年年薪就能达到10万美元。而做科研的毕业5～7年，即使是博士，也才能拿到4万美元年薪。"对于那些寻求有前途的职业、来自发展中国家的年轻外国学生来说，美国的科学极具吸引力，远远超过他们回母国所能找到的任何选择。"丹·格林伯格，《毫无神秘——为什么美国人避开科学专业》，《高等教育纪事报》，2007年12月17日。

化、经济和社会的原因，美国的学校和其他发达国家的学校相比，明显在外来动机方面吃亏，因为大部分国家的社会结构都给学生提供了更强的外来动机。同时，我们也注意到，在另一些发展中国家，努力学习、掌握科学和工程学技能并不能为学生提供生活优裕的未来，至少现在看来不能。在这些国家，学生也没有什么外来动机促使他们学习。㊀

当然，我们也不能把一切归罪于富裕。我们在本书第7章中将会详述：每个学生最基本的动机、他们追求的最核心的功用，是成就感。这一点是放之四海而皆准的。但是，我们现在的学校不是为了这个目的而设计的，它们不能满足大部分学生对成就感的需求，对那些富裕社会中低收入家庭的孩子而言尤其不能。这一现象是复杂的文化、家庭影响综合作用的结果。著名的科尔曼报告（1966）论证了这一点。报告指出，在美国，家庭背景是决定孩子学业成绩的最主要因素。因此，科尔曼报告得出结论：我们不能要求学校达成我们在第7章开始时所提出的诸多心愿。但是，学校仍然是把孩子们往我们所希望的那些高尚的方向推动的一个强大的正能量来源。如果我们能让学校系统

㊀ 在肯尼亚 Usenge 的一项研究中，研究人员测试了儿童的适应能力，并和他们的生长环境做对比。他们发现这些学生了解在不同地域中的生存技巧，比如，如何识别和治疗寄生虫病。但是，这些学生的学术考试（如学校教授的知识）成绩，却与他们的生存知识测试成绩成反比。他们后者成绩很好，而前者很差。用罗伯特·J. 斯特恩伯格（Robert J. Sternberg）的话说："从学术考试的立场上，肯尼亚农村的孩子看起来不是很聪明。但实际上，他们已经学到了对他们自己的文化背景而言极其重要的知识……因为对于肯尼亚农村的这些孩子而言，生存和成功所需的智慧可能与在学校取得成功所需的智慧不一样。前者对他们来说可能比后者更重要。"换句话说，孩子们会优先学习存在外在学习动机的知识，因为这些知识与他们的直接生活更相关。罗伯特·J. 斯特恩伯格，《谁是聪明的孩子？论存在与行为的不同文化语境下的智能表现》，《教育研究员》，第36卷3号，2007年，第149～150页。

且有效地满足学生对于成就感的需求，我们的学校就可以变得更好。①

我们认为，上学，应该是一个由内在动机驱动的人生经历。问题在于：为什么在大部分情况下，学生们并非凭着内在动机上学？我们怎么才能改变这种现状？理解和解答这些问题，正是本书的目的。

❖ 学校面临的困境及其源头

在以下各章中，我们将带领读者立足于公共教育体系之上，使用颠覆式创新的放大镜来研究这一产业。我们所使用的理论汇聚了学界20多年的研究成果，它们的适用性并不仅限于一个特定的产业，也不仅限于用来研究以营利为目的的产业。亲爱的读者，你们将在下面的章节中看到，我们如何用上述理论来分析使每个学生更有学习的内生

---

① 关于这一点长期存在争论。一方面，参见理查德·罗斯坦（Richard Rothstein）的《课程和学校》，理查德·罗斯坦认为学校自身根本不能单独解决这些问题。国家需要改变卫生保健方面的政策，改善幼儿保育、教育等。另一方面的论点认为学校不能推卸责任，责怪医疗保健或不良养育毫无意义：阿比盖尔（Abigail）和斯蒂芬·特恩斯特伦（Stephan Thernstrom）合著的一本题为《没有借口：关闭学校中的种族裂痕》就属于此类。后者认为理论上存在一些学校，比如"知识就是力量"计划（KIPP）——它们可以把罗斯坦所说的不可能变成可能，使得非常贫穷的学生也可能成为高成就者。对此，罗斯坦在他的书里有多方面的回应。首先，他说少数案例不能证明什么。他引用了针对KIPP儿童的研究数据，说原则上KIPP收的学生应该是周围学区里表现最差、最贫穷的孩子。然而，对周围学校的老师进行的民意调查表明，事实上，这些老师送进KIPP的是他们认为最有潜力的孩子。这一信息以及KIPP项目强迫父母参与教育活动的事实（事实确实如此，KIPP中孩子的父母们必须提交申请，并签署合同表明他们能比一般父母投入更多的时间）使罗斯坦认为，这意味着样品不公平。他还提到，KIPP只是一所中学，没有证据表明它的学生考上大学的更多，或者证明它的学生长期内可以以较快的速度取得成功。他还举例说，AVID理论（个人努力推进成功）不能佐证斯蒂芬的理论，因为受访的孩子总是所谓弱势群体里面成绩最好的孩子。请参阅理查德·罗斯坦，《课程和学校》（纽约：师范学院，哥伦比亚大学，2004年）；阿比盖尔和斯蒂芬，《没有借口：关闭学校中的种族裂痕》（纽约：西蒙与舒斯特出版社，2003年）。

动力。通过一系列的归因分析，我们看到了一种希望：对于全世界的教育从业者而言，前方存在更理想的方式，可以让每个学生真正地学有所得。

本书中的例子绝大部分来自美国。但是我们相信，它们对全世界一样适用。其实，本书中的一些方法和建议，已经在很多发展中国家开始实施。

我们的创新理论主要来自本团队的自有研究。但是，我们对所有创新的研究者和实践者都心怀感激。以下是本书的章节概述。

第1章：每个学生都有最适合他的学习方法，每个学生的学习需求是不同的，这一观点是本书的基石之一。如果学校能够针对每个孩子量身定制最佳学习方式，那么孩子们的内生学习动机会大大增强。我们在第1章里会详述为什么现在学校系统之间盘根错节的关系导致了教学方式和考试方式的统一化。而统一化，与学生定制式的学习需求是不可调和的。如果我们的学校要开始提供定制化的学习服务，就必须脱离千篇一律的成批量教学方式，重新构建一个以学生为中心的模块化教学方式，并运用软件来传授教学内容。

第2章：我们对学校脱胎换骨到以学生为中心的定制式教学模式有信心吗？答案是肯定的。通过对颠覆式创新理论的简单回顾，我们发现，美国的公立学校是一直在发展进步的。但同样地，社会对于学校的质量乃至"学校"这一定义的要求本身也在不断提升。社会需要学校担当更多的职能。在这些非常具有挑战性的新领域中，即使最优秀的机构也很容易遭受失败。我们的学校在迎接新挑战方面的表现确实可圈可点。

如果你以前对颠覆式创新的理论不熟悉，阅读第 2 章可以帮你对本书的其他部分有更好的了解。"颠覆"是一种强大的正能量。颠覆式创新的过程，是创新通过改造复杂且昂贵的旧产品、旧服务、旧市场，开拓更简单、更便利、更物美价廉的新产业的过程。

第 3 章：当今，我们的学校使用学科间互相交叉、互相依赖的教程结构。如何才能将我们的教程改造为以学生为中心的模块化结构呢？科技提供了这一可能性。我们宽泛地将科技定义为"一个组织机构将劳动力、资本、材料和信息等生产资料转化为更有价值的产品和服务的过程"。商业机构也好，学校也好，都在运用一系列的科技。在这些科技中，有些是以学生为中心的——它们能够多多少少弥补学校千篇一律的教学和考试流程，与学生众生百态的学习需求之间的冲突。最普通的以学生为中心的教学方法就使用一台电脑，通过软件根据学生的智力特征和学习方式进行量化调整。另一种以学生为中心的教学方法是一对一辅导制。与之相对比的是，大一统式的教学科技为所有学生提供一样的教学方式。一个老师、一屋子学生、一模一样的课本——这些是大一统式教学科技的最常见形式。当然，我们也可以让电脑和软件用千篇一律的方式来教学，那么它们也算是大一统式教学科技。

问题来了：为什么在过去的 20 多年里，学校花费了超过 600 亿美元的经费用于给教室装配电脑，但我们的学校从来没有发展出因材施教的教学模式呢？我们的回答是，学校系统不过是做了其他所有组织机构在面对新科技的时候最倾向于做的事情：它们把新科技"塞"进了自己的现有架构，而不是帮助颠覆性科技建立新的业务模型、成长以及改变旧的业务流程。

第 4 章：学校如何推广基于电脑的新学习方法？我们认为，其关键在于"农村包围城市"——让在线教育从学习市场的边缘入手，通过提供那些传统线下课程无法提供的教学服务，来建立自己的竞争力。在这一章中我们将详细讨论我们是如何得出这一结论的，并分享我们已经看到的几个成功例子，以及简述它们将来如何更好地发展。

第5章：颠覆是一个两步走的过程。在上一章中，我们讨论了学校现在是怎样推广基于电脑的新学习方法的。但是要真正实现基于电脑的学习，我们需要借助现有K-12公共教育系统以外的诸多手段。要想建立以学生为中心的学习模式，需要先在传统公立学校系统以外的市场站稳脚跟，真正解决这个市场上的痛点、难点，才有可能回过头来更好地服务校内市场。如果它们遵循这个路径发展，以学生为中心的学习模式很有可能形成一种完全不同的教育生态。在这一章中，我们对未来的新教育生态进行了一些合理的猜测。

第6章：以上5章解决了一个问题——K-12教育如何才能从千篇一律的教学方式进阶到以学生为中心的教学方式？我们相信，这对孩子们实现最大潜能是至关重要的。但是，有大量证据表明，从5岁开始进行的幼儿园教育，对孩子的成长而言已经太晚了。研究表明，我们生命最初18个月的人生经历对我们的智力水平有着决定性的作用；等到我们5岁的时候，我们的自尊心、自我意识等这些对我们人生走向影响重大的因素已经基本形成了。以上这些问题可以是另一本专著的内容，我们在这里对幼儿智力成长理论进行简单的回顾，是因为我们需要它来帮助我们理解当前教育圈普遍对学前教育的热衷。在第6章中，我们将从一个非常高的高度对幼儿智力相关的挑战以及可能的解决方案进行解析。

第7章：学生动机是改善学习质量的最关键因素，而我们学生的学习动机在近年来却问题频出。如前文所提到的，每个机构都绞尽脑汁来取悦自己的客户。在本章中，让我们换一个角度来思考这个问题：我们的学生希望实现什么样的人生目的？在探索这个问题的过程中，我们得到了一些可能让你惊讶的结论：我们认为，很多学生是有着强烈的学习动机的。但是在其他更有趣的活动面前，我们的学校在竞争学生的时间和注意力方面表现得不尽如人意。

第8章：本章主要讨论为什么现在的学界对教育理论的研究很难为教育从业者提供明确的指引性信息。在本章中，我们对教育学研究提出了几个发展方向，希望它能够更好地帮助我们预测教育的结果。

第9章：很多时候，在一个组织中取得成功的颠覆式创新方法，在另一个组织中却瞬间"团灭"。为什么？并不是因为一个组织中的员工全都是热爱进步和创新的，而另一个组织中的员工全都是碌碌无为的。我们看到，以上差异更多是因为不同组织中的管理者，在构建更适合新生事物萌芽和成长的组织结构方面的能力和意愿各不相同。本章是我们给学校管理者和教育政策制定者的百宝工具箱，帮助他们将我们的理论工具运用于教育学领域。具体而言，我们着重分析了自主权、独立性、权力结构等工具在新式学校（主要是特许混办学校和实验学校）建立过程中的作用，以及究竟什么样的组织结构更适合解决教育体系目前所面临的挑战。

我们都对学校的各种社会职能寄予厚望，但是真正实现并不简单。我们不断地对学生学习和他们的智力成长进行理论研究，在不远的将来，在学习科学方面的重大突破是可以预见的。要做到这一点，我们首先要理解为什么现在我们的学校系统如此举步维艰。如果学校能够按本书的分析踏上革新之路，我们相信，它们将使学生对"上学"具有更内生的潜在动机，从而使我们能够更好地帮助他们追寻理想，实现最大潜能。

现在，让我们踏上征程。我们的故事开始于加利福尼亚州一个虚构的高中，以及它所面对的诸多困扰和挑战。让我们打开这个故事，认识将在以后各章开始部分中出现的形形色色的人物。

兰德尔高中

罗伯特·詹姆斯（Robert James，昵称罗伯）是南加利福尼亚州兰德尔高中2000名学生中的一员。今天，上课铃一如既往地在早上7点15分响起，提醒学生们还有10分钟就上课了。这个苍白瘦削的低年级学生正在停车场里无所事事地和足球队的几个同学聊天，尽量不去想化学课（他最痛恨的学科课程）即将开始的事实。罗伯烦闷地踢着停车场里的小石子：他多想现在就去踢足球啊。在不久以前，罗伯也曾是个守时听话的好孩子。他过去甚至喜欢过科学课。但是现在，一想到即将到来的卡洛斯·阿尔韦拉（Carlos Alvera）老师的化学课，他简直恨不得马上从学校的蓝色大门逃出去。

事实上，这么无精打采地在停车场里磨蹭的并不止罗伯一人。足球队的其他成员也明显更愿意待在阳光下，而不是回到教学楼里上课。然而没办法，内疚感驱使着罗伯向教学楼走去，正迎上脸色严肃的新校长斯蒂芬妮·奥斯顿博士（Dr. Stephanie Auston）的目光。罗伯蹑手蹑脚地经过校长身边，尽量把脸藏在自己的波士顿红袜队的球帽下面，避免目光接触。他心里清楚，阿尔韦拉随时有可能向校方汇报他糟糕的成绩，但他真的很绝望，完全不知道怎么才能改变现状。如果他当工程师的老爹知道这一切，不气疯了才怪。罗伯想再一次找个自习时间向自己的邻居、好朋友玛丽亚求助。她讲得一向比阿尔韦拉先生清楚两倍。不过，看起来今天她也迟到了。

其实，罗伯完全没必要害怕斯蒂芬妮·奥斯顿博士在瞪自己。因为这时候，身穿灰色西装的女校长正靠在学校蓝色的墙壁上，思考着更棘手的问题：她是临危受命，来拯救这所由于成绩全州垫底而处于崩溃边缘的学校的。奥斯顿博士的学校管理能力在本州的其他中学已经经过充分验证，所以其实她并不担心罗伯一时之间手足无措。她更担心的，是她自己也手足无措。一想到她和化学老师阿尔韦拉的第一次面谈，奥斯顿博士心里就凉凉的。阿尔韦拉告诉她："我就是这样凑合着教了25年化学，再让我教得更好，我也没办法。"她多希望每个学生都能像学术杯冠军玛丽亚·所罗门（Maria Solomon）一样啊！这个小个子黑人女生正踩着上课铃的点儿匆匆冲进教室，还不忘对奥斯顿灿烂地一笑，背上的小红书包和马尾辫一跳一跳。铃声仍然在固执地一遍一遍响着。奥斯顿向玛丽亚报以温暖的笑容。好吧，除了玛丽亚，她还有2000个孩子的棘手问题亟待解决。天哪，当年为什么不去做个律师呢？

第 1 章

千人一面的"教"和千人千面的"学"

玛丽亚在离上课铃响还有两秒钟的时候一屁股坐在了自己的座位上，心里诅咒着自己那不争气的闹钟。她知道自己已经来晚了。阿尔韦拉老师总是把上课时间塞得满满的。玛丽亚低头看了看放在自己课桌上的资料，这是昨天阅读材料的复习要点。还好，她已经掌握了。她及时瞪了旁边的罗伯一眼，示意他在老师批评前把头上的球帽摘掉。罗伯乖乖地听从了。

罗伯挠了挠满头乱糟糟的深红色头发，从书包里掏出笔记本。台上，阿尔韦拉老师开始讲解气体的热力学公式。罗伯努力地瞪着黑板上的"$pV = nRT$"公式，认认真真地把它抄写到笔记本上，就跟这样他就明白自己在做什么一样。阿尔韦拉老师也曾专门花时间辅导他，但是老师的时间实在有限，而且阿尔韦拉老师无论怎么解释，都不过是把他课堂上说过的话翻来覆去地重复而已，充其量把语速放慢点。如果罗伯的成绩再这么滑坡下去，根据学校制度，阿尔韦拉老师将不得不向学校汇报。而如果阿尔韦拉老师的报告在明天晚上的足球赛之前到了校长那里，罗伯怀疑，自己很可能就会被迫停赛。但是，足球是他最喜欢也最擅长的，反而是化学，就算他昨晚一整晚都对着课本抓耳挠腮，也始终不得要领，还不如干点儿别的呢。他有些懊恼。

在教室的另一边，玛丽亚举手问了一个问题："老师，怎么用 $pV = nRT$ 公式计算标准温度和压强下的气体密度呢？"

玛丽亚身边坐的是罗伯的足球队友，替补队员道格·基姆（Doug

Kim）。看起来，他也在认真地做着笔记。罗伯的心一直沉到了底。道格也是踢前锋的呀。罗伯一直没想过自己是个笨蛋，但是最近他越来越觉得，在兰德尔高中，可能在很多同学眼里，自己就是个只会踢球的傻大个儿。

罗伯坐在教室的第三排。他沮丧的样子并没有逃过阿尔韦拉老师的眼睛。但是，阿尔韦拉也很无奈。他在课堂上实在不能在一个孩子身上花太多时间。常年的教学生涯教会了他妥协：有些孩子就是一学就会，有些孩子不会就是不会。学校这么大，他一个老师又能怎么样呢？他试图给罗伯安排几次课后辅导，但他已经竭尽全力了。当年做学生的时候，阿尔韦拉也曾经对英语课一筹莫展，到现在他都觉得自己的英文写作很差。昨天，在准备给新校长奥斯顿的有关罗伯学业情况的汇报文件时还得找另外一个老师帮忙审阅，因为他害怕给新校长留下不好的印象。说实话，他也不想去跟新校长讨论本校明星前锋球员糟糕的学业成绩。但是，阿尔韦拉不能在罗伯身上花更多的时间了。他喜欢这个孩子，也觉得罗伯学习很努力。但阿尔韦拉一个人要带五个班，一共120个学生。他只能在规定的时间里尽量教完内容，然后向前推进。阿尔韦拉心中闪过一丝愧疚。即使花了额外的时间，他也没法让罗伯搞明白化学。不过他相信，罗伯并不笨。

罗伯也知道自己不笨。在这个炎热的秋日下午，他踢完了练习赛，浑身大汗，然后回到了家里。但是，和以往不同，这次就算踢球也没能赶走他郁闷的心情。自习的时候他去找玛丽亚，可是玛丽亚正在忙碌，而阿尔韦拉老师有其他的会面安排。所以就剩罗伯一个人面对着作业，毫无头绪。

罗伯的父亲回家的时候，罗伯就呆坐在厨房的桌子前，双手抱头，甚至没有抬头看是谁开门进来。他翻动练习册去查看习题的答案，不住地叹气。

"写什么作业呢？"老爸一边把公文包放下，一边查看今天的一沓新邮件。

罗伯抬头看了看老爸，是一题一题地错下去，还是向老爸求助？"我搞不懂这个气体热力的问题。"一阵沉默后，他回答，"玛丽亚又没空给我讲。"

"我看看。"爸爸轻松地说，接过罗伯推过来的练习册，仿佛并没看到满篇的错误答案。

"好吧，罗伯，这事儿没那么难。你去街口那个便利店买几个氦气球回来。"

罗伯的紧张平息了。也许他还有机会踢明天的球赛！他冲到便利店里，很快买了几个气球回来。晚上的温度开始降低，但仍然有三十多摄氏度。爸爸正在车库里等着他。

"好。你拿一个气球放车里，关上门。"爸爸说。罗伯疑惑地照做了。两人在渐渐深沉的暮色里等了一会儿。突然，一声巨响惊得罗伯一跳。爸爸哈哈大笑。

"是那个气球。好，现在你来想想温度对压强的影响。"爸爸说，"比如，为什么气球里气体的体积超过了橡胶的承受能力？"

罗伯脸上露出了笑容。他开始明白了。

罗伯学不好化学，是因为他的头脑和他的老师以及玛丽亚都不一样，而不是因为他笨。当教学的方法匹配了他的学习方式的时候，他是可以很快弄懂的。那么问题来了，为什么学校不能以罗伯能够理解的方式教学呢？下面我们会解释，学校内部有一个复杂的系统，导致教学流程的标准化。我们如何才能为每个学生提供个性化教学呢？模块化便于个性定制，所以答案应该是在学校推行模块化教学。只有这样，像罗伯这样的学生才能获得与自己的学习方式相适应的教学。

其实，我们绝大多数人都明白，我们学习的方式是不一样的。不同的人会在不同的地方悟到关键。我们都有他人立刻领悟了某件事情，而我们却要反应半天这样的经历。我们大多数人也有过这样的体验，即某个要点，经过老师、家长或者同学用不同的方式一提点，豁然开朗。有的时候，我们只是要多想几遍；另一些时候，我们就是比同学更快地理解了一个知识点，然后在教室里百无聊赖地听老师一遍遍地试图把它讲给其他的学生。我们身边都有这样的朋友，对有些科目十分精通，对其他科目却不擅长。所以，我们知道，我们学习的方式是不同的。

在过去的30年中，越来越多的认知心理学家和神经学家为此提供了科学佐证。研究学者提出了许多理论框架，究其原因是为了在各个场景中科学地解释各人的学习方式不同这一常识。虽然越来越多的科学依据证明了人们的学习方式是不同的，但是我们对学习方式如何不同这一点尚无定论。可以说，目前我们唯一知道的，就是我们并不知道学习模式的差异具体是什么。学术界会不定期地爆发流派之争，试图证明自己的学习模式差异理论是最关键的。希望随着脑科学的研究进展，我们有朝一日能够更好地理解不同的脑如何处理不同的信息。具体而言，就是脑神经细胞如何在网络中获取和传递信息，脑的哪一部分处理哪一部分的功能，脑神经如何发育，等等。只有掌握了这些科学，我们才能更好地理解不同的人如何学习。我们寄希望于脑神经学家们的研究能帮助我们理解大脑运作的因果机制，然后我们才能更好地理解大脑处理信息的规律，以及环境和经验在教育中的作用。但是目前，我们只能接受我们对此认知不足的现实。

在本书中，为了避免陷入"哪种学习机制更正确"的争论，我们简单地把我们的论证基础归结为一句话：人的学习方式是不同的。有些差异可能在我们出生时就已经烙入我们的大脑了；其他差异则可能来自我们的人生经历，尤其是早期教育。

在本书中，为了便于论述，我们选用了众多学习差异理论中的一种。也许读者会对我们选取的理论本身不以为然，但这并不影响本书要论证的内容。在以下章节中，我们会提及人学习时调用不同的智力维度。读者可以将此理解为其他任何学习差异理论中人们的不同能力和特征。我们在这里借用"智力维度"这一概念，不过是为了让读者更好地想象和理解学生在学习数学、音乐或语言等任何科目或领域时展现的差异化学习方式。[1]

❖ 重新理解智能和我们的学习方式

学术心理学家已经做出大量研究，为我们重新理解"智能"这个古老的概念进行了铺垫。过去，学者们简单地把智能数字化了，认为智能的所有方面是可以用分数同质衡量的——这就是IQ的来源。然后，他们将人按年龄分组，再用这个分数来衡量。但是，已经有学术研究指出，智能远远不是单一数字这么简单，当然，也有学者有不同意见。尽管如此，但大部分学者还是用"智能"一词来代指人脑各方面的能力。这就造成了智能这个概念的内涵其实是无所不包的。[2]

哈佛大学心理学家霍华德·加德纳（Howard Gardner）是这一交叉学科的先行者。早在20世纪80年代初期，加德纳就已经在他的《多元智能理论》[3]一文中提出了智能应该有多种类别的理论。下面，我们通过对加德纳的智能定义和分类系统进行简单的介绍，以理解加德纳如何剖析人的多种智能优点，以及不同的学习方式又能如何根据不同的智能优点来帮助不同的人提升：

◆ 解决日常生活中遇到的问题的能力；
◆ 发现新问题的能力；
◆ 创造在社会价值体系中有价值的新产品或者服务的能力。[4]

显然，智能的这一定义系统远远超越了现有的IQ评分体系所能涵盖的内容。加德纳出于研究人类智能的需要，对每种可观察到的才能进行了严格区分，决定它是否应该成为一个独立的智能因素。加德纳认为，一个独立的智能因素应当"是一项可以发展的能力；可以在特定人群中观测到，比如天才和天生迟钝者；在大脑中有对应的分区；可以用抽象符号表述对应的人的能力"[5]。根据以上定义，加德纳一开始总结出了七项独立的智能因素，后来又加了第八个，并一度考虑添加其他因素。

下面列举的是加德纳的八项智能因素,并在其后给出了它们的简单定义,以及代表人物。

- 语言智能:用词汇进行思考,组织语言来表达复杂思想的能力。代表人物:沃尔特·惠特曼(Walt Whitman)。
- 逻辑数学智能:计算、量化、假设和立论的能力;计算复杂数学问题的能力。代表人物:阿尔伯特·爱因斯坦(Albert Einstein)。
- 空间思维智能:在三维空间中思考的能力;理解外部和内部透视结构,重塑、变换和修改图像的能力;以第一人称视角和第三人称视角导航、寻路的能力;创造和理解图像信息的能力。代表人物:弗兰克·劳埃德·赖特(Frank Lloyd Wright)。
- 身体动觉智能:捕捉运动物体以及增强身体技能的能力。代表人物:迈克尔·乔丹(Michael Jordan)。
- 音乐智能:区分和创造音高、旋律、节奏和音调的能力。代表人物:沃尔夫冈·阿马德乌斯·莫扎特(Wolfgang Amadeus Mozart)。
- 人际交往智能:理解他人、与他人交互的能力。代表人物:特蕾莎修女(Mother Teresa)。
- 自我认知智能:对自我进行准确画像,并根据对自我的认知来计划和指导自己的生活的能力。代表人物:西格蒙德·弗洛伊德(Sigmund Freud)。
- 自然智能:感知和观察自然现象,对自然界物体进行辨认和分类,理解自然系统和人造系统的能力。代表人物:蕾切尔·卡森(Rachel Carson)。[6]

以上智能因素的分类系统和我们的教学有什么关系呢？如果一种教育方法能够适配学习者最擅长的那种智能因素或者才能，那么学生学习起来就会更轻松，也会更有热情。换句话说，学习本身就变成了一种激发人兴趣的事情。回到本章开头罗伯的故事吧。当老师用逻辑数学的方式教授化学的时候，罗伯理解起来非常困难。我们可以推断，逻辑数学这个智能因素并非罗伯的强项。而他的同学玛丽亚很有可能是逻辑数学智能因素比较强，所以上课特别轻松。但是，当罗伯的父亲用一种崭新的、调用了罗伯比较擅长的空间思维智能的方式来解释同样的内容时，罗伯不但听懂了，而且觉得很有趣。[7]

加德纳和他的同事研究了各种知识内容的不同教学方法，每种方法和每种不同的智能因素相适配。在琳达·坎贝尔（Linda Campbell）、布鲁斯·坎贝尔（Bruce Campbell）、迪·迪金森（Dee Dickinson）三人合著的《多元智能教与学的策略》（*Teaching and Learning through Multiple Intelligences*）一书中，作者引用了一个在学校里屡屡留级的女孩的故事。无论她多么努力，成绩都上不去，反而她更加地恐惧和惧怕学校。她陷入了深深的自我厌恶中。但是，当她进入六年级时，她的一位老师注意到她的行动十分优美，并开始思考是否能让这个孩子通过动作来学习。这位老师并非智力分类的大师，但也足以看出这个孩子的身体动觉才能非同一般。这个孩子拒绝阅读、书写甚至拼写。但是这位老师凭着大胆的猜想，帮这个女孩设计了一套"动作字母表"，让她"用肢体语言去表现 26 个字母"。第二天，这个女孩还没到上课时间就兴奋地跑到学校，急不可耐地要给老师呈现成果。她先是用跳舞的方式呈现了 26 个字母，然后把它们串成了一个舞蹈。接下来，她用舞蹈的方式拼写了自己的姓名。当天晚上，她用舞蹈的方式完成了所有的拼写作业，第二天跳给她的同学们看。没过多久，她能够书写的词汇量就越来越大了：她总是先把这些词用舞蹈的方式表达出来，然后再写下来。她的书写成绩很快提升了，自信心也大大地增强。又过了几个月，她已经不需要用跳舞的方式去"书写"，因为通过身体动觉，她的书写能力已经被永久性地打开了。将来，无论她从事什么样的工作，这些重要能力都将伴随她终生。[8]

加德纳的研究表明，虽然大多数人都或多或少地拥有这八项智能因素，但是大部分人只有其中两三项是比较强的。他的研究让我们明白面向不同的人，教学方式应该和这个人的智能强项相适配；此外也提醒我们，不能桎梏人的发展潜能，不能忽视了非强项的其他智能因素的发展。

更进一步来说，这些不同的智能因素，只组成了认知能力众多维度中的一个维度。每种不同的智能因素对应的，是不同的学习偏好。有的学生需要把一个概念抄写下来，有些人需要反复推演，有些人需要讨论，等等。暂时撇开争论不谈，需要先强调的是，一个人在某种智能因素方面使用视觉学习的方法（比如阅读和看图）特别有效，并不能证明他在其他智能因素方面用视觉学习的方法就能达到类似的效果。最后，还有另一个维度的差异，目前研究能达成一致结论：人们学习的节奏也是不一样的——快、慢、匀速，各种各样都有。

如果我们相信所有人学习的方式是不同的，那么我们是否应该用不同的方式来教不同的人呢？这一点只要想想你自己在学校的时候就明白了。我们的学校是把学生按班级分组的。当一个班的教学内容进入下一个模块的时候，所有的学生都必须跟着学，不论他们是否已经掌握了之前的知识（也不论之前的知识是不是理解下一模块所必需的）。

中级几何的课开了，我们就必须学习中级几何，哪怕有人连初级几何都还没弄明白。就算有学生在初级几何的课程中不及格，他们也不得不被拖着一起学习下一个模块。反过来说，就算有学生能够一学期学完整个世界史，他也得跟全班所有同学一起老老实实地上完一个学年。不仅如此，当一个四年级的老师教孩子长除法的时候，他很有可能是根据自己当年学长除法的经验来教的，不一定是我们最容易理解的方式。不管是很快就听懂了的学生，还是老师一遍遍重复却越听越糊涂的学生，都得待在教室里熬过这堂课。[9]

为什么学校的教学方式是今天这样的呢？如果我们都同意，学生的学习方式是不一样的，每个人需要不同的理解方式和学习节奏，那学校为什么要用千篇一律的方式来设计教学和考试呢？

❖ 相互依存性和模块化

为了理解为什么学生需要的是个性化学习，学校施行的却是标准化教学，我们需要先退后一步，从产品设计的方式来了解相互依存性和模块化这两种产品设计方式。

所有的产品和服务都有一个结构，或者叫设计思路，这个设计思路决定了每个部件应该是什么样的，以及部件之间是如何互相协作的。[10] 两个部件之间搭配的方式，我们称为交互接口。交互接口不但在同一个产品的部件之间存在，也在不同的部门、不同的团队、不同的组织之间存在。

对一样产品而言，如果某个元件的设计和运作方式高度依赖其他元件的设计和运作方式,那么我们把这个产品的设计方式称为"相互依存的"。如果我们在开发一个元件之前无法预测如何开发另一个元件以及二者之间的交互界面——就是说,两个元件必须被一起开发出来,那么我们说这种相互依存性是不可预测的。这样的产品结构几乎必然是专属的,因为每个组织都必须为自己设计整个产品,而且这个设计只适用于这个组织的特殊需求。

与此相对应的一个概念是模块化产品设计。在模块化设计的产品中,无论是设计还是价值链,都不应存在不可预测的相互依存性。模块化设计的产品互相协作时,应该有易于理解、简洁、直接、标准化的方式。模块化的设计结构清楚地约定了所有元件的参数和功能。任何生产者都可以按照这些参数和功能设计元件,从任何地方来的元件也都能方便地组装到一起。模块化的元件可以由互不相干的部门或组织负责。

举例来说,电灯就是一个模块化产品设计的典型。灯泡和灯架之间有一个交互接口,就在灯泡柄和灯架座之间。工程师们可以在灯泡的内部做各种创新的尝试,只要接口的灯泡柄满足灯架座的标准参数,就不会影响灯架。你曾经在换灯泡的时候注意到新的灯泡和老的接口是多么容易契合吗?在我们的家里,灯泡、灯架、插座和布电往往是由完全不同的公司负责的。但是由于标准化接口的存在,不同的公司可以各自生产各自的产品,而且知道将来它们都可以组装在一起且运作得很好。

但是,如果接口是相互依存的,那么关键因素就变成了接口本身。例如,当亨利·福特(Henry Ford)在密歇根州的迪尔伯恩建立第一个量产 T 型车流水线的时候,他发现自己不得不面对这样一个痛苦的现实：有一个生产环节，是工人需要把一块铁板放入一个模具，去打造出一个汽车部件。但是这个时候，他发现铁板并不能完美地契合模具的形状，而是会稍稍回弹一些。福特的工人可以把模具做得更深一些，来弥补这个回弹的差异。但是，如果周一福特的铁板供应商供应的铁板回弹了2%，而周二的铁板回弹了6%，那么每批次的部件就会相差4%，无论如何都很难和其他汽车部件契合在一起。如果铁板供应商不和福特一起密切合作，那么这个问题是无法解决的：供应商永远不知道福特的模具偏差是多少，福特自己也无法解决这个问题，因为它不能生产铁板，所以福特只好收购了铁板供应商。老福特在底特律西侧的荣格河边建造了一个巨大的炼钢厂，这样，福特的工程师就可以控制铁板的金属属性，同时调整模具和铁板的参数。

如果一个相互依存式的产品中的一个要素发生了改变，那么和这个组件有交互关系的其他所有组件都不可避免地需要发生改变。因此，定制一件产品或者一项服务变得异常复杂和昂贵。很多相互依存的属性是难以预测的，这导致所有组件只能一起设计。定制一件这样的产品往往需要重新设计整个产品。

与此相反，模块化结构能够最大化灵活性，使得量身定制从商业上成为可能。在模块化结构中，更换几个模块不会影响其他模块，所以根据不同的需求定制，只需要把不同的模块组合起来就可以，相对而言是廉价和可行的。模块化结构使得一个机构能够灵活、廉价地满足定制化需求。模块化还使得每一个模块内部的竞争、演化和升级成为可能。

某样产品中组件之间的交互依赖程度，是该产品底层科技成熟程度的直接体现。在大多数产品和服务的初生阶段，产品的所有组件需要密切结合，精心设计，才能让一种不成熟的科技勉强生产出可以满足用户需求的产品。复杂的相互依存性使得定制过于昂贵，几乎不可能实现，但是初期产品的用户往往愿意忍受单一和标准化的产品，并调整自己的预期和使用习惯来适应标准产品。在这一阶段，由于产品的标准化，用户使用之间的差异是不明显的，用户的个性化需求也被掩盖了。

举个例子，20世纪80年代，苹果引领个人电脑风潮的关键，在于它能够制造整台电脑——包括硬件、操作系统和应用软件。当时苹果系统的设计结构是高度专有化和相互依存的。当然，这也导致了定制对苹果机而言昂贵得令人无法想象。

随着产品和市场的成熟，科技变得更复杂，用户的期待值也越来越高。他们开始逐渐理解了自身独特的需求，并学会了伸手要定制化的产品。这样的环境使得产品和服务的结构不得不变得定制化。在个人电脑产生的初期，定制是过于昂贵因而不可能的。但是当技术成熟了之后，像戴尔电脑这样用不同的定制方案来满足不同用户的需求，就变成了可能。如果你打开戴尔电脑的外壳，你会发现，在这个戴尔产品中，一件戴尔自己生产的组件都没有。每种不同的组件都是不同的供应商生产的，但是它们互相之间都可以模块化组合。这种方式使得戴尔可以让用户定制自己喜欢的参数和特性，从不同的供应商那里调取组件，然后在48小时内组装成一台完整的电脑，送到客户手上。

当下，个人电脑的操作系统正在经历同样的演化。最早的微软视窗操作系统是完全交互依赖的。如果修改十行代码，那么与它相关的百万条代码可能都得随之调整。要把一个视窗操作系统配置到正好满足你的需求，可能要耗费百万美元的定制费用。这种规模经济效应导致了必须标准化,而我们也接受了这一点。我们中的绝大多数人之所以并没有设想过,如果我们从一开始就拥有一个能够根据各自需求定制的操作系统,我们的生活会有什么样的不同,是因为我们从来都没敢有过这种奢望。但是,随着Unix技术的充分成熟,像Linux这样的开源操作系统就出现了。Linux的产品结构是模块化的、标准化的,这使得定制化变得可能。开源开发者社区得以一步一步地对Linux的各个模块进行创新和增强。

❖ 学校的困境:标准化教学和个性化学习

以上例子对美国的公立教育有什么样的启示呢?让我们先来想想今天的学校结构。我们的主流公立学校系统是极其相互依赖的,至少包括四个层面的相互依存性。首先,是暂时的相互依存性。比如你在七年级的时候必须学过这门课,九年级的时候才能去学那门课。其次,是横向的相互依存性。比如由于有着英语语法教学方式的强大影响,其他外语的语法也被以相似的方式教授了,无论这是不是最好的教学方式;如果强行改变语法教学的方式,就不可避免地会导致其他所有英语学习的课程都要做出调整,而这简直是难以想象的。再次,是物理上的相互依存性。比如说,已经有强有力的证据表明,PBL(基于项目的学习)对于很多学生而言是极具吸引力的学习方式,它可以帮助很多学生内化所学知识,并辨识目前掌握的知识中的空缺。但是,很多学校实际上无法大规模开展基于项目的学习,仅仅是因为它们的教学楼无法容纳这些教学活动。最后,是结构上的相互依存性。这个层面下包括:初衷良好但是经常自相矛盾的国家、省、市、地方规章制度,各级工会斡旋得出、后来被写入法条的教育从业者劳动法则，复杂的地方政治，等等。学区总部统一定制的教材和教学计划也基本上锁死了教师的创新能力，尤其是跨学科创新的可能性。比如说，一个有创新精神的老师可能觉得通过化学来教授代数是个更有效的办法，但是由于学区总部对于教学计划的严格管控，这个老师自己尝试制订一个新的教学计划的可能性基本为零。因为如果一个学科的教学计划彻底改变了，那学区总部计划、分配授课时间和其他所有教学计划的方式也会发生改变，随之，标准化的考试和升学标准也不得不改变。更成问题的是，能够满足这种需求的数学和科学课老师的培训和认证方式也需要随之改变。

正是因为我们的公立教育系统中存在如此多的相互依存性，导致了规模效应异常强大。经济模型决定了"教""测""评"环节不得不标准化，虽然我们已经都知道"学"这个环节是千人千面的。经济模型是这里面不可忽视的强大力量：在一个高度相互依赖的环境里，定制化的费用是极其高昂的。我们将会在本书第5章中详细论述学校里结构上的相互依存性如何限制了定制化学习。在此，一个简单的例子就足以说明问题：在20世纪六七十年代，社会需求要求学校为有特殊学习需求的孩子提供定制化的学习服务。到了20世纪70年代，符合联邦制定的"特殊学习需求"标准、享受联邦特殊教育津贴的孩子大概有10%。[11] 满足这些要求的孩子们原则上可以享有单独的辅导和有针对性的教学方式，即"个性化学习计划"（IEP）。在另一种特殊情况下，学校把来自非英语国家的移民家庭的孩子组织起来开设了一个个性化的"英语语言学习"（ELL）项目。对于这两个类别的学生而言，毋庸置疑，个性化教学方案是十分重要的。但是这些教学计划的代价也高昂得惊人。在罗得岛学区，每个有特殊学习需求的孩子每年需要花费 22 893 美元的公共教育预算，而普通学生的教育预算金额才 9269 美元一年。[12] 过去 40 年中，在有特殊学习需求的孩子身上花费的预算的增长远远超过了正常教育经费的增长，导致当前在很多学区中，特殊教育需求花费占据了学区经费的 1/5 以上。[13]

上述情况造成了一个争执点，即究竟什么样的孩子有资格接受"特殊"教育。而且，因为特殊教育占用了如此庞大的教育资源（每个老师能教的人数更少，需要特殊空间、特殊教材和教具），使得对其他学生的教学反而进一步地标准化。[14] 困局正在于此：由于学生具有不同的智力因素特征、学习风格、速度和起始点，严格来说，所有的学生都是有特殊学习需求的学生。[15] 这里的问题不是我们把一部分孩子打上"学习困难"的标签——或者用歌手丹尼·迪尔多夫的歌词来说，"天赋不同"的标签——就能解决的。[16] 那些能在今天的学校系统中取得成功的学生，大多是因为他们的智力特征"幸好"符合了今天特定教室里的特定主流教学方式；又或者，这些孩子自发地找到了适应这些教学方式的办法。[17]

❖ 在今天的工厂流水线式学校里实现教学的定制化是否可能

19 世纪初，在公立学校往往还只是一间教室的时候，所有的教学都是定制化的，而且必须如此——至少在教学速度和等级方面。因为那时候的教室里坐的是年龄不同和学习能力不同的孩子，而老师的日常就是逐个对学生进行辅导，为每个人给出个性化的指导并布置作业，然后逐一跟进。但是，到了 19 世纪末，越来越多的学生涌入学校系统，迫使学校不得不标准化。当时的美国民众默许了，而那个时代的思想先进者也认为这样做是进步的体现。和其他早期产业一样，社会对公共教育服务的预期和使用方式进行了调整，美国人不再觉得个性化教育是每个学生理所当然的权利。教育的很多标准化措施其实来自当时正在兴起的高效工业化生产系统，比如把学生分为不同的年级，针对每批次的学生教授标准化的内容，等等。通过建立年级系统，并任命每个老师专职教授同一水平、同一类别的学生，根据工业化生产的理论，老师可以高效地把"同样的课题，用同样的方式、同样的速度"灌输到教室里所有学生的头脑中。[18]

于是，今天学校面对的问题就变成了：当时为了用单一系统批处理大量学生教学的公立学校系统和流程，是否能够被适度地改变，以适应不同学生、不同头脑对于学习的不同需求呢？[19]

相当多的学校已经为了提升教学效果而做出了诸多努力和尝试，也有一些学校试图用加德纳的多元智力因素模型去区别对待、分别教授不同智力类型的孩子。但是，由于现有学校体系的高度相互依存性，想要在规模化的层面上实行任何创新是非常艰难的。比如说马里兰州的蒙哥马利县公立学校系统试图用个性化教学来满足不同的学习需求，并通过类似于"无线世代"这样的移动端教育工具来提供在线实时测评，[20]教师可以实时地获取每个学生的学习进度信息，以便根据每个孩子的学习进度制订教学计划。

马里兰州的尝试是值得敬佩的。但是，在目前流水线式结构的公立学校体系内推行多元智能教育本身要面临许多不可避免的问题。虽然每个学生在八项智能因素的每一项中都多少有一些才能，但是每个学生真正擅长的只有其中两三项。老师们呢？其实也是一样，他们每个人只能驾驭几种特定的教学方式。因此，和我们每个正常人一样，老师们也倾向用最适合自己智能因素的方式来教学。

这时候，在教室里会发生什么现象呢？我们可以把它称为"反磁铁效应"：你可能还记得小时候学过的，每个磁铁的两端都有正极和负极，同性两极相斥，异性两极相吸。在教室里出现的情况正相反：同类型的（归属同一智能因素类型的）学生和老师自然而然地相互吸引，而不同类型的相互排斥。

这种反磁铁效应造成了一种恶性循环。当今公立学校的老师，基本上是这几十年间流水线式工厂化教学的产物。在这个环境中，那些天生和授课老师属于同一种思维方式的学生，自然而然会学得很好。比如说高中的语言艺术课，就明显地主要和语言智能相关。归属于这个智能类型的学生很容易在这门课上得到优秀，自然也很容易在上了大学之后选择语言艺术，将来也更倾向于选择教授语言艺术课。教授特定学科的优秀教师和专家，通过教材的编纂将特定学科的教学方式固定下来。而这些教师和专家，往往正是那些在这项相关的智能因素上特别优秀的人。结果，这些人成为每个学科里的"精英阶层"。这个人群包括教学计划的制订者、老师，以及这个学科里成绩最优秀的学生们。他们所有人的头脑都是以相似的方式运作的。就像社会中的小精英阶层可以完全沉迷于相互之间的顺畅交流而无视自己已经完全和大众脱离的事实一样，这些学科精英由于具备同样的优势智能因素，很容易无视具备不同智能因素的其他人是否能够用和他们同样的视角理解这个学科。

比如说，对语言没有特殊天分的学生常常会在英语课上感到手足无措。老师们也受限于自己的优势和劣势，导致在任何一门语言课的课堂里，总是有几个学生由于语言天赋不佳而实质上被排除在课堂活动之外。这一排除是有代际传承效应的。在学术圈也是一样。再如，数学老师一般有较强的逻辑数学智能，而他们课堂上的"好学生"一般也是逻辑数学智能天生较强的学生。但那些智能优势不在逻辑数学上的学生，就自然而然地被排斥在外了。

一直以来，加德纳和他的志同道合者们致力于面向老师和学校教授、传播多元智能理论，希望他们能以此为标准进行教学。但是他们发现，多元智能理论在小学的发展是相对容易的，因为小学已经有了活动中心、探索式学习室等设施。但是，在绝大多数的美国初高中里，由于现在的工厂流水线式的教学方式，让老师兼顾多元智能的教育极其艰难，甚至注定失败。因为在工厂式的大一统环境下，但凡老师开始倾向于一种多元智能的教育，就会有一部分学生有积极的反应，另一部分则出现消极反应。

总而言之，现在的公立教育系统价值网络——从教师的培训、学生的分级，到课程的设计，乃至教学楼的格局，都是为了标准化大规模统一运作而设计的。如果美国真的要保证"不让一个孩子落后"，让每个孩子都享受到适合自己的教育，那这种标准化的教育方式必须改变。在今天学校系统形成的时代，标准化被视为一种美德。到现在，我们的学校系统已经发展成一个盘根错节的复杂系统，目的就是提供千篇一律的高效大批次教学。勇于在这样的复杂系统中尝试给每个学生提供个性化教育的老师和校长，需要偏执狂一样的勇气。因此，我们的学校需要一个新的系统。

❖ 在以学生为中心的新系统中实现因材施教

如果我们的目的是教育所有的孩子，使他们能够具备应有的知识和技能、脱离贫困、拥有追逐自己的美国梦的资格，那么我们必须找出开发新的教育方法的路径，这样才能为这些孩子铺出教育之路。本书所提出的发展路径，我们称为"以学生为中心的教学模式"。我特地使用了"路径"一词，是因为至少在目前，传统教学模式和以学生为中心的教学模式之间，并不是二选一的关系。如果传统的千篇一律、以规模化大批次生产为目的的教学模式处于光谱的一端，模块化、以学生为中心的因材施教处于另一端，那么在现在及以后很长的一段时间内，必然会有一些学科、课程和技能是更适合千篇一律的教学方法的。但是，我们后面的战略分析表明，存在一个不可避免的趋势，就是目前由老师所主导和担任的教学工作，会一件一件地变成以学生为中心的学习活动。

学校应该如何开始向更有潜力的、以学生为中心的教学模式过渡呢？以电脑为基础的教学，我们认为，是科技引发以学生为基础的教学改革道路的起点。我们在以后的章节中会讲到，以电脑为基础的教学既是一种颠覆性的力量，也是新希望的开始。以此为起点，恰当地运用科技构建教学平台，将使教学的模块化、定制化慢慢地成为可能。要脱离现在被桎梏在横平竖直的条条框框，包括有限的物理空间内的标准化学习模式，一定要通过逐步定制化学习的方式。实现定制化学习的硬件条件已经到位，而软件条件正在迅速发展中。定制化的学习使得学生有机会脱离时间和空间限制，以适合每个人自身智力特征的方式，按照每个人容易接受的节奏和顺序接受知识。当模块化、定制化的学习发展到一定阶段，就可能出现第二阶段的颠覆：我们会详细说明，将来的老师扮演的角色将是专业教练和内容架构师，引导学生进行学习。未来的教师将更像陪伴学生的向导，而不是讲台中央喋喋不休的智者。

以上所说的只是无妄空想吗？毕竟，学校是政治和民意驱动的公共机构，并不受市场力量的支配。它有什么动机去进化自身，成长为以学生为中心的新模式？在后面的分析中，我们会说明，纵观学校的历史，我们认为其实我们的学校系统一直在进步，以满足社会对学校提出的不断变化的需求。通过简单回顾颠覆式创新理论和美国公立学校的发展史，我们将会看到，我们的公立学校系统是可以进步的。因此，我们有信心，虽然路漫漫其修远兮，但是只要踏上正确的道路，我们的公立学校系统就可以一步步地成长、演化为以学生为中心的课堂。

注释

1. 比如说，鲍尔基金会就提出过与本书中所使用的模型完全不同的模型，用于探索对于具有不同天赋的人而言，学习意味着什么。参见鲍尔基金会网站上关于鲍尔天赋电池的理论："个人的天赋，是确定的可以用来预测适合一个人学习的技能类型的主要因素。人在学习适合自己的技能时最快速、最轻松。同样，天赋电池还可以用于预测一个人可能会喜欢的任务类型。所以，了解自己天赋倾向可以使人们更有信心地在教育中投入时间和精力，也就提供了最大的回报。""The Ball Aptitude Battery"，Career Vision 网站，http://www.careervision.org/About/BallAptitudeBattery.htm（2008年4月1日访问）。还有很多思考人们学习差异的理论和原理也值得我们学习，包括才能、动机、兴趣或激情、学习样式（尽管有相当多的证据表明流行的分类在这里无效），等等。此外，有很多正在进行的研究，包括基于神经科学家葆拉·塔拉尔（Paula

Tallal）的研究的科学学习理论，基于儿科医生梅尔·莱文（Mel Levine）的研究的《各种各样的思想》等。为了全面了解所有这些工作，我们还推荐 Mary-Dean Barringer、Craig Pohlman 和 Michelle Robinson 的书：《各式各样的学校：通过学习促进学生成功变化》(旧金山：Jossey-Bass，2010年）。

2. 许多研究人员提出了不同类别或类型的智能分类方法，包括彼得·萨洛维（Peter Salovey）和约翰·梅耶（John Mayer）的情商理论——参见 P. Salovey 和 J. D. Mayer，《情商》，*Imagination，Cognition，and Personality*，第一卷9号，1990年第3期，第9页、185～211页。

丹尼尔·戈尔曼（Daniel Goleman）的最新著作是关于社会智能——另一元的智能的。参见 Daniel Goleman，《社会智能：人际关系的新科学》(纽约：Bantam，2006）。

罗伯特·斯特恩伯格基于以下三种类型建立了多元智能理论：分析性、创造性和实用性。他自己对智能的定义与文化有关，而且范围比传统的定义更为广泛。R. J. Sternberg，《超越智商：三元论人类智能》(纽约：Cambridge University Press，1985）。

萨利·莎维兹（Sally Shaywitz）属于另一流派，她致力于理解一组患有阅读障碍的人如何用和他人迥然不同的方式来学习。莎维兹的研究通过大脑的 MRI 分析，详述了阅读障碍者的大脑实际上如何运作来解决他们独特的问题。参见萨利·莎维兹，《克服阅读障碍：用一种全新的、完整的、科学的程序解决任何水平的阅读问题》(纽约：Random House，2003）。

3. 霍华德·加德纳（Howard Gardner），《多元智能》(纽约：Basic Books，2006），第6页。除此以外，我们还建议你阅读一本令人心情愉快的书，其中加德纳会做出回应批评他的作品。参见 Jeffrey A. Schaler 编辑，霍华德·加德纳著，《火了：叛逆的心理学家如何面对批评》(芝加哥：Open Court，2006）。

4. 琳达·坎贝尔、布鲁斯·坎贝尔和迪伊·迪金森，《多元智能教与学的策略》(波士顿：Pearson，2004），p.xx。

5. 坎贝尔等，p. xix。

6. 坎贝尔等，p. xxi。

7. 杰克·弗莱米尔（Jack Frymier）为公共教育事业奉献了一生，担任过教师、行政管理人员、教授和研究员。他的洞见证明为什么这样做会让孩子更具内生动力。因为动机是个人的问题，而每个孩子都是不一样的，因此，需要不同的事物激励不同的孩子。内生动力是无法灌输的。除非能够正视孩子们的这些差异，否则无法激励孩子们产生内生动力。参见杰克·弗莱米尔（Jack

Frymier),"如果孩子不想学，你逼也没用：与杰克·弗莱米尔的讨论"，泰德·科德丽作注（1999年10月28日），http://www.educationevolving.org/content_view_all.asp。

8. 坎贝尔等，pp. 63-64。

9. 加德纳的研究支持这一点。学校和标准化考试倾向强调语言和逻辑数学智能，而忽略其他类型的智能而且大多数老师倾向依靠一两个智能而排除其他。Campbell et al., pp.xx, xxiii。《时代》杂志关于高中辍学的报道中提到，在未完成学业的30%以上的高中学生中，有88%退学的人在离开时学业尚可。无聊是他们选择辍学的常见原因。内森·桑伯格，《迷失的国家》，《时代》杂志，2006年4月9日，http://www.time.com/time/printout/0,8816,1181646,00.html。

10. 在这种情况下，我们有时会使用"产品"一词充当"服务"的同义词。相互依存和模块化等含义同样适用于产品和服务；为了简化描述，我们大多数时候使用"产品"一词统称。

11. 戴维·泰克（David Tyack）和莱瑞·古班（Larry Cuban），《向乌托邦努力：公共学校的跨世纪改革》（剑桥，马萨诸塞州：哈佛大学出版社，1995年）第25页。

12. 詹妮弗·D.乔丹，"有特殊需求的学生的分别教育"，*Providence Journal*，2007年2月8日。http://www.projo.com/education/content/special_education21_01-21-07_P83O6B6.15f1fb4.html。

13. 斯塔塞·柴尔德里斯（Stacey Childress）和斯蒂格·莱希利（Stig Leschly），"关于美国公共教育财政的说明（B）：支出"，HBS Case Note，2006年11月2日，第2页，第11页。另见Eric A. Hanushek和Steven G. Rivkin，"理解21世纪美国学校支出的世纪增长"，《人力资源》杂志，第32卷第1号，1997年冬季，第46～53页，其中进一步细分了相对于总体支出的特殊教育成本增加。作者使用Stephen Chaikind, Louis C. Danielson, Marsha和L. Brauen的估计，"我们对特殊教育的成本了解多少？"，《特殊教育》期刊精选评论，第26卷第4号，第344～370页，其中预计特殊教育学生的费用大约是普通教育的2.3倍。

14. *Threshold*上的一篇文章描绘了一个老师如何进行定制化教学的情景：老师对遇到困难的学生关注更多，对其他学生的关注自然变少。"Personalization in the Schools: A Threshold Forum"，*Threshold*，2007年冬季版，第13页。

15. *Threshold*上的一篇文章将这一点与一些深入和深刻的具体例子结合得很好。

见 Dianne L. Ferguson，"教导每一个人：帮助老师在定位时遵循课程的三种策略并同时确保每个学生的有效学习"，*Threshold*，2007 年冬季刊，第 7 页。

16. 坎贝尔等，第 127 页。

17. 公立学校实际上有一些模块化和定制化。在最低的年级里，学生通常可以一天整天待在他们喜欢的各种学习中心里，或者在学习中心之间轮换。到了高中，学生有相当多的自由来选择他们要上的课。这些选修课允许学生自定义他们学到的东西。但挑战在于，学生们几乎没有自由去选择"如何"学习——这就是挑战所在。

18. 泰克（Tyack）和古班（Cuban），第 89 页。此外，正如人类学专家 Herb Childress 所写，美国的高中是"添加型"组装工厂，一名名认证专家把他们的组件在一个孩子身上拧紧，然后将孩子传递给下一个专家：有人拧代数，有人拧历史，有人拧海明威。他得出结论——高中将程序看得高于其他一切。我们将在第 5 章我们解释价值链业务的概念时，更深入地研究这个想法。Herb Childress，"背叛的风景，欢乐的风景：柯蒂斯维尔的青少年生活"（纽约：纽约州立大学出版社，2000 年）。

19. "让所有孩子取得成功"这个活动，是一个尝试通过"批处理"方式解决个性化教育的尝试。它按照能力对孩子进行分组的阅读训练。它有控制严格的反馈循环，经常评估和重新组合学生，试图根据他们的水平调整教学进度。但是，它不能针对不同的学习偏好进行定制。这一尝试比现有的锁步系统略有改进，它为大规模定制指明了一些方向，但是仍然受困于公立学校教育的整体范式。

20. 在其评估中，"无线世代"为老师提供了改进早期阅读评估的方法。老师人手一个手持设备用于阅读评估。当一个教程结束时，老师自动获得一组关于学生的丰富数据。这个方式比传统方法更容易。然后老师可以同步手持设备到网站，以查看和分析全班学生的学习报告。然后，他们可以使用这些信息来定制教学内容，满足学生的需求，同时"无线世代"的产品也能提供辅助服务。

第 2 章

学校职能：应社会要求而变化

跟新校长开完会，阿尔韦拉开着他摇摇晃晃的老汽车驶出学校停车场，伸出头望向左边川流不息的车流。从这个距离看不太清楚远处大学的建筑，州际教师峰会即将在那里召开。今年是他第一次下决心参加州际教师峰会。斯蒂芬妮·奥斯顿让他感到紧张，州际学校的新标准也让他感到紧张。他驱车右转，再转向州际公路和大学的方向，这所大学是今年会议的举办地。奥斯顿同意让阿尔韦拉作为兰德尔高中代表之一参加大会——至少在她下次改变主意之前，是这样的。

以前，阿尔韦拉记不清自己推掉过多少类似的州际教师峰会的参会邀请。但今年不一样，太不一样了。上面随时有可能决定关掉兰德尔高中，为此，上面还给兰德尔高中派来了一个与以往截然不同的校长——奥斯顿。这个新校长看起来会不惜一切代价推行她的新管理方法。但是说实话，究竟什么样的"新政"能改变现在的局面，阿尔韦拉心里可是一点儿谱都没有。

阿尔韦拉已经在兰德尔高中供职了25年。而兰德尔高中的历史远长于此。就是这样一所老牌城市高中，最近却成了加利福尼亚STAR（标准化测评汇报）项目的焦点。虽然兰德尔高中有足够的师资和教学资源、丰富的课程内容，以及足以为傲的文体项目，但STAR项目在兰德尔高中的推行相当不顺利。说兰德尔高中是阿尔韦拉的第二家园毫不为过。而这个他深爱的家园，为什么会走到如此窘迫的境地？

在州际教师峰会的现场——米德尔堡大学（Middleburg University），阿尔韦拉漫无目的地和其他教师闲聊着。教师们窃窃私语的内容无非考试、校长、教师工会和新标准。阿尔韦拉警惕地注意到大家的对话中频频出现的"成就"一词。是，阿尔韦拉倒不是反对卓越。但是从什么时候起，社会开始期待学校不只是提供教育，而且要保证学生成就卓越了呢？

一天很快就结束了。阿尔韦拉驱车回到兰德尔高中停车场，准备开始辅导他的"化学碗"队。虽然每周三的这份教练的工作他已经做了好多年，但是现在，当他踏入教学楼的时候，他意识到就算他的工作还是一样的，对这份工作的描述却已经发生了变化。阿尔韦拉拎起从峰会上提回来的文件包，发现它格外沉重。今天他还没有顾得上浏览所有会议材料，但是现在他突然有一种特别强烈的愿望，希望今天会议上分发的足足有 10 磅[⊖]重的文件里，真的能有帮助他的信息。

· · ·

阿尔韦拉的忧虑不无道理。过去，兰德尔高中是一所声誉卓著的学校。它的学生群体丰富而多样化，而且它以能够提供各种丰富的教学资源、满足不同学生群体的需求而自豪。在我们针对创新的研究中，逐步优化产品和服务以适应客户需求，其实很少成为瓶颈所在。大部分的公司努力提升自己产品的质量和服务的水平，而且做得甚为出色。

⊖ 1 磅 = 0.454 千克。

公立学校也是一样。和圈外大众所臆想的不同，大部分的公立学校都一直在努力进步——在现有的评价体系下，持续改进现有的服务水平。在这一点上，公立学校和我们所研究的其他商业组织并无本质上的区别。

但是，我们对于创新的研究表明，有一种特殊的创新方式，我们称为"颠覆式创新"，往往可以使那些管理良好、渐进改良的公司犯错。颠覆本身是困难的，因为在颠覆性模式下，对于"改良"的定义和发展趋势截然不同。很多"改良"在常规模式下具有重要价值，在颠覆性模式下却未必；而有些本来无足轻重的产品属性，在颠覆性模式下却突然具有了重要的战略价值。颠覆式创新能够显著地改变改良性变革的曲线。正是颠覆式创新的这一特性，使得众多全球著名公司卓越的企业管理者，在面对颠覆性变革的时候屡屡踩坑。下面，我们通过一系列案例来一一分析其原因。

阿尔韦拉在过去的25年里学到了一点：美国的公立学校系统经历了两次重大的颠覆性变革，第一次是以《国家危机》报告为标志，第二次是以"不让一个孩子落后"法案（No Child Left Behind Act）为标志。这些社会运动也好，新法规也好，给学校分配了新的任务。而由于公立学校本来并不是为了这些目的而设置的，按照这些新法规的衡量标准，公立学校的表现确实不尽如人意。但是反过来想想，如果我们意识到这些颠覆性的社会思潮是多么难以迎合（我们会在以后的章节详细论述这一点），那么，其实公立学校在迎合这些社会变化方面的表现已经相当可圈可点了。也正因为如此，我们相信，我们的公立学校有希望通过下一轮的颠覆性变革，通过采用基于计算机的学习方法，脱胎换骨为以学生为中心的新式教育服务的提供者。

❖ 颠覆式创新理论

颠覆式创新理论解释了为什么特定类别的创新对企业而言如此艰难，以及企业如何在创新中取得可预计的成功。颠覆式创新理论的基本框架如图 2-1 所示。图 2-1 以时间为轴，描述了一项创新性产品或服务的发展曲线。请先看这张三维表格的远景象限。它的意思是，在每个市场中，存在着两种改良轨迹。实线描述的是公司通过推出改良的新产品和新服务，为客户提供价值的发展过程。虚线描述的是新产品和新服务中用户可以实际应用的部分。从这张图可以看出，在一个给定的市场中，用户对于一项产品的使用需求是相对稳定的。但是企业改进产品或服务的速度往往远高于需求增长的速度。两条轨迹相交意味着，一开始功能没那么完善的一种产品，随着持续的改良，迟早会发展出远超出用户需求的功能。举例而言，汽车公司每年都会研发

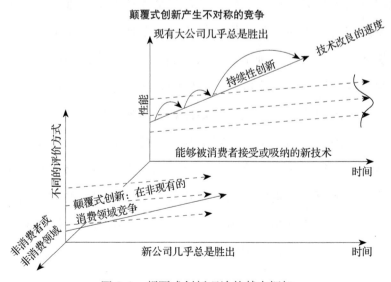

图 2-1　颠覆式创新理论的基本框架

出更新、更强大的引擎，但是由于限速和交通拥堵，我们中的大部分人根本不会使用这些额外的马力。

我们把图 2-1 中实线所代表的改良创新轨迹称为企业的"持续性创新"。从图 2-1 可以看出，持续性创新有的是突破性的，有的只是常规改良。这些创新有一个共同点，就是它们的目的都是维持企业在现有市场中的竞争优势，使得它们可以沿着改良曲线上行。续航时间更长的飞机、计算速度更快的电脑、待机时间更长的手机电池和像素更清晰的电视，都属于持续性创新。我们在研究中发现，几乎所有的案例中，在持续性创新中胜出的都是市场中占据领先地位的大公司。而且，这个结果看起来和创新的技术本身多有挑战性并无关系。只要新技术能够帮助行业引领者开发更优秀的产品，获取更高的利润，或者更好地满足核心客户的需求，行业领军公司就会不惜代价地采用它们。

在图 2-1 所示的竞争版图中，在初始的竞争领域中具备优势的科技一般都是复杂和昂贵的。因此，只有资金和技术实力雄厚的公司才有资格使用它们。比如，在计算机行业，大型计算机就属于初始竞争版图。从 20 世纪 50 年代到 70 年代，只有像 IBM 这样的巨无霸公司才能够生产这些巨无霸计算机，而它们的客户为这些计算机支付着每台百万美元量级的价格。当人们需要计算能力的时候，他们携带厚厚一摞打孔卡来到公司的主机房，郑重其事地把它们交付给操作专家，由操作专家来运行程序。因此，大型计算机生产商将自己主要的创新能力应用于制造更大、更好的主机，并且在这方面成就斐然。汽车、电信、印刷、商业银行和投资银行、肉类加工、照相机、钢铁冶炼，以及其他很多行业都出现过同样的现象。

如果整个世界都如此运行，那么我们的市场将会是多么有序和无聊！幸好，时不时地会有另一种不一样的创新来打乱这个市场，重新洗牌——我们将其称为颠覆式创新。颠覆式创新不等同于突破性的改良。颠覆式创新并不是在既定市场的竞争版图上，沿着原有的改良曲线进步的。与此相反，颠覆性竞争通过引入不如现有产品好用的新产品或服务，来打乱现有竞争格局。正因为新产品不够好，在原有市场中的消费者不会去使用它们。但是因为新产品更廉价、更易于使用，它可以使得以前不能使用原有产品或服务的客户群（我们称为"非消费者"）得以成为消费者。颠覆式创新凭着其简单、朴素的特质，开拓了一个新的竞争市场。如图 2-1 的远景平面所示，在这个新市场中，用户对于质量和改良的定义，与原有市场是完全不同的。质量的定义不同，意味着新市场中的产品对原有市场中的消费者没有吸引力。原有市场中的消费者既不喜欢也没法使用这些颠覆性的新产品。而由于企业总是服务于自己的核心消费者，原有市场中的领军企业很难拨出时间和精力，同时在新的颠覆性市场中竞争。

个人电脑就是颠覆式创新理论的一个极佳的例子。在个人电脑出现之前，市场上最便宜的计算机是微型计算机。微型计算机之所以得名，是因为它确实比占据一整个房间的大型计算机要小很多。但即使是微型计算机，售价也超过 200 000 美元，而且需要雇一个工程学位的专家来操作它。20 世纪七八十年代，行业内最好的微型计算机厂商是 DEC（数字设备公司），并一度成为全世界公司的偶像。但是，DEC 彻底错失了个人电脑的商机，最后沦落到完全被个人电脑的浪潮拍死在沙滩上的地步。这是为什么？

与 DEC 形成鲜明对比的是苹果电脑。苹果电脑的初始产品——苹果 Ⅱ 的定位，本来是小孩儿的玩具。小孩儿是电子计算机市场的"非消费者"，所以他们根本不会关心自己的电脑是不是和大型计算机或微型计算机一样功能强大。DEC 的核心用户在苹果机出现在市场上后的十年间都完全无法使用这个新产品，因为苹果机的功能实在是太有限了，根本不能解决微型计算机用户的问题。这意味着什么？这意味着，DEC 对自己的核心用户的需求越了解，它越会认为个人电脑根本不重要。因为对这些核心用户而言，事实就是如此。

在图 2-2 中，我们复制了图 2-1 的内容，并添加了 DEC 的管理层所能看到的、个人电脑市场中新产品的数据。可以看到，在原有的市场中，DEC 每出售一台微型计算机，可以获取 112 500 美元的毛利（45% 的毛利率 × 250 000 美元的售价）。而这个时候，每台个人电脑的毛利只有微不足道的 800 美元。因此，对于暴利的 DEC 而言，个人电脑业务的利润毫无竞争力。如果 DEC 转而研发更好、更大的大型计算机，它的每台毛利将会高达 300 000 美元（60% 的毛利率 × 500 000 美元的售价）。两种机会相比，优劣立现。

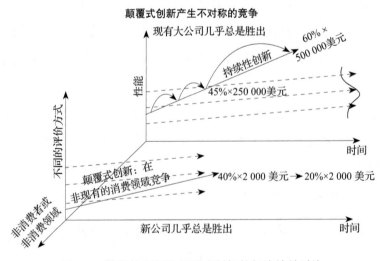

图 2-2 持续性创新和颠覆式创新的经济效益对比

颠覆式创新很少是突然出现、闪亮登场的。在长达十年的蛰伏期里，个人电脑丝毫没有威胁到 DEC 的增长或者利润。其他颠覆式创新也是如此：当简单、弱小的颠覆性产品在一个新的市场中扎根萌芽时，用户只能使用原有市场中昂贵的、需要专家操作的计算机来解决复杂问题。

但是，颠覆式创新在一点一滴地积蓄力量。在原有市场的竞争版图中，无论下一个技术难题多难以克服，在市场竞争中的企业都会不畏艰难险阻克服它，以追求更好的产品。在颠覆式创新所处的新市场中也是一样。在这个新市场中，新企业沿着新的改良曲线一步一步地持续开发并改良产品。只要有新技术能帮助企业生产更好的产品、获取更高的利润率，它就一定会被采用。[1] 直到有一天，用户突然发现，这些新产品已经可以解决以前只能在老市场、使用老产品才能解决的问题，而且新产品更加廉价、更加好用。这时候，颠覆就发生了。这就是以苹果机为代表的个人电脑的逆袭过程。

随着芯片技术的突飞猛进，在短短的几年中，更小型的个人电脑已经可以承担以前只能用大型计算机或者微型企业才能完成的复杂工作。这一革新使计算机变得廉价和随处可见，并由此创造了一个巨大的新市场。几乎每个人都从中获益……除了原来的大型计算机和微型企业厂商。这些大企业往往成为颠覆式创新的牺牲品，因为它们的客户群仿佛一夜之间就凭空消失了。DEC 和一大批其他微型计算机厂商在 20 世纪 80 年代末相继破产，几乎无一幸免。

人们往往会问，为什么大企业对一些将来必然摧毁自己的"灰犀牛"毫无觉察？很显然，大企业并不缺乏技术专长或者资金。它们所缺乏的，是动力——足以让管理者集中足够的资源用于研究颠覆式创新的动力。为什么呢？当行业领军的大企业处于可以认真研究颠覆式创新的窗口期，管理者们往往认为这些创新毫无吸引力，因为企业最核心、获利能力最强的那些用户没办法使用这些低劣的初级产品，企业能从它们身上赚取的利润也少得可怜。自然而然地，企业能投资于创新的预算会被那些开发下一代改良产品的项目吸引走，无暇兼顾颠覆式创新。所以说，DEC的管理者并不愚蠢。他们在选择最适合自己的创新方向上做出的行为是极其合理的。

这种动机上的不对称性，正是颠覆式创新得以在一个产业中戏剧性逆袭的秘诀。柯达相机、贝尔电话、索尼晶体管收音机、福特T型汽车（以及后来的丰田汽车）、施乐复印机、美国西南航空公司的廉价航班、思科路由器、富达共同基金、谷歌的广告业务，以及其他成百上千的颠覆式创新，遵循了同样的市场规律。[2]

一般而言，颠覆式创新图示的纵轴，代表消费者愿意为提高性能支付更高价格。原有市场领军企业如此难以进行颠覆式创新的原因之一，就在于颠覆性市场中衡量产品性能的标准，和原有市场中产品改良所要求的标准是互不兼容的。比如，生产一台更好的个人电脑要求更小、更便宜、更容易使用；而生产一台更好的微型计算机，要求的是更大、更强。在颠覆式创新市场中竞争胜出的要素，和在原有市场中竞争胜出的要素常常是相悖的，而这正是原有市场领军企业常常必须面对的困局。

❖ 用颠覆式创新理论解读公立学校系统：如何衡量"性能"

在私营经济中，企业的一个产品或服务在创新曲线图纵轴上的位置，往往决定了它获取溢价的能力。但是公共部门与此不同。当我们为公共机构构建同样的创新曲线图时，它的纵轴往往意味着一个项目的政治影响力或者社会影响力。公共机构的偏好永远向上迁移：追逐政治影响力高的，远离默默无名的。

公立学校无疑就是一个典型的公共机构。对一所学校所服务的社区而言，有些项目是至关重要的，其他的则未必。在下面的章节中，我们将会阐明，我们的学校确实一直在进步。和我们所研究的所有行业中的企业一样，我们的学校也沿着自己产业的创新曲线，向纵轴的高处移动。和私营经济部门类似的是，我们的整个社会，其实一直在改变我们为学校设定的功能目标，并不断推行新的评价标准。公立学校与其他一般组织机构的不同，在于法律法规实质上造成了它们的行业垄断地位。而对存在垄断企业的行业而言，新的商业模式是很难、有时候根本不可能进入竞争版图的。我们的社会要求学校所进行的正是这样一种由内而外的创新，即在现有的、为了旧的职能目标而设计的组织机构下，追求变化的、新的职能目标。换句话说，我们的公立学校是空中的一架飞机，要在飞行中完成重装——几乎没有什么私营企业能够完成这样的任务。但是，平均而言，我们的学校系统在这方面做得其实还不错：根据新的职能目标进行改良，然后在新的衡量体系上前进。这个演变过程是相当艰辛的。

下面，我们来回顾一下公立学校的历史，以便我们理解社会对学校的要求目标是如何发生颠覆性的演化的，而学校又是如何适应了不断变化的社会职能目标才发展到今天的。我们用颠覆式创新的模型来审视公立学校的演变历程，在这个过程中只关注主线，有意地忽略了一些重要的细节和例外情况。因为我们的目的仅是通过这一回溯，对我们的社会和公立学校相互作用的演变过程有一个提纲挈领的概念。

社会职能 1：传承民主信仰，弘扬民主精神

回想美国独立之初，绝大多数的孩子是不用上学的。公共教育完全不在政府的关心范围之内。美国宪法根本就没有提及学校或者教育。[3]

但是，那时候的一些先进的思想家，已经开始思考学校在美国社会构建中所可能起到的作用。托马斯·杰斐逊（Thomas Jefferson）、诺亚·韦伯斯特（Noah Webster）就在此列。二人认为，新生、幼小的民主政权要稳固并代代相传，就急需学校的帮助和支持。他们的论点是，基础教育对于保证所有公民都能有效地参与到民主活动之中必不可少。那时候的学校主要需要教授的是我们今天认为"基础"的技能：听说读写和算数。更重要的是，学校需要向学生灌输正确的价值观和道德，以及通过教授希腊史、罗马史、欧洲史和美国史来培养学生的公民理念，让学生理解并信仰共和国的理论基础。除此以外，由于学生有着不同的家庭背景，学校还承担着社会大熔炉的职能，负责向学生灌输一致的社会常识和美国主流文化。这些思想家认为，这种基础公共教育对于将美国人训练成合格的共和国公民而言至关重要。在将公民基础教育做好的基础上，学校还可以为国家培育一个精英阶层，将来参与公共事务管理。这个阶层是凭才能从整个生源中被层层甄选出来的，而不是只从上层阶级选拔。这样，才能保证竞选出来的共和国官员能够最大限度地维护民主理念。为此，杰斐逊设计了一个三层公共学校架构。[4]

但是，杰斐逊的这一伟大设想，因弗吉尼亚州不愿意支付相应的税金而落空了。直到 19 世纪三四十年代，以霍勒斯·曼（Horace

Mann)为首的一批公立学校的先行者开始推行正式的学校教育。美国各州陆续建立了自己的公立学校系统。这些系统都与杰斐逊当年设想的公共学校架构类似,但是,经由曼和他的同事之手,这一设想终于得以实现。一时间,基础教育迅速在美国普及,而竞选官员、学校领袖和教师们表现出色,更增加了人们对基础教育系统的热情和信心。除了19世纪中期在马萨诸塞州的昆西学区建立的多年级学校之外,大部分这一时期的学校只有一间校舍,而且只有很少一部分学生能够在完成基础教育后进入高等教育。这些都是和当时社会对学校职能的期许相对应的,而学校在满足这些职能方面表现优越。[5]

社会职能2:公共教育

19世纪90年代至20世纪初,在大西洋的另一边,迅速崛起的工业德国在美国引发了一次小恐慌。作为应对措施之一,美国政府在20世纪初给学校系统建立了一个新的职能目标:全民职业培训。此时的公立学校教育的目的,演变成了为国家培养具备各种技能的劳动力,以满足从公司管理者到技术工人等一系列职位的需要。这样,美国才能在工业上与德国一较高下。传统的为民主制度培养合格公民的职能并未退位,社会只是给学校增加了新的职能要求。[6]

为了满足这一新要求,学校系统需要大规模扩张,以容纳所有的学龄儿童。不仅如此,高中教育需要提升课程和服务质量,才有可能帮助各种学生进行各种截然不同的职业的准备性训练。此时,一所高中所能够提供的课程的深度和广度,以及高中入学率和升学率成为衡量学校好坏的标准,或者说创新曲线图上纵轴显示的"性能"的目标,已经有了新的定义。

在私营经济部门,当颠覆式创新发生时,一般是后浪推前浪,新公司进入市场,提供颠覆性产品来满足变化了的市场需求。而原有市场中的领军公司在这个过程中自然而然地萎缩、败落,直至退出历史舞台。但是,公立学校作为占据行业垄断地位的公共机构,不可能衰败。在这次变革之前,绝大多数人是不上高中的。因此,市场上存在为数众多的"非消费者",而高中的数量远远供不应求。到了1900年前后,美国还有超过200 000所学校只有一间校舍,而5~19岁的适龄儿童入学的比例不足50%。[7]因此,当时的学校可以通过扩容和提升基础教育水平,以及较容易的转型来满足新旧两种社会需求。

在从此以后的整个时代里,公立学校系统完成了这一转型,并给美国的教育系统带来了翻天覆地的革命性变化。1905年,一年级学生中只有1/3能一直读到高中。进入高中的学生中,大概1/3能顺利毕业;能进入大学的,更是凤毛麟角。到了1930年,超过75%的学生可以进入高中,而高中生的毕业率也提升到了45%。[8]

此外,进入高中的学生数量大大增加,意味着高中生的成分构成发生了本质性变化。从不同家庭背景进入高中的孩子们有着截然不同的学习目的和兴趣。因此,学校的教材也需要做出相应的调整和扩充。在此之前,高中的课程设计是相对狭窄的,教授的内容集中于拉丁文、希腊文这些为学生升入大学、进行学术研究做准备的课程。但是对新进入高中的这些学生而言,升入大学常常不是首要目的。高中的拉丁文课从此失宠了。在这个时期,新的"综合性高中"的目的是为所有高中生提供满足他们各自需求的教育服务。音乐和艺术课程由此进入课堂,而在早前,它们被视为与学校毫无干系。不仅如此,学校还增添了商店学徒、速记等职业教育,使学生一毕业就能成为劳动市场需要的人才。虽然各个学区的发展速度有快有慢，但到了 1950 年，大部分综合性高中已经发展出了与今天的高中核心课程甚为相似的全面课程系统：数学和几何；常规科学教育，包括生物、化学和物理；社会科学，包括世界史和美国历史；几年的外语教育，主要是法语和西班牙语。[9]

学校还衍生出了附加的服务，包括体育和户外活动，以及健康教育。夏令营、在校午餐计划、辅导员、医疗和牙医服务也陆续进入校园。课外活动的范围大大扩张了，包括学生会活动、体育俱乐部和社团等。[10]

20 世纪 50 年代，公立学校系统经历了两次震动，一次直接的和一次间接的。虽然都说不上是颠覆性的，但是两次都有力地推动了学校的持续性创新：接纳学生的能力有了显著提升，服务更多样化，能更好地帮助学生准备进入就业市场。第一个造成震动的事件是 1954 年最高法院对布朗诉校委会一案的判决，这一判决要求学校对全体学生公平一致对待。这一判决不仅揭示了当时黑人学生和白人学生之间严重不平等的现象，还让世人注意到，没有能够公平地享受教育红利的不仅是黑人，还包括女性、穷人、移民劳工、残疾人，以及农村人口。在往后的几十年中，公立学校致力于克服这些挑战，并持续扩张规模、增加教育服务品类。[11] 第二个造成教育界全体震动的事件发生在美国本土以外：1957 年，苏联抢先于美国将人类历史上第一枚人造卫星"伴侣号"（Sputnik）送入轨道，这导致很多美国人的心理崩溃。1958 年某期《生命》杂志的封面选用"教育大危机"作为标题[12]，其意义不言自明：苏联之所以能在科学上超过美国，是因为它们的学校系统更为优秀。这种想法本身的对错无须争辩，确实存在的是这一事件在当时引起的社会潮流，社会各界纷纷要求学校提供更严格的数学和科学课程。这又给学校带来了十年的扩张期，主要是增加科学课程、实验室和实验器材。

简而言之，我们的公立学校系统一直在持续性创新的道路上负重前行。虽然每个阶段社会对学校的职能期望和衡量尺度都不一样，但是在每个阶段的衡量尺度下，我们的学校一直不负众望。

到了 20 世纪六七十年代，学校系统迎来了新一代的家长。这一代家长并没有经历过大萧条，而是一直在相对的优裕中长大。因此，他们对于什么是"好家长"的定义，开始发展为包括为孩子提供丰富的人生体验。为了回应家长们的变化了的新需求，学校也开始往这个方向发展，开发了大学预科定级考试（AP）课程、大学提前课程等，并从生物等基础学科扩张到艺术理论和音乐理论。[13] 越来越多的学校开始提供日语课。很多学校从拥有一支乐队、一个合唱团，发展为拥有整个交响乐团，外加声乐、军乐和爵士乐等各种不同的乐队，还有各种不同声部的歌唱团。学校的艺术教育扩张到涵盖油画、素描、摄影和艺术鉴赏。学校的体育教育（主要面向男生）从核心的橄榄球、棒球、篮球和田径，扩张到网球、高尔夫、足球和长曲棍球。学校间面向女生的体育活动也发展起来了。

到了 20 世纪 70 年代，我们的公立学校已经和 20 世纪之初的样子截然不同——学校变大了。虽然全美高中的总数量自 1930 年以来一直保持在 24 000 所左右，高中毕业生的数量却发生了井喷式的增长。20 世纪初，一所高中有大约 100 个学生入学；而现在，每所高中的平均入学人数接近 1000 人。高中学生的毕业率，也从 1900 年的 8% 飙升到 1960 年的 69%。此后，学校规模和毕业生人数都转为缓慢攀升。更大、学生更多的学校得以开发更多样化的课程和服务。1890 年，全美高中加起来只开设 9 门不同的课程。到了 1973 年，美国的高中一共提供超过2100种不同的课程。在校园之内，学生可以选择为四种不同的未来发展路径做准备：上大学、从商、职业教育以及一般性教育。每种发展路径都有设计好的课程和标准与之对应。到了1973年，越来越多的小学开始提供幼儿园教育，幼儿园的入学率达到了60%。同时，毫无意外地，每个学生对应的预算支出也大幅度上升了，以支付新增的优质服务（去除通货膨胀影响）的成本。[14]

虽然不能说所有公立学校都是平等的，比如一些郊区或各农村的学校很难在课程的广度和深度方面与城市学校相媲美，但是可以公正地说，20世纪70年代，美国的公立学校整体经历了一个沿着我们前面所描述的持续性创新曲线上行的过程。当时最好的学校，被定义为能为学生提供最多选择的学校（见图2-3）。同时，由于学校提供前所未有的丰富课程，它们变得非常复杂和昂贵。

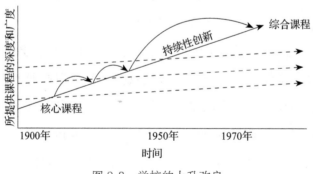

图2-3　学校的上升改良

社会职能3：保持美国的国际竞争力

如果说我们的公立学校一直在持续、稳定地进步，为什么我们会落到今天的地步，所有人对学校忧心忡忡、抱怨连天？简单地说，社会对学校的评价标准变了。或者,用颠覆式创新理论的术语来说,是社会更改了创新曲线的纵轴——对改良的定义。我们的社会现在要求学校的,是保持美国在国际社会上的竞争力。这一目标看起来和前面的职能类似,实际上可大不相同。

从20世纪60年代后半段开始,越来越多的日本公司开始对它们的美国对手公司形成威胁。佳能威胁了施乐,日系汽车公司威胁了底特律的汽车公司,索尼威胁了美国无线电公司(RCA)。美国的GDP因此大幅下滑。美国人民扪心自问,开始质疑自己的国际竞争力。到了1980年,随着一波又一波的大公司不断裁员,美国的经济开始感到被颠覆的切肤之痛。于是,和20世纪50年代后期一样,主流社会将注意力转向了自己的学校系统。但是这一次,美国人民注意到一个以往被忽略的现象:在一些标准化测试中,美国学生远比不上其他国家的学生。公立学校的捍卫者们认为,虽然不是所有的美国公立学校学生都成绩卓越,但是要考虑到,美国是世界上学龄儿童入学率最高的国家之一。正因为美国的学校海纳百川地容纳了各个社会阶层的孩子,而世界上很多其他国家的学校系统里只接受那些以高等教育为目标的孩子,才会导致美国学生的平均成绩比较差。但是,这一反驳是虚弱无力的。SAT的管理机构——大学董事会(College Board)的统计数据表明,从1963年到70年代中期,平均SAT成绩持续下降。这一令人震惊的事实促使美国社会再次改变对学校职能的期望:现在,社会将以提高平均成绩作为学校的创新曲线的新纵轴——改良目标。也许不是一个巧合,对学校职能的这一轮重新定义,也同时把美国和其他国家的教育系统进行了对比。[15]

在此背景下,民众对公立学校的信心大幅度下滑。20世纪四五十年代的民调显示，民众整体认为学校是好的和不断进步的。到了20世纪70年代，世风已经发生根本性变化。1974年，民众给公立教育服务的平均评分是B-。到了1981年，这个评分已经跌到了C-。越来越多的人认为公立学校的质量在下滑而不是在进步。[16] 这些变化可能也体现了民众整体对公共机构和服务的不满情绪。但是不可否认，我们上面所提到的几个因素的作用是无法忽视的。

日光之下无新事，政府的变革总是比民众的呼声要迟几年，而且总是要先写报告，再推出新规。1981年，美国教育部部长主导建立了"国家优质教育委员会"；1983年，这一委员会发布了一份具有历史意义的报告——《国家危机》。[17] 这篇报告认可了学校在提供多样性课程、服务，以及在更广泛的社会阶层中提供公共教育服务方面取得的进步。但是，它提出的质疑是：这真的是件好事吗？比如在一个段落中，报告指出："初中教材已经如此良莠不齐、混乱不堪，以至于整套教学体系指不出一个明确的主题。我们有一个像咖啡馆菜单一样的教程，根本分不清前菜、主菜和甜点。"[18] 报告认为，学生有太多的选择，导致他们无法专心于核心课程的学习。以往的优点突然变成了缺点。学校无辜地发现，自己一直以来持续性创新的目标一夜之间发生了反转。

这篇报告在另一个问题上也立场明确："我们的国家处于危难之中。"报告的开篇如是说："一直以来，我们在国际商业、工业、科学和科技创新方面都处于霸主地位，但是现在不同了，我们正在被世界上各个其他国家所超越。"有史以来第一次，美国开始感受到日本和欧洲对其全球经济霸主地位的威胁。因此，它要求自己的公立学校系统为自己提供强力后援。报告提出的证据之一，是美国学生在多种可衡量的成绩，比如考试分数方面，都低于平均水平。而在可衡量的成绩方面，结果是重于原因——投入学校的资源量和生源质量的。[19] 报告指出，仅仅衡量公共机构投入学校的资源量，是不足以促使学校更好地发展的。重要的是对学校的产出进行衡量。谢天谢地，当时已经有了现成的衡量标准。

联邦报告为学校的改革指明了方向。有了这个指引，新的变化迅速像春草一样遍布美国。自此，学生不再能够仅凭兴趣或者才能来选择自己将来的发展方向，或者根据自己想要从事学术研究，或者早点儿开始职业生涯，或者想要接受一般性的教育，来选择自己的课程。几乎所有的学生都需要学习规定的核心课程，并且参加统一考试。日本对美国制造业造成的威胁导致了一种社会压力，督促所有的学生去上大学。而大学升学的压力，转化为对大学核心课程的学习和考核要求。对于学校而言，这些需求和以往年代的截然不同。[20] 家长会频频拿自己孩子校区的平均测试成绩和邻近的其他社群对比。[21] 各州通过的新法陆续将分数这一衡量标准结构固化了。越来越多的标准化考试被引入和确立，而学生、老师和学校都无一例外地被纳入这个新的、以分数为基础的衡量体系中。[22]

当绩效衡量标准更新的时候（见图 2-4），在正常行业中有什么可预期的现象呢？我们可以想见，一大批的初创企业如雨后春笋般涌出，不断尝试新的商业模式，来满足社会变化了的需求。就像个人电脑产业中康柏和戴尔脱颖而出，最终取代了 DEC 一样。沃尔玛和塔吉特等廉价大超市取代了百货大楼。苹果，它自己甚至不是一个音乐录制公司，却彻底改变了我们听音乐的方式，都是这个道理。

但是，没有人能在公共教育系统内部建立颠覆性的新商业模式。为什么？因为几乎所有的颠覆式创新都从非消费者开始。在公共教育领域，这个群体几乎是不存在的。因为公共教育本身就被定义为国民

公共设施，并且各州法律要求所有的学龄儿童必须参与其中。在这个市场中，根本不存在新商业模式可以立足的非消费者模块。²³

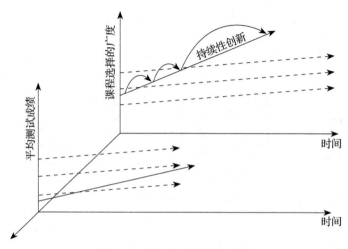

图2-4 绩效衡量标准的变化

另外，由于美国不愿意或者不能让新的商业模式、新的竞争者进入公共教育领域，来取代原有的市场占领者，公共教育系统不得不自己从内而外、在现有的组织机构之中迂回进行这个艰难的重新定义自我的过程。当我们在私营经济部门研究颠覆式创新的时候，我们没有看到任何一个正面例子，即一个营利性企业能够超越自己，实现核心业务的颠覆式创新（如图2-1的远景平面所示）。寥寥无几的经历了颠覆式创新的幸存者，往往是通过在企业结构之内建立一个新的独立单位，来采用新的商业模式实施颠覆式创新。公立学校系统由内而外地实施颠覆式创新，无异于一个不可能完成的任务。平心而论，公立学校已经成绩斐然。

过程是艰辛的。但是如果有人对比一下国家教育进展评估工作组（NAEP）的数学和阅读的数据，就会发现，从20世纪80年代早期开始，我们的成绩在稳步提升（见图 2-5）。

不同年龄组的平均 NAEP 数学分数 [2]								
	1982 年	1986 年	1990 年	1992 年	1994 年	1996 年	1999 年	2004 年
9 岁	219	222	230	230	231	231	232	241
13 岁	269	269	270	273	274	274	276	281
17 岁	298	302	305	307	306	307	308	307

不同年龄组的平均 NAEP 阅读分数 [3]								
	1980 年	1984 年	1988 年	1990 年	1992 年	1994 年	1996 年	1999 年	2004 年
9 岁	215	211	212	209	211	211	212	212	219
13 岁	258	257	257	257	260	258	258	259	259
17 岁	285	289	290	290	290	288	288	288	285

[1] 教育统计数据精选图表，2015。表 118 和表 108。

[2] "不包括未入学的人和由于英语水平有限，或由于残疾而无法进行测试的人。包括公立和私立学校。分数为 150 意味着具有一些基本加法知识和减法知识，大多数都可以不用计算器做出 2 位数字的加法。他们知道简单的加法和减法适用的情况。分数为 200 意味着对 2 位数字的乘法和除法有相当的了解。分数为 250 意味着对加减乘除四个基本知识有初步了解并能够操作。他们还可以比较来自图形和图表的信息与逻辑关系，而且他们分析简单数据的能力正在提升。分数为 300 意味着可以计算小数、简单分数和百分比。他们可以识别几何图形，测量长度和角度，并计算矩形的面积。他们正在发展对带符号的数字、指数和平方根的操作技能。分数为 350 表示具有将各种推理能力应用于解决多步骤问题。他们可以解决涉及分数和百分比的常规问题，认识基本几何图形，并使用指数和平方根。NAEP 等级范围从 0 到 500。其他种族/民族组未单独显示。一些数据已根据先前发布的数据进行了修订。标准错误出现在括号。" 美国教育部，国家教育统计中心，国家教育进展评估工作组（NAEP），NAEP 2004 学术进步趋势，以及其他未发布的表格，NAEP Data Explorer（http://nces.ed.gov/nationsreportcard/nde/），于 2005 年 7 月检索。（该表是 2005 年 7 月编写的。）

[3] "NAEP 分数已在某些性能水平上进行了评估。比例尺范围从 0 到 500。阅读分数为 150 的学生可以遵循简短的书面指导并进行简单的学习，完成零星的阅读任务。阅读分数为 200 的学生能够理解简单文章中相关信息的特定顺序。阅读分数为 250 的学生能够搜索特定信息，理解相互关联的思想以及概括性地学习文学、科学和社会的资料。阅读分数为 300 的学生能够相对容易地找到、理解、总结和解释复杂的文学和信息材料。上述数据包括公立和私立学校。不包括未注册的人以及由于英语水平有限或因残疾而无法测试的人。一些数据根据先前发布的数据进行了修订。标准差标明在括号中。" 美国教育部，国家教育统计中心，国家教育进展评估工作组（NAEP），NAEP 2004 年学术进步趋势，以及其他未发布的表格，NAEP 数据浏览器（http://nces.ed.gov/nationsreportcard/nde/），检索于 2006 年 1 月。（此表是 2006 年 2 月编写的。）

图 2-5[1]　新侧重点下的考试成绩提升

乍看上去，图中的分数提升不是那么显著。首先，数学分数的提升超过了阅读分数的提升，我们可以说是大家对数学的重视程度提高了。虽然《国家危机》报告以及一系列后续官方报告中也提出了识字能力的重要性，但是它的重点不在于此，而在于数学、科学等这些对美国在科技和创新方面的未来国际竞争力至关重要的学科。它们也是这次改革的重点。其次，学校已经建立了一套全面的、被学生广泛使用的测试评分系统（而在此次变革之前，统一的测评系统是不存在的）。除此以外，学校的生源构成也发生了显著变化。在过去的 20 年中，美国公立学校中的学生数量一直在上升，其中新增生源（历史上处于入学成绩底层的学生）的占比也稳步上升。这些新生中很多来自移民家庭或者不说英语的家庭，而他们的成绩不可避免地拉低了平均分。[24] 不仅如此，以前，上面说的这些学生很多本来不会追求学术路线，但是现在他们没什么选择。考虑到以上这些因素，我们在图中所看到的那些看起来小步的进步，其实是非常不容易的。

社会职能 4：消除贫困

"不让一个孩子落后"法案不仅从联邦法的层面确定了分数作为衡量学习成绩和学校教学质量的主要准则，也再一次改变了社会对学校的职能要求。这一次，学校仅仅提高平均分数已经不够了；社会要求的，是学校能帮助每个族裔的每个孩子提升其考试成绩。现在，衡量学校教学质量的标准，变成了核心课程达标的学生占总体的百分比。而要求学校确保所有学生都在阅读、数学和科学核心课程上受到足够的教育背后的逻辑，是消除贫困。和以前一样，这个新要求听起来和学校以前的目标相差不远：学校不就是老师教、大家学吗？但是，认真分析起来，这新老目标和衡量标准之间的区别可大了。这个时候，社会对学校的职能要求已经多达四层（见图 2-6）。再一次，学校经历了痛苦的蜕变和甚嚣尘上的反对。但是再说一遍，和私营经济下的任一个需要经历这些蜕变的公司相比，公立学校的表现真的是可圈可点。[25]

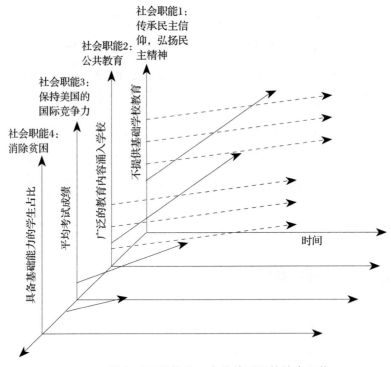

图 2-6　社会赋予学校的四个截然不同的社会职能

❖ 这件事儿就别责怪老师和学校管理者了

让我们回到早先的问题：学校可以通过采用电脑技术，演变到一种以学生为中心的教学方法吗？如果答案是否定的，那很可能归咎于一些我们通常认为学校难以变革的原因：它们的老师和管理者没有改变的动机。但是，我们也可以看到，和我们在第 1 章里所总结的所有原因一样，这些都不是学校面临的种种症结的真正起因。我们希望上面的分析已经足以证明，大部分的学校老师和管理者对于改良和创新是非常积极的。无论面对多么善变的社会需求，无论需要克服怎样看似不可能的障碍，美国的学校都在老师和管理者的努力下渡过了一次又一次的颠覆式创新大浪，并且在持续地改进。而这是任何私营经济中的管理者所难以企及的。因此，虽然美国公立教育演化为以学生中心的模式这个任务，看起来是无比艰巨的，但我们仍然对学校老师和管理者的专业能力充满信心。

要达成这一目标，专业人士需要正确的工具和策略，以理解如何进行一次有意义的颠覆式创新。下一章我们将会讲到，虽然美国已经花费了数十亿美元的预算来给学校配置电脑，但学生的学习方式仿佛没有发生太大变化。教育软件产业碎片化严重，利润微薄，而教育软件仅用于帮助学生像没有电脑以前一样学习。一个自然的结果就是，教育软件只帮助那些以前某些科目成绩就优秀的学生学得更好。

虽然迄今为止的投资都没有产生我们所希望的结果，但我们也不能因噎废食，就此放弃将来在这个方面的努力。我们相信，我们在本章所阐述的颠覆式创新理论可以为学校的管理层、管理者、关心学校系统的政治家、教师、家长和学生提供一个理论指引，即我们的教育系统如何才能过渡到以学生为中心的教学方式。这一点我们将在以后几章中进一步展开。

注释

1. 这里提醒我们很重要的一点：颠覆是相对的。对某一个公司而言是颠覆性的创新，对另一个公司可能是持续性的。所以，在个人电脑颠覆了微型计算机的同时，与发生于个人电脑领域相同的科技，对苹果机而言可能只是持续性创新。同样地，一个科技自身可以是颠覆性的，但是如果它被行业领先巨头用于改良现有产品（比如说帮助现有厂商获取更高的利润），现有的行业领先公司可能因此而将其弃之不用。在持续性创新方面，行业领军公司一直保持着明显优势。
2. 来自克莱顿·M. 克里斯坦森和迈克尔·E. 雷纳的著作，《创新者的解答》（波士顿：哈佛大学出版社，2003年），第31～72页。
3. 时任耶鲁学院院长的理查德·H. 布罗德黑德在耶鲁大学民主愿景300周年纪念课上做过一个演讲专门来讨论这一点。参见理查德·H. 布罗德黑德，"民主与教育"，www.yale.edu/terc/democracy/media/mar27.htm，第3页。
   约翰·林哈德对此也有评论。他说："在以前，自学其实是常态而非例外。19世纪没有接受过学校教育的美国人之中，很大一部分有着良好的阅读能力。你只需要好好听一遍内战将士的家书集锦，就能体会其中美国人民对文字和发音之精美的领悟。"参见约翰·林哈德，《发明的起源——新机器诞生时代历史的回声》（纽约：Oxford，2006），第198页。
4. 尤其值得注意的是布罗德黑德引用的韦伯斯特1787年的论文《美国年青一代的教育》，以及托马斯·杰斐逊尝试弗吉尼亚州推行的新法《知识普及法案》。Brodhead, pp. 2-8。乔尔·斯普林对韦伯斯特在公共教育方面的贡献有着深入的研究，从他在19世纪早期辅助霍勒斯·曼进行的基础工作，到他在马萨诸塞议会推行的公共学校运动，韦伯斯特所表现的家国情怀是引人注目的。参见乔尔·斯普林，《美国学校：1642～1993》第3版（纽约：麦格劳-希尔，1994，第33～36页）。莱瑞·古班，《高销售量、低使用率：教室中的电脑》（剑桥，马萨诸塞州：哈佛大学出版社，2001，第7～8页）。
   David Tyack and Larry Cuban, *Tinkering Toward Utopia: A Century of Public School Reform* (Cambridge, Massachusetts: Harvard University Press, 1995), p. 59.
5. 实际上的实施情况远不如杰斐逊所设想的那样正式，连甄选系统也不像他所设想的一样严格，还是为财富阶级提供了诸多特权，但是整体上结构框架是相似的。Alexis de Tocqueville 在他对美国的研究著作、1832年的《美国民主》中评论说，美国的公立学校是面向全体人民的，给没有财富的家庭平等的受教育的机会。See Brodhead, pp. 4-8。

有关美国小学教育在19世纪的范围延伸，See Tyack and Cuban, p. 86。

6. 有关德国对美国教育造成的威胁，See Tyack and Cuban, p.49，以及 Cuban, p. 9。古班进一步指出，学校的新社会职能是有其渊源的，曼也曾经说过，教育有其经济上的影响。但是对曼而言，教育对经济的影响本身不是最终目的，而是通过经济发展促进民主思想、支持公立学校系统的手段。See Cuban, p. 8。布罗德黑德在1837～1848年担任马萨诸塞州教育委员会秘书长期间，在其年度报告中多次讨论曼对于教育的经济影响作用这个主题。上边引用的论述来自1848年的年度报告。参见布罗德黑德，第7～8页。

7. See Tyack and Cuban pp. 21-86，以及 Spring, pp. 116-117。

8. 詹姆斯·布莱恩特·科南特，《美国高中的革命性蜕变》（剑桥，马萨诸塞州：哈佛大学出版社，1959），第3页。

9. 詹姆斯·布莱恩特·科南特，《革命性蜕变》，第3～4页；詹姆斯·布莱恩特·科南特，《今日美国中学：为关心的公民提交的一份报告》（纽约，麦格劳－希尔，1959）。

10. See Tyack and Cuban, p. 20。

11. See Tyack and Cuban, pp. 22-26。

12. 《教育危机 第一部分：美国孩子的分数弱势》，《生命》杂志，1958年3月24日刊，第27～35页。

13. 参见"高级职业规划项目"，维基百科，http://en.wikipedia.org/wiki/Advanced_Placement_Program，根据2007年2月20日查询结果。

14. See Tyack and Cuban, pp. 21, 40, 48, 66；2003～2004年，按时毕业的学生比例上升到74%。参见"小学/初中教育持续性和进步"，《学生努力和教育进步》章节。国家教育统计中心，http://nces.ed.gov/programs/coe/2007/section3/table.asp?tableID=701。

15. 杰伊·马修斯，《谁发明了这么多考试？在技术进步的背景下，我国尝试推进平等教育的坎坷之路》，《华盛顿邮报》，2006年11月14日，第A06版。

16. See Tyack and Cuban, p. 13。

17. 《国家危机》，美国教育部，1983年4月发表，www.ed.gov/pubs/NatAtRisk/intro.html。

18. 《国家危机》，www.ed.gov/pubs/NatAtRisk/findings.html。

19. 泰克和古班指出，大部分有关学校的讨论局限于如何给学校分配更多资源，让它们变得更好，但是没有衡量学校的产出。他们写道："教育家们游说州政府颁布法规，要求地方学校满足一定的最低标准，才能获得政府补助。这些要求包括学期的长度和州立标准课程的一致程度，甚至悬挂的国旗的大小和墙上的照片等。大学教授们发明了平衡计分卡来衡量和对比学校，期望能够借此引入一些竞争意识。这些计分内容包括具体的对操场空间和设施的要求、学生课桌的大小、地球仪和音乐器具的齐备程度、卫生和清洁，甚至'社区精神'等。到了 1925 年，34 个州的教育部通过立法、州立委员会法规或者州政府对各个学区长官的人名，建立了一个包括 40 000 多所学校的'统一'系统。私营评级机构也要求学校间建立更强的可比性，尤其在初中阶段。他们声称，这样有利于社会进步。"See Tyack and Cuban, p. 20。

在这一阶段，考试也算得上一种资源投入。SAT 的前身，所谓的"智力测试"，以及其他各种各样的标准化测试，都主要是为了追踪学生的学习进度，而不是为了评价学生的学习能力或者教师的教学能力而设立的。See Tyack and Cuban, p. 58。

20. 有关是不是所有学生都应该上大学这件事的争论由来已久，有关是不是所有学生的知识和技能都应该由一个统一的框架来评价的争论也是。举例而言，保罗·巴顿在 2006 年一篇有关教育考试服务的论文中说："我们的改革者看起来并不理解，劳动力市场需要的是何种技术和能力。因为雇主需求虽然已经通过各种民调得出了一些结论，但这些结论没有出现在高中改革的讨论中。"巴顿的研究数据显示，69% 的雇主最重视的是所谓的"软技能"，按时上班、工作态度好等（第 13 页）等。其次是足够的读写技能。成绩，相比而言，往往出现在重要性清单的底层。巴顿提醒我们关注美国劳动统计局对 2001～2012 年劳动力市场的预测。这一预测表明，需求量最大的 44 种职业中，大约一半只需要短期在职培训，14 种需要高等教育经历。雇主希望雇用成熟的员工，但是没有任何高中教材能够让高中生变得更成熟。参见《高中改革和工作：认清劳动力市场现实》，ETS 规章信息报告（普林斯顿，新泽西州：教育考试服务，2006 年 6 月）。

麻省理工学院的弗兰克·莱文和哈佛大学的理查德·穆纳恩的一本著名著作可以为上述论点提供反证。他们提出一个发人深省的诘问：电脑比人类强在哪里？人类比电脑又强在哪里？作者自己提出的回答，是"专家思维"和"复杂沟通"，而这二者都可以说是支持大学甚至研究生学习的重要性的。参见：弗兰克·莱文和理查德·穆纳恩，《新劳动力市场格局：电脑如何创造下一代工作市场》（普林斯顿，新泽西州：普林斯顿大学出版社，2004 年）。

拉里·罗森斯托克，圣迭戈的"高科技高中"的校长和CEO，为我们提供了一个不一样的观点。2006年10月，他告诉我们："你看吧，每个成功的企业都需要一套核心标准……我常常想，什么是理想中的高中呢？我能给出的最佳衡量标准，是高中学生进入理想、喜欢的大学专业的比例。"资料来源：柯蒂斯·W.约翰逊2006年10月17日造访高科技高中时与拉里·罗森斯托克的谈话。

盖茨基金会看上去持有同样的理念。它将自己的核心目标定义为：到2020年，保证至少80%的低收入家庭学生和少数族裔学生高中毕业，并具备大学入学资格。

21. 这一点到今天也并无改变。人们对一个学区的质量的评价影响整个区域房地产的价格；好学校的周边物以稀为贵。对这一现象的研究发现，人们在评价一所学校的好坏的时候，主要是受到它的学生平均成绩的影响。杰伊·马修在2007年3月13日的《华盛顿邮报》上《寻找名校》一文中谈到了这一点，参见www.washingtonpost.com/wp-dyn/content/article/2007/03/13/AR2007031300491.html。

22. 学界广泛把马歇尔·史密斯和詹妮弗·欧代的一篇文章作为20世纪90年代及以后的教育标准化运动的理论基础。马歇尔·史密斯和詹妮弗·欧代，"系统性学校改革"，《教材和考试中的政治：1990年教育机构的政治斗争录》。苏珊·福曼和贝蒂·马伦（纽约：Falmer Press，1991），第233～267页。

23. 你可能会问：那混办学校又如何呢？1991年以来，40个州，外加由国会代任州议会的哥伦比亚地区，都通过了法案允许学区以外的组织机构开办公立学校。虽然这一游戏规则的改变催生了很多新的学校的商业模型，但从结果上来看，混办学校称不上是颠覆式创新。如果他们是的话，根据颠覆式创新理论，原有的学区制公立学校应该对混办学校抱有忽视的态度，或者很高兴混办学校接收了它们原来接收不了的学生。但是事实并非如此。除学区制学校不能服务的学生之外，比如退学生或者幼儿园学前班的学生，或者像华盛顿的玛雅·安吉洛公立特许混办学校接收了橡树坡监狱学校的失足青少年学生，学区和混办学校是竞争关系。如果学区的生源被混办学校引流走，学区就会失去按学生人头数计算的政府预算。在一些城市，学生人口的频繁流动会导致学区学校和教师的"失业"。在这一情境中，找不到我们之前所描述的"不对称动机"，而学区和教师工会会尽一切努力抵制混办学校。有关混办学校，我们会在第9章中进一步讨论。

24. "小学／初中教育，表 5-1"，摘自国家教育统计中心，"教育参与率"，http://nces.ed.gov/programs/coe/2007/section1/table.asp?tableID=667。"小学／初中教育，表 6-1"，摘自国家教育统计中心，"教育参与率"，http://nces.ed.gov/programs/coe/2007/section1/table.asp?table ID=668。

25. 虽然有关这一论点是否站得住脚还存在诸多正反两面的证据，但是我们看到的早期迹象表明学校终将自我调整。2007 年 6 月一个重要的独立研究报告声称，自"不让一个孩子落后"法案通过以来，整体成绩有了显著上升。参见阿米特·R. 帕雷在 2007 年 6 月 6 日的《华盛顿邮报》上的文章，A01 版，《"不让一个孩子落后"法案签署之后分数上升》。

    我们撰写《重塑教育》时还有一本还没有出版的重要著作指出，"不让一个孩子落后"法案导致学校比以往任何时候都更强调应试教育，而不是传授关键技能。参见托尼·瓦格纳，《全球成就差距》（纽约：Basic Books，2008 年）。我们竭力推荐此书。

第 3 章

削足适履的教学电脑

罗伯一脚将球挑起，越过对方门卫，漂亮地射入球门。观众席上，玛丽亚和她的小伙伴们欢呼着跳了起来。

"进——球——！"他们欢呼着、鼓着掌，互相拥抱起来。玛丽亚对校男子足球队今年进入县决赛越来越乐观。她知道，只要罗伯的学术成绩不出问题，他就能带领校队在锦标赛中节节胜利。

赛后，罗伯和玛丽亚同路回家。今晚他们有化学作业要做，不过罗伯对此十分乐观：他们只需要用电子表格把一些数据做成图表，不是吗？如果在此之上，他们能上网搜一些资料，写篇与化学相关的小短文，还能得到加分呢。之后，这篇小短文将在分组讨论的时候与其他组员一起分享。

"小事一桩。"仍然沉浸在球赛胜利喜悦中的罗伯笑嘻嘻地对玛丽亚说。玛丽亚点点头，两人分头消失在各自街区的拐角。

当晚，当玛丽亚正要结束自己的加分作业时，她的妈妈走进了书房。

"孩子，做什么呢？"妈妈问。

"玛丽·居里的传记。"玛丽亚一边在电脑上写最后的附注段，一边漫不经心地回答。

"真的？当年阿尔韦拉教我的时候，我选的是一模一样的题呢。"玛丽亚的妈妈说，"你姥姥给你叔叔丹打了个电话，然后我从百科全书中摘了些东西。我们还以为我们挺机灵的呢！"

玛丽亚惊讶地抬起头来，但是妈妈已经消失在厨房门口了。她意识到，虽然她几乎可以说是抱着电脑游戏长大的，但是做着和她妈妈20多年前、阿尔韦拉老师还是个年轻小伙子的时候布置的一模一样的作业。但愿大学比这个好点儿！

• • •

虽然现在玛丽亚的学校里普遍安置了电脑，但是她的学校生活和自己的妈妈20多年前上学的时候相差无几。硬要说差别的话，就是妈妈当年用的是百科全书，而玛丽亚可以上网搜资料；妈妈当年用的是打字机，而玛丽亚用的是 Word 软件。为什么电脑可以改变我们生活中的方方面面，却唯独没怎么改变我们的学校和学习体验呢？

1996年，比尔·克林顿总统（President Bill Clinton）发布了一个愿景宏大的电脑化校园的设想。他号召：①向所有学生提供现代化的电脑和学习设施；②所有教室都联网，而且接入外网；③让教学软件成为正式教程的一部分，而且要做得和最好的电子游戏一样吸引人；④训练能够使用和教授现代化科技的教师队伍。[1]

现在，个人电脑已经占据主流社会超过30年了。学校里到处都有电脑。从这些方面说，克林顿总统的前两个愿景已经实现。但是其余两个仍遥遥无期。我们的教室的样子，看起来和没有个人电脑的时代没有什么不同。教学和学习的方式也止步不前。我们在本书开始的章节已经说过，学校购买电脑设备所花费的数十亿美元的预算，对教师和学生的教与学的常规基本没有造成影响——如果分散注意力、浪费资源不算作"影响"的话。在激励学生内生的学习目的、建立以学生为中心的教学模式方面，我们几乎毫无进展。

要说造成这一令人失望的现象的原因，我们认为，是学校引入电脑的方式太过可预见、太过符合逻辑，换句话说，在改变学习模式方面，是彻底错误的。我们在本章将会解释，学校把大量的电脑一股脑儿地装进教室里，是为了维持或者改良现有的教学和管理学校的方式。这一点和其他所有大公司在引入创新技术和仪器（包括电脑）的时候犯的错误一模一样。这样引入电脑将保证学校永远无法建立以学生为中心的教学方式。如果学校的管理者能够改变方式，一开始就从没有老师可教授的地方或者学科开始使用电脑，那么电脑的引入有可能逐渐颠覆现在教师通用的教导式教学方式，并在这个过程中摸索出适合每个学生的最佳学习方式，以及帮助教师找到最适合用来引导每个学生的方法。

❖ 在非消费者中引入颠覆式创新

还记得上一章中苹果机是怎么搞定 DEC 和其他微型计算机厂商的吗？当苹果推出个人电脑时，它的苹果 Ⅱ 的定位是小孩儿的玩具。这就为计算机市场开辟了一个全新的细分市场。苹果并没有迎头而上与计算机市场中已经画土分疆的其他微型计算机厂商竞争，也根本没有把自己定位为 DEC 的竞争者。因为它的目标消费者市场是一个根本无法使用昂贵、复杂的其他计算机的新市场。因此，苹果不需要把产品做得比 DEC 更好以满足消费者需求。它只需要把产品做得比自己的核心消费者的其他选择好（在当时的情况下，就是比空气好）就行了。

如果苹果试图通过在当时计算机厂商的基础上进行持续性创新的方式做一台个人电脑产品出来，在这个拥挤的市场上，DEC 不费吹灰之力就能摧毁这个技术低劣的小个头儿。那时候想要在桌面电脑领域做出超过 DEC 的微型计算机，起码要几十亿美元的投入和多年的研发，甚至都不一定能存活下来。颠覆式创新要想立足，必须先到没有竞争的市场中去。事实上，对新科技的运用而言，找到这样的没有竞争的市场比新科技本身更为重要。

❖ 科技落地和立法程序

在每一个成形的组织机构中，都存在一股不可忽视的力量，能够把创新的动念削平、磨滑，使它可以适应现有的组织机构。这样，这个创新就不可能根据市场需求找到最适合自己的组织形态。要想理解这个过程，我们可以对比一下美国立法的程序。一个国会女议员注意到了一个正在恶化的社会现象，并且想出了创新性的解决方案。她为这个方案起草了法案并且向议会其他议员宣讲。没几周，工会联盟托人带话说它们打算集体反对这个法案，除非议员按工会的意思做几处修改。好吧，议员乖乖地修改了法案，以换取工会的支持。几天之后，工会的领导发话了，说不修改几个地方就不会支持该法案。议员只好再次修改法案。然后，得克萨斯州的一个颇有影响力的参议员要求在法案中增加得克萨斯州颇有偏向性的内容，如此这般……就这样，为了在国会中争取足够的票数来通过法案，我们的议员一次次地修改法案以迎合强大的政治群体，结果，不可避免地，当改完的法案最终准备投票的时候，已经面目全非了。

上面的情形在每家大公司里日复一日地发生着。公司必定会为了协调内部不同群体的利益而对颠覆式创新削足适履，因为不这样的话，这个新项目就不可能得到足够的预算或者管理层的支持。而且，创新的商业计划从来不是从一个天才创新者的脑子里突然长出来的，而是很多创新性想法的整合和锤炼。创新者在向公司内部不同团体阐述自己的创新理念时，必然会遇上重重阻力，其难度和上面那个国会议员想要通过一个新法案其实差不多。创新者很快会意识到，自己的计划需要讨好销售部门，而销售部门最关心的是现有客户的关系维护，所以现有大客户一定要喜欢这些新产品；然后他会被告知，他的定价和目标利润率太低了，财务部门不会赞成；工程部门煽风点火，要求他答应复用一些以前版本做好的产品设计，否则不愿意帮他设计全新产品，等等。这些主儿哪个都惹不起，谁不高兴都能砍掉这个襁褓之中的新项目的预算。为了讨好他们，创新者的商业计划一步步被扭曲成适合公司现在组织结构和权力平衡的样子，已经远离了创新者为了迎合市场和消费者需求而进行创新的设计初衷。

这个过程用颠覆式创新的术语来描绘是这样的：除非顶级决策者亲自督阵，否则一个机构会不可避免地将颠覆式创新扭曲成持续性创新，以适应机构现有的流程、价值观及商业模型。因为公司不可能自己颠覆自己——这是违背常理的。这就解释了为什么成形的大公司在面对颠覆式创新的时候反而斗不过新兴公司，以及为什么购买那么多的电脑设备并没有引起学校根本性的改变。

让我们看看几个著名公司的历史：Nypro（灌模公司）、美林银行（Merrill Lynch，资产管理公司）、RCA（电子设备生产公司），它们都曾经面临颠覆式创新的问题，而它们采取的不同对策对我们而言非常具有启示性。我们从众多的不同产业中挑选例子，是为了证明颠覆式创新的方法论具备普遍价值。换言之，学校在尝试发展到以电脑为基础的新教学模式的道路上遇到的困难和挫折，并不是独一无二的。

Nypro 的 Novaplast 机器

Nypro 公司曾经是世界上屈指可数的精密塑料灌模商之一。Nypro 以往的商业模式的制胜秘诀在于，它能够大量生产客户需要的零件，每批产量以百万计，精确度确保在 $-2 \sim 2$ μm 范围内。Nypro 的工厂遍布全球，每个工厂都是独立核算主体。Nypro 公司的 CEO 戈登·朗克顿建立了一个将所有工厂的业绩横向对比的复杂激励机制。这一机制保证所有工厂的管理层不断进行持续性创新，以争取在 Nypro 体系内有更好的财务表现。

20 世纪 90 年代中期，朗克顿意识到，自己的市场中出现了结构性的变化。他看到客户的需求将逐渐从定制数以百万计的零件，转变为定制更多样化的零件，而且要求更短的交货期、更快的流转速度。为了迎合这种变化了的市场需求，朗克顿下令开发一种更小、非常具有颠覆性的灌模工具，起名为"Novaplast"。Novaplast 机器灌模出来的零件精度丝毫不逊色于过去体积大且笨重的老灌模机，但它的优点在于，操作员只需要几分钟的时间就能调整机器设置，来生产另一批新零件，而老机器要做到这一点需要几个小时。新机器的灌模冲压更低，因此可以使用更简单、更廉价的模具进行生产。无疑，这些创新对 Nypro 在新兴的模具定制市场中快速建立竞争优势极其重要。

朗克顿贯彻一直以来的通过内部财务回报排名竞争来鼓励工厂管

理层采取持续性创新的策略，宣布集团公司将向所有工厂出租（而不是出售）这些新 Novaplast 灌模机。一开始，大部分工厂的管理层都看到了这种新机器的颠覆性的、令人兴奋的前景，欣然同意。但是朗克顿很快就失望了：第一期租期结束之后，除了两个工厂之外，其他所有的工厂都把这些新机器给送了回来。为什么？对此，所有工厂管理层的回复众口一词：所谓的快速周转的定制零件市场并不存在，这是个伪命题。

只有两个工厂没有退回租赁的 Novaplast 机器。经过调查，这两个工厂生产的都是供 Nypro 的一个大客户用的薄塑料壳，用于 AA 电池盒内部。这一零件对精度的要求极高，用量又大。出于各种各样的原因，新机器在生产这种零件方面比老机器靠谱。

究竟发生了什么？Nypro 的"国会式"决策方式的结果是显而易见的。Novaplast 不符合各个工厂现有的商业模式，所以工厂管理层理智地决定不用它们。Nypro 的商业模式本身决定了工厂需要能大批量生产有限的几个种类的零件，才能摊低一般管理费用。类似地，每个工厂的销售部门的激励机制决定了销售员必须获得大批量的订单才能挣到高佣金。小批量产品与 Nypro 的挣钱逻辑完全是背道而驰的。换句话说，Novaplast 对于 Nypro 的工厂而言是颠覆式创新，而工厂不可能自我颠覆，也就是说，它们不可能采用一种和自己的经济模式、管理文化相悖的创新技术。而那仅有的两家采用了 Novaplast 的工厂，也是把它作为持续性创新而使用，仅仅因为新机器能够帮助这两个工厂生产更高利润的老产品。

如果 Nypro 真的要进入朗克顿所预见的新市场（历史证明，朗克顿这一远见准确得惊人），那他需要不一样的工厂。这些工厂的流程和盈利模型需要根据快速定制零件市场的特征而设计，而且它的销售团队需要新的激励机制，鼓励销售员销售这些新产品。这些对于 Nypro 的现有工厂而言都是不可能的。朗克顿应该首先建立一个新的、有自己的工厂和销售机构的独立分部，才能实施这一颠覆式创新。

美林，查尔斯·施瓦布，以及线上经纪业务

20 世纪 90 年代末期，以 E*TRADE 和 Ameritrade 为首的公司开始用网上经纪人颠覆股票经纪行业。回到我们颠覆式创新的术语，这些公司通过帮助一个更大的用户群在线管理自己的股票投资组合，向传统行业发起了挑战。当时的两个行业领军公司，查尔斯·施瓦布和美林银行，都宣布要自己开展线上经纪业务，以应对这次颠覆性浪潮。

其中，施瓦布建立了一个独立的业务单元来开展线上交易业务，并顺利地转型为电子商务时代的投资管理巨头，最终完全取代了它的线下经纪业务。怎么做到这一点呢？电子商务远低于传统业务的低成本，使得这个新的业务单元可以用惊人的低廉价格吸引大量交易用户，而且仍然赚钱。

与此相比，同样进入线上经纪业务领域的美林银行也开发了线上交易平台。但不同之处在于，美林没有为这个新市场机会重新设计和建立独立的业务单元，而是选择在自己核心的传统经纪人业务旗下增加线上业务。结果呢？正和 Nypro 公司那两个采用了新机器的工厂一样，美林银行的线上平台被用来为它的已经收入丰厚的经纪人提供更快、更好的信息，以更好地服务传统的高净值客户。美林银行开发的

新系统在颠覆性上丝毫不逊色于 E*TRADE 或者 Ameritrade，或者施瓦布。但是由于实施这一创新的是美林的传统经纪业务部门，这个系统被毫无悬念地用于改良传统业务。科技本身什么也不颠覆，我们也不应当如此期望。机构是无法颠覆自身的。但是，就像施瓦布的做法向我们揭示的一样，比被颠覆的机构更高一层级的管理者，其实可以通过建立新的机构、配置资源、重新设计流程和工作重点来成功地颠覆旧有机构。Nypro 的朗克顿，以及美林银行的管理者，都错失了这个机会。

晶体管对 RCA 和对索尼的不同影响

在几乎所有颠覆式创新兴起的案例中，行业领军企业都可以预见颠覆的到来。DEC 知道个人电脑的到来，Nypro 预见了快速定制零件市场的崛起，美林银行也知道线上交易的前景。但是这些行业领军企业的本能反应，是利用现有企业结构，制造颠覆性的产品，卖给现有的客户群体。我们把这种现象称为"削足适履"。归根结底，领军企业之所以会本能地试图将颠覆性科技"塞进"现有市场，是因为它们首先要满足现有客户的需求。其次，所谓领军企业，一般都体量巨大，它们迫切需要显著的成长空间。而颠覆性市场在一开始的时候必定是微不足道的，因为它服务的是"非消费者"群体。领军企业内部的决策流程和资源分配系统的复杂程度不亚于国会立法，在这样的环境下，所有的项目都必须更好地为现有客户服务、赚取更高利润，而这个项目是否更具备颠覆性的潜质，领军企业其实是没有话语权的。

将颠覆性技术削足适履地强行运用于现有市场，其结果常常是费用昂贵和令人失望的，因为颠覆性技术永远不可能在成熟市场中与成熟产品竞争。如果公司硬逼着颠覆式创新与现有产品和工艺相对抗，那么将它快马加鞭地提升到现有产品水平所需要的资源量将巨大到难以想象。与此同时，新进入市场的公司只需要在没有竞争的新市场中探索技术带来新产品的可能。为了理解这一点，让我们来看看第三个案例中索尼是如何颠覆 RCA 的。

1947 年，美国电信巨头 AT&T 旗下的贝尔实验室发明了晶体管——这一技术是以后所有固态电子产品的基石。与原有的真空管相比，晶体管是一项颠覆性技术。有了晶体管技术，就可以制造更小、耗电量更低的电子产品。但是，晶体管并不能支持那个年代的电子产品——大收音机、老式电视，以及最早期的电脑等。当时所有的真空管厂商都看到了晶体管的巨大潜力，并获取了相关使用权，但是它们又都认为，由于晶体管无法承受当时的大型电视和收音机所使用的电压，生产固态电子产品所面临的技术挑战是巨大的。这些公司为了研发能将晶体管用于当时市场主流产品的技术，大概耗费了相当于今天的 10 亿美元的金额。

当 RCA 的科学家们在实验室里埋头钻研晶体管的改良时，第一个应用晶体管的产品已经于 1952 年诞生了。这个产品是一个小小的助听器，因此，使用低电耗的晶体管恰到好处。过了没几年，索尼发明了世界上第一台用电池的便携式收音机。和 RCA 的巨大桌面收音机相比，索尼的口袋机小，又满是静电杂音。但是索尼这款收音机的受众是"非消费者"：买不起大型收音机的青少年。而且，便携式收音机可以让青少年在父母看不到的地方随时听音乐。虽然这个产品的信号和密封性都很差，但是总比没有收音机可听强太多了。便携式收音机成为索尼的一个巨大成功。

索尼并没有止步于成功抢滩第一个市场，而是持续地改良自己的产品。1959年，索尼同样用晶体管技术做出了第一台便携式电视。这个产品同样大受市场欢迎，因为它开辟了一个全新的、没有竞争的市场。索尼产品使得一个全新的人群（那些财力和居住空间都不允许他们拥有大电视的用户）可以看得上电视了。到了20世纪60年代末，固态电子设备技术终于进化到可以支持大型电子设备了，而所有的真空管厂商就面临了和后来的DEC一样的命运，一夜之间退出了历史舞台。

这个故事发人深省，但是并不令人惊奇。RCA没有别的办法，要生产出它的客户群体能够使用的晶体管产品，只能先把固态电子设备技术推进到性能和成本都符合RCA市场现有标准的程度。在20世纪50年代和60年代早期，这个技术难关对于RCA而言是不可逾越的。但是索尼就不同了，它将晶体管用于非消费者市场。在那里，它只要做出来一款比"没有"要强的产品就够了。从一开始，索尼面对的技术挑战就远远低于RCA。

❖ **如何把电脑塞进学校**

读者可能会问，这三家公司将颠覆性科技削足适履地用于现有成熟市场的案例，和我们的学校安装教学电脑之间有什么关系呢？相似点比比皆是。RCA知道晶体管的重要性，教育家也见证了电脑如何改变了现代生活的各个行业。因此，他们决定耗费巨资购买电脑。1981

年，平均每125个在校生拥有一台电脑。到了1991年，每18个学生就有一台；2000年，这个比例变成了每5个学生一台电脑。现在，很多学校里学生人手一台笔记本。如果将来笔记本的价格能降到100美元一台，那它们将会遍地都是。在过去的几十年中，学校用于为教室配置电脑的预算超过了600亿美元。²

但是，这巨大的投资砸下去，学生们真正使用学校电脑的时间却是寥寥无几。统计表明，五年级学生平均每周有24分钟在教室或者机房使用电脑；八年级平均每周用38分钟。由于很多高中专门设置了电脑应用课和与电脑相关的职业培训，大一点儿的学生用电脑的时间会长些。但即使如此，学校对电脑的使用也仍停留在工具和专题的层面，而不是将电脑作为一种帮助学生量化个人学习和智力提升的基础设施。³

莱瑞·古班对这个问题进行了深刻的研究。他的报告指出，在小学低年级学生的教室中，电脑被用作传统教学方式的辅助工具。孩子们可以把电脑作为一种活动内容，玩一些"富兰克林学数学"或者"数学兔子"之类的游戏。这些游戏固然很受孩子们欢迎，但是它们与传统教学并不冲突；相反地，教师们用它们能使传统教学更有效。结果，电脑耗费了大量投资，教学体验却没有飞跃般的提升。⁴

在初中和高中，尤其是在学校的核心学科方面，学生的反馈都表明电脑对他们的学习方式没有影响。教师仍然按老办法教学，学生用电脑主要是为了打字或上网搜资料，或者打游戏。很小一部分（不足20%）初中教师反馈说，他们使用电脑练习软件或者数学游戏来教学。高中教师们反馈说，他们感激电脑能使他们做教学计划更高效，与家长通过邮件或者博客沟通更便捷。但是就像古班总结的那样，"归根结底，无论是支持学校科技化的人，还是反对学校科技化的人，包括研究人员，都观察到无论多么强大的软件和硬件，都没有从根本上改变现有的授业式教学方法，而只是被有限地用于辅助现有教学"。[5]

有论点认为，即使教育科技被广泛应用，其效果也不一定优于现在的授业式教学。[6]我们有可能由此得出结论，现有的软件不够强大。如果学校管理方、软件公司和教育学界继续加大投入开发好的软件，将来就会看到效果。

我们不这么认为。为了证明这一点，让我们来看看杰米·埃斯卡兰特（Jaime Escalante）的例子。埃斯卡兰特从20世纪70年代后期开始在洛杉矶的加菲尔德高中教授数学。在一个毒品、黑帮和暴力肆虐的校园里，埃斯卡兰特力排众议，从1982年开始为部分学生提供高级职业算数课程。到了当年年末，第一批学生通过了大学预科（AP）考试。AP考试的管理方——教育测试服务局（ETS）难以相信加菲尔德这样一所学校出来的学生居然能100%通过AP考试，认为他们一定是集体作弊。为了证明这一点，学生们重考了一次，又是全部通过。这个成功证明了学生们的努力，更证明了埃斯卡兰特的教学能力和激励学生的能力。到了1991年埃斯卡兰特离开加菲尔德高中的时候，这所高中一共有570名学生参加AP考试。

毫无疑问，埃斯卡兰特是一名卓越的教师。为什么不把他的教学视频录下来，在其他学校播放呢？这当然不如埃斯卡兰特本人现场教学效果好（我们也不指望这样就算是基于电脑的个性化教学），但是如果埃斯卡兰特如此优秀，让他只教一个学校的一个班岂不是浪费？其实，已经有人尝试过把埃斯卡兰特这样的优秀教师的教学视频录下来。但是这个方法并没有收到预期的效果。因为和以往一样，这些视频只是被"塞"进了教室，作为传统教学方式的辅助。[7]没有任何一个算数老师会在讲台上告诉自己的学生："孩子们，今天我们很幸运，可以看一个来自洛杉矶的大咖老师的教学视频。你们让一个放映员来操作放映机就可以了，我下班啦。"

以上这些情况无一例外地表明，将电脑和新技术引进学校并没有显著地改变传统的授业式教学方式。今日的课堂，除了多出成排的电脑以外，和几个世纪之前并没有太大的差别。授课、小组讨论、小组作业和项目任务，以及偶尔出现的视频和耳机，仍然构成教学体验的主体。电脑并没有使以学生为中心的教学模式，或者以项目为主题的教学模式得以落地。耗费巨资安装的电脑，也没有获得成绩提升的显著效果。[8] 而且，对本书要讨论的主题尤其重要的是，电脑并没有解决我们当初赋予它的重任：为每个学生设计适合他的头脑和学习习惯的教学体验。或者说，建立以学生为中心的教学环境。

要理解为什么学校花费如此大量的资金安装电脑，结果却收效甚微，其实没那么复杂。学校只是削足适履地将电脑塞进现有的教学和教室模式之中。老师们只是用常规且不费脑子的方式使用电脑：用来增强和改良现有的教学方式，而不是颠覆自己的习惯。

究竟有没有办法可以让学校建立颠覆性的、以电脑为基础的新教学模式呢？让我们通过分析一个类似案例——留声机的商业应用如何颠覆了现场音乐，来寻求这个问题的答案。

❖ 如何实施基于电脑的教学：拉赫玛尼诺夫的启示

直到19世纪70年代，人们能听到音乐的途径还是极其有限的：

要么自己演奏，要么请本地的音乐家。每个人能演奏的曲目是有限的，因此，人们基本没有机会选择什么时间听什么乐曲，当然，大部分时间，人们根本听不起。

托马斯·爱迪生（Thomas Edison）1877年发明的留声机改变了这一切。有了它，你突然可以听见在别的时间和地点演奏的音乐。你甚至可以听见不是本地艺术家所演奏的音乐！人们开始记录像拉赫玛尼诺夫（Rachmaninoff）这样的伟大音乐家的演奏，使得远在异国的人们能够在自己的起居室里享受他美妙的音乐。但是，让我们来设想一下，如果RCA的维克托（运用爱迪生的发明来记录音乐的先行者）录制了拉赫玛尼诺夫的第二钢琴协奏曲，却只用来售票给卡内基音乐厅的观众？听众听到的，不是真人——音乐家和交响乐团的演奏，而是一个维多利亚时代的留声机，对着话筒播放录音？如果这些观众是在纽约州波基普西乡下的家里听这些录音，那这些录音的质量是可以忍受的——总比没的听要好吧？但是如果是在卡内基音乐厅，观众当然会对这场音乐会失望透顶。因为他们原本期望的是一场大师级的真人音乐会。录音的质量怎么能和真人乐团相竞争呢？

对唱片行业而言，幸运的是RCA的维克托并没有真的冲进卡内基音乐厅踢场子。恰恰相反，它的留声机和唱片是卖给那些去不了卡内基音乐厅的人群，使这些人可以在任何时候、任何地点听到这些音乐。从技术上来说，唱片的音质提升到能和现场音乐相媲美，这花费了大概一个世纪的时间。但是到了今天，几乎所有人，无论是随便听听的普通音乐爱好者还是专业鉴赏家，他们听音乐的主要方式都是录音，而不再是现场音乐。

让我们来设想一下，如果最早的唱片产业把唱片用于在乐团休息的幕间播放，使得乐团的演奏者可以早点回家了，或者更惨，如果它认为爱迪生的发明在唱片产业没有商业化的价值而将它束之高阁或者放进实验室，直至唱片的质量能够和最好的现场音乐相媲美才使用它，可以预见，产业界将白白浪费10亿美元的投资。颠覆式创新的成功永远起源于简陋的边缘市场，因为那里没有竞争。从这个不起眼的地方开始生根发芽，科技才能一步步改良，发展壮大，直至能够颠覆之前的产业霸主为止。

在这个例子里，拉赫玛尼诺夫的唱片不是与现场演奏家竞争，而是在非消费者市场里找到了受众。那么，回到学校的话题，人们为什么要把像埃斯卡兰特这样的优秀教师的授课视频，拿来和有血有肉的真正的教师相竞争呢？没有人会花钱买一张卡内基音乐厅的票，然后坐在里面听唱片。我们也不应当指望教师们放弃教学，而只是播放埃斯卡兰特的教学视频。科技，只有在非消费者市场竞争的时候才是无敌的。只有在这里站稳脚跟，它才能逐渐改良，然后在未来彻底颠覆今天学校里的教学模式。

同样的道理不只适用于唱片行业或者索尼便携式收音机，几乎所有的颠覆式创新都是以相似的方式（在非消费者市场）扎根的。因为在这类市场里，消费者有产品用就谢天谢地了，所以就算它的性能有限，他们也不会太挑剔。思科的路由器一开始延迟时间长达4秒钟，根本不能被用于电话信号转接，所以它被用于传输网络信号。到了今天，思科的产品里面都有一个平衡器，使得音频都可以通过网络信号传输。20世纪80年代，IBM和柯达试图挑战施乐的高速复印机，却铩羽而归。但是佳能在进军这一市场的时候，采取了从非消费者市场入手的方式，专门向买不起施乐的大型高速复印机的客户出售小型桌面复印机。一旦进入这个市场，佳能就得以一步一步地改进自己的小型复印机产品，直至它能够取代施乐傻大笨沉的老型号高速复印机为止。谷歌和 Craigslist（在旧金山湾区创立的一个网上大型免费分类广告网站）在进军广告产业的时候，用的也是相似的方式。这样的案例实在是不胜枚举。

在下一章中，我们将会进一步讨论学校如何才能引入一种颠覆性的、基于电脑的学习方式，而不是只将电脑设备削足适履地塞进教室里。如果学校可以将授课的内容与个性化的载体相结合，就可以更好地契合每个学生的学习需求，从而达成从千篇一律的授业式教学方式，进化到以学生为中心、为每个学生提供最适合的定制式教学的理想。

注释

1. 美国教育部，《如何帮助美国青少年迈入 21 世纪：基础科技教育的挑战》（华盛顿 DC，1996 年 6 月）。本章引用部分来自莱瑞·古班的《高销售量、低使用率：教室中的电脑》一书的转述（波士顿：哈佛大学出版社，2001 年），第 16 页。
2. 这些数字是从各种渠道搜集，然后经过作者整理计算而成的。来源包括：埃文·汉桑的《公立学校：为什么小强尼不能写博客？》；CNET News.com 网站，2003 年 11 月 12 日版，http://news.com.com/2009-1023-5103805.html。这篇文章中的数据来源于"高质量教育数据"，并被古班引用（第 17 页），还包括《美国式数字化学校》（The Greaves Group and The Hayes Connection, 2006）。
3. Cuban, p. 72, 90。
教育部的一份报告为迄今为止的教育科技进展主要被用来做现有教学方法的工具，而不是代替教学，提供了更细节的证据。《阅读和数学软件产品的有效性——第一批学生数据》。该报告来源于教育部对国会的报告（国家教育测评和区域支持中心，2017 年 3 月），第 15 节。

4. Cuban, pp. 52-67。不仅如此,由于 K-4 的结构体系是以活动为中心搭建的,导致它必然更加以学生为中心,所以,尤其在 K-4 的年级以内,缺少转化并没有像在高年级中那样显得那么普遍。根据霍华德·加德纳和其他学者的研究,在这个年龄段为孩子开发匹配不同智能因素的学习方法尤其重要。

5. Cuban, pp. 72～73, 90～91, 95, 133～134 页。虽然古班的研究是 2001 年发表的,但在那之后的 7 年内,情况并没有发生多大改变。我们自己探访美国学校的体验,以及约什·弗里德曼(Josh Friedman)对马萨诸塞州的阿灵顿学区的案例研究(该案例由约什·弗里德曼在 2007 年冬季学期作为哈佛商学院案例报告提交给克里斯坦森),都印证了古班的观察。

6. 《阅读和数学软件产品的有效性》,第 13 节。

7. 古班还研究了历史上其他教育科技的实施方式。在 20 世纪 50 年代,教学电视被誉为解决教师短缺的救星;但总的来说,电视以及在 20 世纪初流行情况和它差不多的教学电影,都只起到了保持现有的教学方法,让教师有较多时间休息,而不是推翻学校的教学方式的作用。Cuban, pp. 137-138。

在另一个说明教学录像作用的例子中,BAR/BRI(律师考试的标准制定协会)创建了备考要完成的所有内容的视频。例如,一群学生可以在多伦多的家中准备纽约的律师考试,并得到最好的视频指导。他们每天组装并推出一个 BAR/BRI 视频,由不同的教授讲授不同的律师考试话题。

8. Cuban, pp. 90～91, 95, 133～134, 178。

《纽约时报》的一则报道跟踪了美国教育部报告基于电脑进行学习的有效性的研究。其中提到纽约的利物浦学区,最终放弃了笔记本电脑。在文章中,它引用了加利福尼亚大学欧文分校的教育学教授马克·华晓尔(Mark Warschauer)的话(他也是《笔记本电脑和扫盲:无线教室场景下的学习》一书的作者)。(纽约:教师学院报,2006)。华晓尔发现,使用笔记本电脑和测试成绩之间没有相关性。他说:"笔记本电脑和互联网的使用在鼓励创新、创造力、自主性和独立研究方面有效果。"记者 Winnie Hu 写道:"但是,见到笔记本电脑在测试成绩方面没有进展,一些学校果断地放弃笔记本电脑。"

《纽约时报》,2007 年 5 月 4 日刊,http://www.nytimes.com/2007/05/04/education/04laptop.html。

第 4 章

颠覆性使用电脑的正确姿势

第二天，当玛丽亚到辅导员的办公室排队注册下一学期的课程时，她无比郁闷地盼望大学会比现在更好。玛丽亚一向对宗教和国际安全的主题感兴趣，她一直在研究阿拉伯语与日俱增的重要性，以及阿拉伯语在美国作为一个学科的日渐普及。奥斯顿博士已经明确告诉她，兰德尔高中下学期有一丝丝可能会开设阿拉伯语课。但现在，翻阅着小册子上的可选课目，玛丽亚明白，自己的希望落空了。当轮到她和辅导员谈话时，她不禁对着小册子皱起了眉头。她没有注册课程，而是要求预约校长奥斯顿的时间面谈，尝试得到校长的特别许可，让她可以在当地的大学上一学期的阿拉伯语课。

结果，预约倒是没有必要。奥斯顿正在指导中心门外的走廊上溜达呢。

"这位年轻的小姐刚刚预约和你见面。"辅导员雷切尔·哈得孙（Rachel Hudson）说。

"我们学校没有阿拉伯语课，"面对奥斯顿校长挑起的眉头，玛丽亚解释说，"我想，我能不能去兰德尔大学上这个课？"

奇怪的是，奥斯顿的脸色一亮。"我们学校没有足够的学生报名，所以我们没法自己开阿拉伯语课。"她说，"但我们可以想其他的办法。不如你到我的办公室来坐坐？"

玛丽亚一路小跑穿过过道，来到校长的办公室。其实，她内心对天天跑去当地的大学上课感到麻烦，但是，她又想现在就学阿拉伯语，而不是等到两年后上了大学再说。校长示意她在桌子前的椅子上落座，玛丽亚一屁股就坐下了。而奥斯顿仍然站着，快速翻阅着她桌上的一堆信件。

"啊哈！"她笑了，"这儿呢。"

她递给玛丽亚一个信封。

"这是本州认可学分的阿拉伯语试点教学计划，只有在线教育。通过网络，你可以和全国其他对阿拉伯语感兴趣的学生一起上课。沿着这个走廊往前就是图书馆的电脑室，登录信封里提到的网址，按照说明操作就行。"

"哇，那么简单？"玛丽亚惊喜地问。

"是的，就是那么简单。"奥斯顿回答，"你可以按你自己的步调、你自己的时间来安排学习进度。线上有老师会帮助你，甚至会根据你学习的速度来安排课程。如果咱们学校能安排出现场教学的老师当然好，但你是这儿唯一想要学这门课的人。外面还有两个Spencer Circle地区的孩子，三个Matthew Keys地区的孩子感兴趣，加在一起，学区愿意花功夫让你们尝试这个课程。如果你们这些上阿拉伯语课的学生能取得好成绩，我希望明年能照样开日语课。"

玛丽亚匆忙地谢过校长，急不可耐地直奔图书馆而去。

· · ·

直到这一刻，计算机科技虽然使得以学生为中心的教学成为可能，但是主流公众教育并没有因此感觉到什么影响。和所有成功的颠覆式创新一样，如果你知道往哪里看，比如和非消费者竞争的市场，你就会发现，以计算机为基础的学习在有条不紊地成长。因为在这些没有竞争的市场中，学生、家长和教育者都发现，它比竞争者（什么都没有）要强太多了。虽然存在着很多怀疑和悲观的看法，认为由于公立教育系统缺乏竞争，学校没有动力去使用以计算机为基础的学习技术，但是，局势在慢慢地发生变化。像玛丽亚所注册的在线公众教育的注册人数，已经开始呈现典型的颠覆式创新发展曲线的形状：从2000年的45 000人，迅速增长到今天的大约100万人。

发生了什么？乍一看，美国学校教育的非消费者很少，人们因此会认为颠覆式创新只能出现在公共教育没有普及的发展中国家，毕竟，所有美国孩子都早就是公立学校的消费者了。但与此相悖的是，仔细看美国公立学校所教授的课程的水平，我们就会看到，有很多领域是适合以计算机为基础的学习办法扎根的"非消费市场"。以计算机为基础的教学使得学生可以学习一些本来完全没有机会学习的课目：预科、其他专业课程或高级课程；边远农村、城郊和城市的学校本来不能提供的小众课程；不及格的重修生上的补习课，在家受教育的学生、那些跟不上常规学校课程进度的学生上的补习课；高中辍学的人主要的课程；特殊需求学生的课程；幼儿园学前班的课程……都在此列。[1] 以计算机为基础的教学已经在这些市场生根，并且正在以合理的速度取得市场份额。像所有其他颠覆式创新一样，它刚刚出现在竞争市场的雷达上的时候只是一个微不足道的小点，然后，好像一夜之间就获得了主流消费者的认可。

如果此类颠覆式创新的历史可以作为参考，那么，教导式教学到软件教学的颠覆式创新可能分为两个阶段发生。我们称第一个阶段为以计算机为基础的教学，或在线教育。在这个阶段，软件是有版权的，开发费用相对昂贵。教学方式也仍然是相对单一的、不以学生的喜好为转移的。因为这个阶段软件的教学方法很大程度上仍然反映的是每个学科的主流学习方法。但是，以计算机为基础的教学必定不会像教导式教学一样完全千篇一律。在线教育现在已经可以根据不同的学习进度进行自适应的调整，有些还允许学生选择不同途径来学习同样的内容。

颠覆式创新的第二阶段，我们称为以学生为中心的教学法。此时，软件已经进化到可以帮助每个学生结合自身学习需求来学习每个学科。相对于教导法的单一模式，以计算机为基础的学习是颠覆性的；相对于私人教师模式，以学生为中心的科技是颠覆性的。今天，能用得起私人教师的大多是数目有限的富有家庭；对于那些拥有特权的少数人来说，好的私人教师会尽可能帮助学生用适合他们的方法学习每一门学科。像所有颠覆式创新一样，以学生为中心的科技使这种基于电脑的"私人教师"变得廉价、易用，使得一般学生也可以用适合自己的方式学习。

❖ 新市场中颠覆式创新的萌芽

让我们来研究几个在线教育最初扎根的非消费市场。其中一个是预科，提供给高中生的大学水平课程。大多数高中里存在一个相当规模的预科课程的非消费者群体。2002～2003年，全美有33%的学校没有开设AP课程。[2]那些开设AP课程的学校，也仅仅是AP考试系统所接受的34门课程中的寥寥几门。这是因为每个学校对一门AP课程的需求不足，不值得为此花费资源招聘这门AP课程的专职教师。更普遍的是，很多学校无法提供合适的课程给特别有天赋的学生，或者有特殊需求的孩子们。现状是，很多学校里都存在几个想要或需要参加这些课程的学生，却苦于没有机会。

有些学校资源更窘迫，难以提供广泛的课程。例如，大的学校有更多老师、资源和学生，也可以负担更多种类课程的供需；而较小的学校老师少，资源和学生也少，这意味着它们更难提供多样化的课程。农村学校往往更小，而这会大大影响它们的课程多样化。而且，即使农村学校规模不小，有足够的预算资金来招更多的老师，也会经常发现它们无法吸引足够的合格老师来这里教学。按照"不让一个孩子落后"法案的要求，学区需要招聘高素质的合格教师，而遵守这些规定会进一步限制多样化课程的供给。例如，在一个小城镇里，一个物理专业的老师之前也能教生物和化学，在新规下却可能不再被允许教授物理以外的学科。那么，也许因为找到或招聘一两个新老师并不容易，也许因为这对这个学校而言过于昂贵，那这个学校可能真的就开不出其他两门课程了，即使它们是国家法定课程也没办法。[3] 因此，缺乏资源的较小的学校通常是在线教育扎根的完美场景。

城市初中，特别是坐落于低收入区域的城市初中，是第三个以计算机为基础的学习模式的理想市场。这些学校中的一部分和农村学校一样资源贫乏，很难招募到愿意在这样困难的环境中工作的高素质老师。随着整个社会越来越注重核心科目的测试成绩，学校已经做出应对，分配更多资源和注意力给这些需要考试的科目（这点我们稍后还会详细讨论）。而这种资源分配不可避免地伤害了很多有价值但是不统考的课目，如人文、外语、艺术、经济学和统计学，等等。削减这些课程的供应，意味着在这些领域增加非消费者的人数。奇怪的是，这对教学模式的颠覆式创新却成了一个好消息。当没有其他办法来学习这门学科时，在线教育自然成为一个最受欢迎的选择。

出于种种原因，在家接受教育的学生，是在线教育的另一个理想应用人群。这里我们指的是由于各种原因不能上学而需要"家里蹲"的学生，包括被停学的、生重病的，以及那些由于其他原因不能朝九晚五上全日制学校的学生。在家接受教育的人口给在线教育提供了一个理想市场，使它可以在那里迅速生长。美国教育部数据显示，1999年春天，美国有850 000名在家接受教育的学生。现在，一些专题调查小组估计，美国在家接受教育的学生人数超过了200万。[4] 在过去，无论是在家教育的倡导者还是批评者，都担心学生在家可以学习的学科范围和学习深度会受到他们父母的知识层面的限制。网络世界解决了这个问题。这是一个传统学校颠覆者的经典抢滩位置；计算机带来的教学能力提升，至少部分导致了近年来在家教育人数的激增。

还有另一个重大的非消费者市场是那些考试不及格需要重修学分的学生。这样的学生在中西部农村地区和城市学区都为数不少，而且长期受到补修学分的问题困扰。[5] 由于各种原因，不是总有为考试不及格的学生提供的专门补修课程。当学生升到高中的高年级时，这个问题就变得越来越棘手，因为补不上这门课程的话，学生就没法毕业，而学生和学校迫切需要赶紧找到解决办法。在线教育正好可以填补这个空白。在线教育的模块化特征，意味着学生不必浪费时间去学他们已经掌握的概念；他们可以重点学习通过考试所需要掌握的模块，最多再大概看看那些已经理解的和简单的部分就可以完成重修。

以学生为中心的在线学习科技能够颠覆的其他非消费者市场还有很多。大约30%的高中生辍学（这个数字在城市地区甚至更高），他们需要在线学习。一对一私教和幼儿园学前班同样提供了很大的非消费者市场。例如，43%的年龄在3～5岁的孩子没有参加过任何幼儿园学前班教育，这里的幼儿园包括日托中心、"领先一步"项目、学前班，等等。富裕家庭的孩子比贫困家庭的孩子更多地参加这些项目。当我们的社会越来越意识到早期儿童智力开发对未来学习的影响时，便兴起了一种思潮，即幼儿园学前教育应该被纳入公共教育体系，而以学生为中心的科技在这个关键时点有一个革命性的机会。我们会在第5章和第6章进一步讨论这两个市场，而在本章先把目前发生在公立高中的颠覆式创新讲清楚。[6]

❖ 以市场需求为导向

这些使用在线教育的非消费者共同构成了一个蓬勃发展的市场。在这个市场里，学区能逐渐接受计算机成为教学和传递信息的主要平台与渠道，并逐渐取代现在主流的教室里的教学场景。有一些例子可以证明这一点。Apex Learning是一家营利性公司。Apex生意的开端是开发了一个软件，帮助中学把预科AP课程内容转化为线上课程，从而满足更多学生的需求。自然而然地，Apex的战略重点是那些学校无法提供的课程。2003～2004年，注册Apex的AP课程的有8400人次；到2006～2007年，注册数字是30 200人次，复合年增长率超过50%！[7]Apex使得整个学区的学校可以汇总各个学校的学生对AP课程的需求，于是，本来因为需求不足或者预算捉襟见肘而雇不起某门 AP 课程全职教师的学校可以"搭伙"在网上开课了。除了提供 AP 课程，它也提供核心课程。这些核心课程的目标用户是需要补修学分或某些科目亟须补救的学生，这些需求进一步推动了 Apex 的爆炸式增长。实际上，AP 课程的注册人数只占 Apex 所有课程的注册人数的一小部分，在 2006～2007 学年，Apex 总共有 304 000 人次使用它的系统来上课。到了 2008～2009 学年，Apex 已经在为大约 200 000 名学生服务，使用次数超过 700 000 人次。[8]

但是，Apex 远非线上课程内容的唯一供应商。K12 公司是一家上市公司，由首席执行官罗恩·帕卡德和前教育部部长比尔·贝内特成立于 1999 年。K12 公司提供各种各样的课程，从它的拳头产品——为在家接受教育的学生服务的全日制虚拟学校，到在线补课班。它为从幼儿园孩子一直到 12 年级的学生服务。2006～2009 财年，它的虚拟学校学生人数从 20 000 增长到 55 000。"链接学院""高级学术""KC 远程学习""洞察力学校"等其他玩家，也都是营利性公司阵营这方面的重要参与者。[9]

目前，超过 25 个州已经有了主要以补课为目的的虚拟学校。其中最有名的应该是佛罗里达虚拟学校（FLVS）。佛罗里达虚拟学校起源于 1997 年开始的两个学区试点项目，今天已经有了广泛的吸引力。它的口号是："任何时间，任何地点，任何途径，任何速度。"佛罗里达虚拟学校今天提供超过 100 种课程，从传统课程如代数和英语，到非核心课程如 AP 和商业技能课程。秉承这种精神，佛罗里达虚拟学校吸引了大量本来由于各种原因不能消费这些教育产品的学生，从不能在学校规定时间上课的学生，到完成全部课程感到比较吃力的学生。到了 2008～2009 学年，佛罗里达虚拟学校为 71 000 多名学生提供了 154 125 人次课程注册，其影响力遍及佛罗里达州内外。[10]

❖ 沿着颠覆式创新的脚印

所有颠覆式创新都有一个共同模式。颠覆式创新总是首先出现在一个新的"竞争象限"里，并在那里和非消费竞争。在这个竞争象限里，产品随着技术进步而完善，成本逐步下降。这时候，技术应用开始离开原始的竞争象限，进入新的领域。在我们的讨论中，就是从传统的、局限于单一教室场景的教授式教学，到线上学习，又很快发展到以学生为中心的教育科技。

但是，这种转变既不突然，也不是转瞬之间发生的。当一个新方法或技术，凭着技术或经济优势替代旧的方法或技术的时候，二者的迭代几乎总是遵循 S 曲线，[11] 如图 4-1 左图所示。这里的纵轴衡量新进力量所占的市场份额。S 曲线有时很陡，有时平缓。但颠覆式创新几乎总是遵循这种模式：最初的替代发生得很慢，然后突然变陡峭，最终，它渐渐接近 100% 的市场。

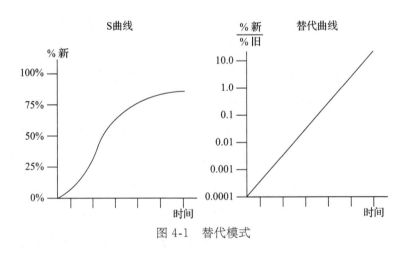

图 4-1 替代模式

每次新方法或者技术的迭代发生时，行业领导者都会遇到一个棘手的问题。当新生技术仅占整个市场的一小部分时（当它处于 S 曲线底部的平坦部分时），商业领袖们会线性地看未来，推断没有必要担心这个新晋竞争者，因为它将在很长一段时间内都无足轻重。但突然有一天，世界天翻地覆，成建制的龙头企业仿佛一夜之间就被颠覆了。就拿电子照片来说吧，电子影像技术在 S 曲线的平坦部分蛰伏了十年，但当它开始颠覆影视产业的时候，变化仿佛是在一夜之间发生的。结果是宝丽来的核心业务消失了，爱克发消失了，富士在苦苦挣扎。只有柯达抓住了这次机遇，但它也经历了艰难的过程。[12]

你可能认为，大企业会从这次经历中吸取教训。但是，S 曲线的模式确实带来一个使人头痛的问题：如果我们现在还处于曲线上最初的平坦部分，我怎么知道下一年，或者十年后，我的世界是否会一夜之间被颠覆？

事实证明，有一种方法可以预测颠覆的发生。首先，如图 4-1 右图所示，我们在纵轴上做出标记，用新技术的市场份额除以旧技术的市场份额，得出一个比例（比如，如果新旧各 50%，得出的比例将会是 1.0）。其次，将纵轴转换为以对数刻度排列，则 0.0001，0.001，0.01，0.1，1.0 和 10.0 之间都是等距的。这样，我们画标记线时，数据总是落在一条线上。如果前四五个点不在一条线上，就说明没有令人信服的信号表明颠覆将要发生。但如果颠覆发生，这条线总是直的。有时候这条线急剧向上倾斜，有时候它更加平缓。之所以在颠覆发生时这条线是直的，是因为我们的数学手段将 S 曲线线性化了，使我们可以更直观地看到颠覆的进程，以及可以判断当新技术的市场占有率从 2% 增长到 3% 时，这条线的斜率是什么。把这条线延伸到未来，我们就可以很好地预测新技术什么时候会占总市场的 25%、50%，乃至

90%。我们称这条线为科技替代曲线。无论是 5.25 英寸⊖磁盘驱动器替代 8 英寸磁盘驱动器，网络电话替代电路交换电话，还是女性运动装替代连衣裙，在已经发生的几次颠覆性迭代里，我们画出的线的坡度如此清晰，人们可以运用这个工具，合理估计创新什么时候会实现什么样的市场份额。

虽然不同的颠覆数据难以在同一度量衡下汇总，但是图 4-2 仍然给出了我们对在线教学模式替代教师教学模式的发生速度的最佳预测。2000 年秋天，全美有 45 000 名完全在线或混合在线[13]学习用户；到 2007 年秋天，这个数字增长了 21 倍多，达到 100 万名注册用户。其中，大约 70% 是高中生。43% 的农村学校已经给学生提供在线课程以替代他们以其他方式无法进修的课程。[14]即便增长如此迅速，在线课程[15]也只占 2007 年所有课程的 1%。如果线性地看未来，我们未必能看到颠覆的发生，但转化为对数，我们可以清楚地看到，到 2019 年，大约 50% 的高中课程将在线上进行。换句话说，在公立教育的世界里，经过过去多年的沉淀，未来几年很可能会快速翻转，进步到以学生中心的在线教育。[16]

这种迭代正在发生，因为相比于千篇一律的学校教学模式，在线教育有太明显的技术和经济优势。互联网技术为那些以前无法参加某些课程的人提供了可能，为学生提供了更便利的学习时间和地点。在很多维度的不同程度上，线上学习更简单，因为它在学习速度和路径方面具备更高的灵活性。当教育基于软件和互联网时，它可以轻松地扩张自己的产能。从经济角度出发，在线教育通常比目前的教学模式便宜，即使在现在小规模的情况下也是如此。具体的费用估计因场景

⊖ 1 英寸 = 2.54 厘米。

而异,但平均而言,在线课程每门课的费用在 200 ~ 600 美元之间。如果是 200 美元,那么它比目前的教学模式便宜得多;如果是 600 美元,那么它和目前的教学模式费用差不多。[17]

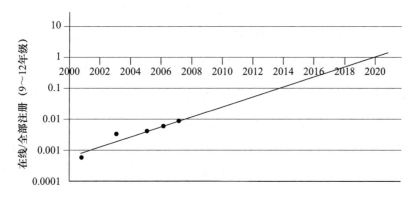

转换为 S 曲线时的图如下所示:

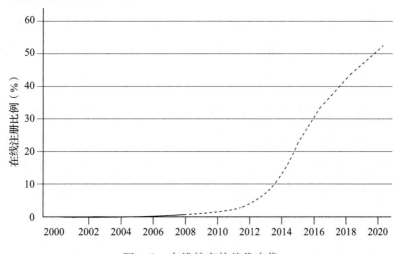

图 4-2　在线教育的替代步伐

注:计算结果基于北美在线教育委员会和美国教育部统计数据,以及一些其他数字。2007 年 6 月,华盛顿特区智库 Education Sector 发布了题为《虚拟高中和公共教育创新》的报告。报告是它的首席运营官比尔·塔克写的,表示今天大约 1.5% 的入学注册都在网上,这一数字在过去三年中翻了一番。该报告称:"虚拟教育正在推动公共教育变革,就像 Apple 的 iTunes 在以人们收集和听音乐的方式进行制作。"虚拟学校是,"个性化学生学习并将它延伸到传统的上学日之外"。

可能加速迭代的因素

存在四个因素将推动这次迭代。第一，像所有成功的颠覆式创新一样，在线教育会不断改良。它会变得更好用，让人更愉悦地充分使用各种在线媒体，如增强视频、音频和交互式元素等细分领域。据报道，目前在线教育的重点在于培优，即越有学习动力的学生使用的效果越好；随着时间的推移，在线教育将变得更具吸引力，以吸引不同类型的学生。软件开发人员还必须充分利用各种媒介，为不同的学生定制不同的学习路径。图 4-2 表明，科技替代曲线的"翻转"将从 2012 年左右开始。在随后的六年中，新技术的市场份额将从 5% 增长到 50%。在线教育将会成为一个巨大的市场。

这次由传统学校教育到在线教育的迭代的第二个因素，将是赋予学生、教师和家长真正因材施教、选择符合学习者需求的学习途径的能力，这要求教学从单纯以计算机为基础的线上教育进化到以学生为中心的教育科技。

推动这次迭代的第三个因素是美国火烧眉毛的教师短缺问题。在过去，师资短缺一直主要存在于特定科目或特定类型的学校，而人们主要将这归因于教师的频繁流动。现在，很多人多年以来预测的严重的教师短缺真的迫在眉睫。婴儿潮一代的老师很快将开始大规模退休，而学生人数达到了有史以来的最高峰，而且暂时不会以任何比例下降。1999 年，29% 的教师超过 50 岁。2007 年，这一比例为 42%，这就是说，10 年后，师资短缺的浪潮会席卷美国各地。除非以计算机为基础的教学法已经在这些市场发展起来，否则主流学区在需要它们时可能会措手不及。[18]

第四个因素是随着市场规模的扩大,在线教育的成本将会进一步下降。不同行业都具有明显的"规模曲线",让管理人员可以非常准确地估计每次市场规模加倍扩大时,每单位产生成本下降的程度。在像汽车这样的组装产品中,规模曲线的斜率是0.85,意味着每次产量翻倍(例如,从1到2、2到4、4到8),每单位成本下降15%。在半导体行业里,产量每增加1倍,成本下降30%;在化工厂,每增加1倍的规模,成本沿规模曲线下降40%。

开发人员一直在努力改进他们的产品,以招徕更多的客户。一开始,将以计算机为基础的教学模式变为以学生为中心的教学模式,成本可能相当昂贵。当市场规模扩大时,管理组织的成本也很高。另外,老师总是会留在学校的,正如我们在第1章中所述,他们可能越来越多地作为一对一的辅导员,而不是大班教学老师;以计算机为基础的教学模式和以学生为中心的教学模式,都将使每个老师能够监督更多学生的学习。所有这些意味着,在以后十年里,在线教育市场每次流量加倍都会使每门课程每个学生的成本下降15%。因此,将来的成本将是今天成本的1/3,而课程产品一定会好很多。[19]

地方政府的预算危机也将进一步推动这一迭代过程。2004年,政府会计准则委员会发布了新规则,要求公共机构从2008年开始,披露所有退休员工福利的未来成本。这一影响是惊人的。政府因承诺为退休人员支付医疗保险费用而背负的债务越来越多,但许多州政府和地方政府为了"平衡"它们的预算,没有把补贴计入政府负债,因此,这个问题直到现在才引起公众注意。摩根大通估计,现在政府因雇员医疗保险和其他非养老金福利形成的债务,在6000亿美元~1.3万亿美元之间,因此,许多州政府和地方政府会破产,或者不得不借更多的债而更深陷债务危机。结果，由于州政府和地方政府共同支付大概 90% 的公共教育预算，如果政府入不敷出，这一预算会面临大概率削减。[20]

这四个因素共同作用的结果是：技术改良使学习更具吸引力，学术研究的进展使以学生为中心的软件设计更适合每个学生，学校面临迫在眉睫的教师短缺和不可阻挡的成本压力。这让我们相信，在这本书出版十年后，在线教育，尤其是以学生为中心的教学方式将占美国中学"座位里程"的 50%。以目前的科技替代轨迹为参考，到了 2024 年，大约 80% 的课程将以学生为中心的在线教育为主。和我们这代的有些人经历美国公立学校改革的漫长时间相比，这将是一个令人惊叹的"颠覆"。

迭代的次序

我们与学校改革斗争中的很多资深人士讨论过本书，他们大都怀疑这些预测。这主要是因为他们过去的惨痛经历表明，教师工会不会允许这种颠覆式创新的存在。很多人已经在这一点上吃足了苦头。我们当然不会妄想弱化这些传统机构的自我保护机制在政治演变进程中的重要性。[21] 但是，如果迭代是颠覆性的，那么它几乎不可阻止。

为什么这么说呢？这是因为，大多数组织的资源是有限的。它们将优先把资源分配给那些对它们的持续繁荣最重要的商业客户，或者用颠覆式创新的语言来说，它们关注高端市场。它们不关注或者减少投资于那些利润较低、销售额实际上拉低平均利润率的产品或服务。

有证据显示，我们的学区正在采取相似的行动。[22] 回想第 2 章，政治或社会影响的重要性，决定了公共教育的管理者在颠覆式创新图的纵轴上对于公共教育的度量。学区的管理者通过投资他们认为最重要的区域来应对资源的稀缺。学校领导者目前要面对的最重要的问题，是提高社会据以评判学校优劣的科目考试成绩。为此，学校正在以牺牲其他科目为代价，加倍关注数学和阅读这些考试科目。美国的教育政策中心 2005 年 3 月公布的一项调查显示，美国 71% 的学区把更多的时间花在数学和阅读上，甚至以忽视其他科目为代价。[23] 可以实施标准化成就测试的核心科目得到了所有的优先资源。

为了达到这一点，学校正在减少投资那些"不错的"，但对提高测试分数和"不让一个孩子落后"的任务而言不太重要的课程。惨淡的预算可以使学校更加不惜代价地聚焦于这个核心焦点。对于有意管理这个教育向以学生为中心的模式转变的大潮流的人而言，好消息是，学校停止教授很多非核心课程，人为地创造了一个非消费者的真空——正是一个以学生为中心的在线教育科技落地生根的理想市场。学校应该把这些压力看成机会，一步步、一个课程一个课程地实施长期计划，逐步将教学工作转向以学生为中心的教学模式。颠覆式创新不要求过多关注那些公立学校想要捏在手心自己教授的课程。在线教育需要关注的，是公立学校因为不屑于或者不愿意教而巴不得交给线上教育且市场需求又确实存在的课程。试想，如果政府官员要求把核心课程直接转化为在线课程，势必引起教师工会的强烈反对。

通过研究像 Apex 这样的在线教育服务提供商的发展途径，可以帮我们弄清楚怎样更有效地在线上教授更多课程。学校只会面临更多预算压力，而当它取消下一个因学生不足而开不出课的课程时，在线教育服务提供商可以说："嘿，之前那个我们给你外包的课程进行得这么好，也让我们为你做这个吧。"在线教育服务提供商将很有动力把这个学校想要取消的课程添加进自己的在线课程库。随着学区削减更多课程，这些课程的线上替代品将不断改进。通过合理和渐进的过程，学校将把越来越多的教学工作外包给互联网上的虚拟内容提供者。直到有一天，学校会突然发现，自己大部分的时间和资源只是用来完成那些不能在网上完成的、非指导性工作，而老师们会发现，需要他们在传统教室场景里进行的单一教学越来越少。

我们的创新方法论研究最一致的一个发现是，尽管消费者通常不愿意为他们不需要也不能使用的产品"改良"支付更高的价格，他们一般都非常愿意为重要的改良付费。[24] 回想一下，在音乐发行行业被颠覆的初始阶段，早期 MP3 播放器的用户可以下载和免费分享音乐。但这既费时又不方便。当苹果推出了 iPod 和 iTunes 音乐商店时，数百万人很乐意支付大笔费用来获得他们真正想要的产品，而不是另一种凑合能用但他们不想要的东西。我们猜测，在颠覆的最初阶段，如果学生的家庭被要求承担一些以学生为中心的课程费用，他们会有类似的反应。

❖ 未来的教室

如果以学生为中心的技术按我们看到的这条轨迹往前发展，那未来的教室可能会是什么样子？学生鱼贯进入教室；教室里陈列着化学工作台，配有诸如试管、试剂、pH 计和爆炸热度计；学生们进行实验，测量压力变化的影响、气体的体积和温度；他们在实验室工作簿中记录他们的实验，老师对他们进行评分并将工作簿发回给学生。

听起来这可能和我们很多人回忆起的化学课场景没有什么不同，但事实上区别是很大的：这一切都发生在虚拟化学实验室里。这种未来的教室，不但已经存在，并且是合理的。

虚拟实验室由杨百翰大学的一位化学教授发起，截至2006年，虚拟化学实验室服务了大约150 000名坐在全美各地的电脑终端前的学生。这位教授拍摄了2500张照片和220个视频，还和一些电子游戏的设计师一起创建了这么一个模拟实验室，允许学生去做各种各样的实验。虽然这可能不像亲手做实验那样好（有些人指出这些学生可能连真的本生灯都没有用过，却可以凭这个学分进入大学科学课程），但是虚拟化学实验室允许学生尝试那些因为太贵或太危险而不能在当地高中做的实验。而且，它比很多学生的其他选择（什么都没有）好太多了。对于资源有限的边远农村学校，或者贫困的城市学校，这是一个巨大的进步。随着技术的不断改良，谁能预见虚拟实验室会进步到多好？也许有一天，学生们能够借着科技的力量，感受到来自本生灯的热量，闻到化学反应的气味呢。[25]

在另一个教室里，学生正在学习汉语语法。学生们戴着消噪声的耳机，用笔记本电脑学习。教师正半蹲在一个学生身边。这个学生在操纵他电脑屏幕上的砖匠，用建造一面墙的方式来组装一个句子。在屏幕背景中有成堆的单词块，每块都用颜色标明了它在句子中的潜在作用。这名学生一直在指导砖匠从适当的单词堆中挑出单词块，并按照正确顺序放入一个汉语句子中。当所有需要的单词块按正确的顺序组装起来后，普通话单词自动取代了原来的英语，学生和砖匠一起阅读句子（按罗马字母表发音）。如果学生发音不正确，砖匠的表情看起来就会很痛苦。然后砖匠会重复正确的发音，当学生说对了，砖匠会和他击掌庆祝。汉语是一种音调语言，所以单词块会随音调倾斜，帮助学生看到并感受到音调的变化。

同一个教室里，另一名学生正在用死记硬背的方式学习来自相同软件程序的相同材料——听一个母语是普通话的人朗读，然后用他父母一代熟悉的学习方式重复句子。两个学生都在学习造句，拼凑他们一会儿将在同学面前谈话用的句子；有些人正在使用和这两名学生一样的学习方式，但更多的人在用其他适合他们自己的方式学习汉语。

与虚拟化学实验室相比，这个汉语教室确实是未来的教室，因为我们还没有看到它的出现。但只要通过颠覆式创新的方式引入这项技术，它将来一定会出现。

在这个未来主义的教室里，教师又该何去何从呢？一个当然会成为开发虚拟化学实验室的教师。另一个教师在教室里，和学习汉语的学生们待在一起，在学生身边走动，帮助每个学生保持专注，并用适合每个学生的学习方式帮助他们掌握材料。

随着单一的教室教学体系向以学生为中心的、技术驱动的学习环境转变，教师的角色也会逐渐发生变化。转变可能不会很容易，但这对所有人的未来都是有益的。教师可以花更多的时间陪伴学生，帮助个别学生解决个别问题，而不是花费大部分时间年复一年地复述千篇一律的课程。教师将更多地作为学习教练和辅导员来提供帮助，帮学生找到对他们来说最有意义的学习方法。他们将借助有关学生学习情况的实时电子数据，在学习中指导和激励学生。但这也意味着，他们只有掌握和今天截然不同的教师技能，才能增加他们的未来价值。因为定制化学习将是这种以学生为中心的在线教育的主要优点，以及使它取代传统教学的驱动力。教师必须越来越多地理解学生个体之间的差异，并能够给予个别学生帮助，才能为每个学生正在使用的学习模式提供补充。[26]

这一点对教师们而言，还有一个潜在的好处。因为以学生为中心的教学模式允许来自教师的更加个性化的关注，他们可以在教育中做一些违反常识的事情，比如，增加每位现场教师可以管理的学生人数。促进这种教学模式的颠覆，有可能打破学区目前陷入的昂贵的人效权衡。这样，每位教师可以教得更好，给予更多学生个人的关注。每位教师教的学生人数多了，就会有更多资金来支付给好的教师，提高他们的薪酬水平。[27]

❖ 测评的未来

随着以学生为中心的教学模式的到来，测评作为检验儿童学习情况的艺术和科学，能够也应该进步。随着时间的推移，以学生为中心的教学方式应该使得考试不再是必需。更好的测评手段一定会出现。

在过去，考试被用来为学生、教师和学校管理者完成两项工作。第一是衡量学生对学习材料的掌握程度；第二是让学生相互之间做比较。以学生为中心的教学技术可以同时实现这两个目的。

传统的、由教师管理的考试其实并没有做好第一项工作。无论学生是否掌握了一个单元的材料，他们都得往下学。教师直到考试结束和评分后，才知道学生到底学到了什么，这往往在学完一个单元或一节课一段时间后。如果学生没有掌握所有的材料，但能通过考试，他们仍然必须往下学。即使他们考试不及格，通常也必须往下学，因为往下学是单一教学模式中固有的。这种由教师管理的考试只告诉教师和学校管理者学生对考试材料的掌握情况。学习材料的时间是固定的,但是学习量差异很大。

麻省理工学院一位高级讲师史蒂文·斯皮尔(Steven Spear)的著作《追逐兔子:市场领导者如何超越竞争对手以及伟大的公司如何追赶并赢得胜利》中,讲述了一次经历,帮助我们审视我们的公共教育落入的单一教学困境。1996年,史蒂文作为博士生,在研究丰田著名的生产线。为此,史蒂文在丰田的装配线,以及底特律三巨头之一的一家工厂的装配线上做过临时工。他的工作是安装乘客侧前座。

在这家底特律三巨头之一的工厂,做培训的工人基本上告诉史蒂文的是,"汽车每隔58秒从这条生产线下来,你只有这么多时间安装这个座位。现在我会告诉你如何做到这一点。首先,你做这个,然后做那个,再像这样在这里点击这个,然后收紧这个,再做那个",等等,直到座位安装完毕。"你知道怎么做了吗,史蒂文?"

鉴于史蒂文获得了麻省理工学院机械工程专业硕士学位,他非常肯定自己可以在规定的时间内做好每一件事情。所以,当下一辆车从这条线上下来的时候,他自信地拿起座位,并做好每一个准备步骤。但当他试图将它安装在车上时,它装不进去。整整58秒,他努力想要完成安装但完成不了。他的教练不得不暂停装配线来解决这个问题。他再次向史蒂文展示了如何做到这一点。当下一辆车到达时,史蒂文再次尝试,但还是没有做对。整整一个小时,他只正确安装了四个座位。历史上像底特律三巨头工厂这样对每个从生产线的末端出来的产品严格测试的一个原因,是生产一件产品通常涉及数百个步骤,公司并不确定每个步骤是否正确完成。在商业中，我们称之为终端活动"检查"；在教育中，我们称之为"测评"或"考试"。

当史蒂文去丰田工厂的同一个装配线工作时，他有了一次完全不同的体验。首先，他去了一个训练站，在那里他被告知，"这些是成功安装这个座位需要的 7 个步骤。直到你证明了你已掌握第 1 步，你才有权学习第 2 步。如果你在一分钟内掌握了第 1 步，你就可以在一分钟后开始学习第 2 步。如果你花一个小时学第 1 步，那么你可以在一小时后学习第 2 步。如果你花了一天才掌握，那么你可以明天学习第 2 步。如果前面的步骤你做不对，那我们教你后续的步骤也没意义"。测试和评估都是教学过程的组成部分。结果，当史蒂文在丰田的生产线上工作时，他第一次就做对了，而且每次都能做对。事实上，丰田在生产过程中建立了一个机制，用来立即验证每个步骤是否正确完成，这样就不会把时间或金钱浪费在修理有缺陷的产品上。结果，它其实不需要在生产完成时对产品做测试。

两种训练史蒂文·斯皮尔的方法形成了鲜明的对比。在底特律三巨头工厂，时间是固定的，但训练的结果是可变的和不可预测的，就像在公立学校的评估系统里一样。"考试"——安装座椅，在史蒂文的训练结束时到来。在丰田，训练时间是可变的，但评估与内容的交付是息息相关的，结果是固定的；每个接受过培训的人都会被要求做学习过的内容（尽管丰田的教学方法可能并不是最适合史蒂文的，这件趣事的重点是要关注考试最终的意义，以及像佛罗里达虚拟学校一样，通过在线教育完成根据教学结果评估教学过程终结的系统性机会）。对于公司的每项活动，丰田在所有培训中遵循这同一个原则。[28]

我们在第 1 章中提到过，在 19 世纪最初的十年里，公立学校里的单一式教学其实是很少的，因为不同年龄的学生都在一间教室里。教师提供的大多数指导，都按照个人成长速度发生在个人层面。后来，教育工作者借用了工业中批处理的概念，在每个阶段的固定时间内批量处理学生，这样他们才能够应对20世纪初激增的学生人数。就像史蒂文·斯皮尔在底特律三巨头工厂的经历一样，学校同样具有"固定时间，变量学习"的特征。正如制造商无法预测哪些产品被正确制造，所以必须对从生产线末端出来的每个产品做测试一样，教育工作者也必须对他们的学生进行测试，因为他们无法预测每批中的哪一个学生学到了什么。修理、返工和不及格在这两个系统中都变得昂贵。就像工业中出现了专业的检验规则，教育中也出现了标准化的评估规则。

这种从个性化指令到针对批量学生单一的内容传递的转变，改变了教师的工作。根据我们的估算，现在的教师们至少80%的时间花在单一活动上——准备教学、实际教学和对整个班级进行测试。远低于20%的时间可以用来帮助个别学生。教师的一个主要工作，即一对一辅导学生，这项职能被劫持了；有些教师最重要的技能变成了维持秩序和引起注意。

当学生通过以学生为中心的在线教育方式学习，测试不用推迟到一个教学模块结束的时候，才能用批处理模式来管理。相反，我们可以不断检验学生对知识的掌握，创建紧密的反馈环。误解不用等到几周后，考试结束后教师有时间评估每个学生的考试成绩时才消除。学生学习的时间可以有所不同但学习结果会更加一致，而不是在固定的时间内一起学习但学习结果参差不齐。换句话说，评估和个性化帮助在内容传递阶段可以是交互式的，而不是作为测试在学习结束后加进去。软件制造商也可以利用反馈环来学习如何改进他们给不同类型学习者的产品。

我们之前提到了考试的第二个作用，是比较学生，而且存在很多我们想要在学生之间互相比较的合理原因。大学录取决定是围绕考试成绩做出的；评估哪些学校和学区教育学生的工作令人满意取决于标准化的考试；甚至优秀学生的表彰大会（目的也是比较学生）很大程度上都是参照考试成绩而选定学生的。

随着以学生为中心的在线教育科技占据主导地位，我们可以更简单地满足这种需求，并使它继续留存于现在的框架，但是用不同的方式进行比较。因为学习将不再是变数，我们可以通过学习的进度来比较学生，而不是通过他们掌握的多少来比较。

如果我们真的想开始用适合每个学生的学习方式来教学，这意味着评估科学需要有长足的进步。如果我们想用不同的方式给罗伯·詹姆斯这样的人教化学（他对于用传统方式教的数学和科学感到十分吃力，但他又拥有很高的身体运动智商），那我们需要找到不一样的教学方法，使得他对学习材料的掌握程度能够达到那些天生在逻辑数学领域特别擅长的人对学习材料的掌握程度。

比利时诺贝尔文学奖得主莫里斯·梅特林克（Maurice Maeterlinck）曾经说："在通往未来的每个交叉路口，每一个开明的人都会被一千个以守护过去为己任的卫道者反对。"教育工作者和我们其他人一样，倾向于抵触重大变革。但这种学习平台的转变，如果管理方式正确（这意味着颠覆式创新）将不是一个威胁，而是一个机会。学生将能够以适合他们的方式学习；教师可以成为学习的领导者，有时间关注每个学生；学校组织不用放弃它们的使命，而且可以应对即将到来的财务危机。

我们在本章中记载的通过以学生为中心的在线教育科技的颠覆式创新，迄今为止由它扎根的非消费市场竞争驱动。在这个竞争版图中，在线教育已经改变了本来寸草不生、无可消费的情况。我们注意到，这是所有颠覆式创新开始的方式。我们讲解了科技替代曲线的形状，并预言这种转变很可能在未来几年有巨大的发展。各州、城市和城镇的预算经济学将推动部分的替代。技术改良将推动线上教育的进一步发展。

本章描绘了颠覆式创新的第一阶段，我们把它标记为以计算机为基础的教育，或在线教育。我们在本章中也提到了第二阶段——以学生为中心的教学技术。在颠覆式创新的第二个阶段结束时，形势通常和之前的很不一样。很多让以学生为中心的技术扎根和改变学习模式的机会，不在现有的 K-12 公共教育体系之内。这是一个激动人心的机会，我们在下一章会更详细地介绍。

注释

1. 安东尼·皮切亚诺和杰夫·西曼的报告显示了学校如何以及为什么会使用在线教育并确认理论预测的精确实例。这为许多在整个章节中断言为什么学区有动力使用这些课程以及这些解决方案的潜力和陷阱提供了坚实的基础。安东尼·皮切亚诺和杰夫·西曼，《K-12 在线教育：一项美国学区管理员的调查》，Hunter College-CUNY, Babson Survey Research Group, The Sloan Consortium。
2. 马克·施耐德，《2007 年教育条件》，美国教育部，国家教育统计中心，2007

年 5 月 31 日简报。

此外，2007 年美国教育部的一份报告指出 26% 的高中学生的学校里没有高级课程——那些在代数和几何的后面的数学课程、荣誉英语课程，以及比一般生物学课程更先进的科学课程。请参阅《将学生与在线高级课程联系起来：教育创新》，由美国教育部创新与改进办公室西方教育实验室编写，2007 年，第 3～4 页。

3. 由于高素质教师短缺，非消费数量比人们想象的要大。根据在 Threshold 的一篇文章 "The Future of Online Learning: A Threshold Forum", 2008 年秋季，第 20 页），在佐治亚州超过 440 所高中在整个州只有 88 位高素质的物理教师。

4. 《2005 年教育条件》，美国教育部，国家教育统计中心，2005 年，http://nces.ed.gov/fastfacts/display.asp？id=91。布赖恩·D. 雷，《家庭学校研究事实》，国家家庭教育研究所，2006 年 7 月 10 日，http://www.nheri.org/content/view/199/。

5. 和理查德·西多迪（犹他州电子高中的创始人）的访谈，由迈克尔·霍恩采访，2007 年 11 月 26 日。

6. 《2007 年教育条件》，美国教育部，国家教育统计中心，2007 年，http://nces.ed.gov/fastfacts/display.asp？id=78。

以学生为中心的教学技术在学校系统之外还有很多机会产生积极影响。马克·普伦斯基，一位著名的思想家和研究技术对学习的影响的作家，称学校系统外的空间为"课后"。课后教育是学生没有在课堂上或做作业时或准备测试时学到的东西。从科学和机器人俱乐部到博客，再到社交网络和玩视频游戏，孩子们花了很多时间在校外学习。这里许多非消费领域产生的积极影响，彻底改变了我们对学习的看法。因为本书的重点是我们的学校，我们没有机会在这里深入研究，但感兴趣的读者可以访问普伦斯基的网站（http://www.marcprensky.com）进一步探索。

7. 雷亚·博尔哈，《学生选择在线 AP 课程：入学需要高中生准备大学简历，电子学习机遇增多》，《教育周刊》第 26 卷，31 号，2007 年 3 月 30 日，第 1、16、18 页。

Apex Learning 还把它的 AP 在线课程授权给其他在线提供者，像艾奥瓦州在线预科学院和密歇根虚拟学校。《将学生与在线高级课程联系起来：教育创新》，第 23 页。

8. 入学被定义为学生参加一学期（或半学分）课程的任何实例，所以一个学生可以负责几个注册。Apex 给出的注册总人数的信息来自 Apex 的内部数据，Innosight Institute 研究人员凯瑟琳·麦基在 2010 年 4 月通过电子邮件采访

Apex 员工，获得数据。

9. 参见 K12 公司，《2009 年度报告：加强教育承诺》，Herndon, Virginia, p. 2。在另一个例子中，马萨诸塞州虚拟高中（VHS）在 1996 年开始教虚拟课程。在 2003 年，VHS 提供 120 门课程给 175 所学校的 3200 名学生。它现在有 12 893 名学生报名参加 336 个课程类型，他们来自横跨 32 个州的超过 662 所学校和 61 所国际学校。VHS 有创新的会员模式。学校支付年度会员资格，加入财团。大多数财团成员为其他财团成员提供课程。学生可以参加有关查尔斯·狄更斯文学、AP 生物学或越南战争的课程。VHS 在农村和所谓的城市边缘学校取得了成功，它们缺乏提供这些课程的临界数量。VHS 模型通过呈现一个通过瞄准非消费来引入远程学习的中断路径来消除学区的经济利益。请参阅虚拟高中网站上的"关于我们"和"会员资料"网站，http://www.govhs.org/Pages/AboutUs-ParticipatingSchools（2010 年 7 月 1 日访问）。

10. 佛罗里达虚拟学校，http://www.flvs.net/areas/aboutus/Pages/QuickFactsabout-FLVS.aspx（2010 年 7 月 2 日访问）。

另外，请参阅凯瑟琳·麦基和迈克尔·霍恩写的，"佛罗里达虚拟学校：建立第一个全州，基于互联网的公立高中，"Innosight Institute, http://www.innosightinstitute.org/media-room/publications/florida-virtual-school/（2009 年 10 月）。案子研究介绍了佛罗里达虚拟学校基于绩效的创新融资模式，它推动了学校的成功，以及佛罗里达议会和州长杰布·布什谨慎地将佛罗里达虚拟学校建立为自治实体，相当于一个学区，因此它可以建立自己具有独特价值主张的中断业务模型。像我们在第 3 章中讨论的那样，设置自治部门对于实体中断自身至关重要。

其他州的虚拟学校包括密歇根虚拟大学和爱达荷州数字学习学院。

这本书出版后，地区越来越多地采用在线教育。作者观察到的一个有趣场景是明尼苏达州的一个地区开始用在线教育来补充课程。每年随着儿童人口减少，该地区失去了更多的孩子。在主管金·罗斯的领导下，该区开办了两所在线学校，一所是 K-8 水平，另一所是高中水平。它们的注册人数在增长，让传统学校的注册人数相形见绌。《明尼阿波利斯星报》报道，2006 年教育专员艾丽斯·西格伦对注册爆炸的解释是："如果你有一个对微积分或中文感兴趣的孩子，却不能请一个老师来教这个孩子……但你可以为那个学生提供一个在线课程，那个孩子将留在那个学区。"参阅约翰·雷南说的，"小镇明尼苏达学校在网上很大"，《明尼阿波利斯星报》，2006 年 11 月 10 日。这个故事继续展开，当 2010 年 6 月 30 日罗斯的合同到期时，他离开了那个地区，"他担心自己介入的一家私人在线教育咨询公司"。请参阅"主管的在线教育业务引起关注",eSchoolNews,http:// www.eschoolnews.com /2010/06/22/superintendents-online-learning-business-raises-concerns/（2010年6月22日）。

11. 埃弗里特·罗杰斯,《创新扩散》（纽约：格伦科自由出版社,1962年）。麦肯锡的理查德·福斯特也彻底研究过这种现象。参见《攻击者的优势》（纽约：高峰书店,1986年）。

12. 另一个例子是AT&T。1984年的麦肯锡研究建议AT&T到2000年无线电话将少于100万部,曾经有7.4亿部,这让人联想起IBM首席执行官托马斯·沃森预测世界上不需要很多电脑。

13. 混合在线课程意味着30%～80%的教学在互联网上进行。我们怀疑,并有证据表明,绝大多数在线教育注册实际上在某种程度上将在现实中,而不是纯粹的远程学习实例。

14. 37%的"城镇"学校提供在线课程;25%的"城市"学校提供在线课程;24%的"城市边缘"学校提供在线课程。参见美国教育部国家教育统计中心,2006年。

15. 以计算机为基础的课程和在线课程之间存在区别。基于计算机的指令是以数字方式传递的指令,而不是由一个人传递（现场或远程）的指令。在线课程在这一点上是中立的,虽然今天大多数在线教育都扮演了一个与传统教师不同的教师角色。从理论上讲,提供一门在线课程应该允许提供者收集数据来实时改进课程,虽然在实践中,今天很少在线教育提供者在更广泛的领域这样做。

16. 自从我们计算出这个加强了预测的总体方向的初始S曲线以来,出现了其他数字。对于这个版本,我们选择不更新计算,因为数据仍然不确定,即使它们都指向快速增长。例如,研究公司Ambient Insight的一份报告称,到2014年,1050万名PreK-12学生将在线上课。Ambient Insight的首席研究官表示,截至2009年的报告发布时,450 000名K-12学生全日在虚拟学校学习,另外175万名学生参加的一些课程在网上。见http://www.innosightinstitute.org/education-blog/10-5m-preK12-students-to-take-online-courses-by-2014-research-firm-predic（2010年7月3日访问）。报告称,27%的高中生2009年至少参加一个在线课程,几乎是2008年报告的14%的两倍。最终,这种在线教育的增长虽然是爆炸性的,并按照中断创新,确实某种程度上没有抓住重点,它的最终目标应该是以学生为中心的系统,响应每个学生的需求。

17. 例如，当比较佛罗里达和实体学校的每个学生成本（净额结算，像运输和建筑成本的实体环境所特有的）时，虚拟学校更便宜。See Katherine Mackey, pp. 12-13。

18. 理查德·英格索尔，《真的有教师短缺吗？》，教育与政策研究中心与教育政策研究联合会，2003年9月。Penelope M. Earley 和 Susan A. Ross，"老师招聘和保留：政策历史和新挑战"，《老师招聘和保留》（Amherst, Massachusetts: National Evaluation Systems, 2006, p. 2）。Andy Tompkins 和 Anne S. Beauchamp，"各国怎么样应对教师招聘和保留问题，以及还需要做些什么？"，《老师招聘和保留》（Amherst, Massachusetts: National Evaluation Systems, 2006, p. 31）。

    思科系统公司董事长兼首席执行官约翰·钱伯斯也详细说过，需要抓住市场转型并做好准备真正使用教育技术。参见他在《福布斯》上的文章，http://www.forbes.com/2008/01/23/solutions-educationchambers-oped-cx_sli_0123chambers.html。

19. 当然，公共系统是否有政策允许他们实现或用有效的方式对这些储蓄做出反应仍然是一个悬而未决的问题。

20. Bob Porterfield，"退休人员医疗费用压倒一切：政府未来30年可能会被退休人员医疗保健负担压倒"，美联社。ABC新闻互联网风险投资公司，2006年9月24日，http://abcnews.go.com/Health/WireStory？id＝2485444＆page＝1。David Denholm，"确定养老金福利负债的新会计规则"，《预算与税收新闻》，中心区域研究所，2006年12月1日，http://www.heartland.org/Article.cfm？artId＝20235。

    此外，当我们第一次撰写本节时，美国还没经历现在仍留在系统里的巨大经济困难。由此造成的财务短缺使这个一般观点比我们第一次写本节时更真实，有些人认为可能在线教育比我们预测的发展更快。

21. 在2000年洛杉矶民主党全国代表大会上，NEA 和 AFT 工会官员在4338个代表职位中占457个。前美国教育部部长威廉·贝内特曾说过，国家教育协会是"民主党的中心"。见国家教育协会，http://www.leaderu.com/orgs/probe/docs/nea.html（2008年4月3日访问）。

22. 劳动密集型产业因为通过争取更多的钱试图解决财政危机而闻名，即使这么多的部门在过去十年中，用更少的资源完成更多事情。经济学家熟悉这种行为，并经常通过引用普林斯顿大学经济学家威廉·J. 鲍莫尔早期的作品来解释它。鲍莫尔引用了音乐表演的类比，他问一个人如何提高弦乐四重奏演奏贝多芬作品的效率。你会放下第二把小提琴还是要求音乐家快两倍演奏这件作品？鲍莫尔的类比来自鲍莫尔和鲍文写的书《表演艺术：经济学困境》(剑桥，马萨诸塞州：麻省理工学院出版社，1966 年)。

目前安排的学校教育处于同一陷阱。虽然学校公共汽车燃料费用增加，医疗保险费上涨，建筑物磨损，但是大笔资金仍用于支付教学和行政人员的费用。当公众更加抵制为同样的服务每年支付更多费用时，教育工作者可以做些什么？特别是在教室，大部分费用花在哪里？添加另一行付费客户（有时候这正是所做的——一种"劳动生产率"增加，学校专业人士感到讨厌）？我们所看到的是一个学校提供的缓慢的但稳定的修剪——削减课外的选择，减少课程产品，吸引高素质教师的能力可能最重要，等等。

鲍莫尔的悲观主义是硬道理吗？教育发展的创始人 Ted Kolderie 说，如果我们把注意力从传统的生产者转移到能够采用什么技术，就不是了。从鲍莫尔音乐会的例子开始，他问：

如果我们考虑听众和他们的经历会怎么样？那么我们肯定会对比去音乐厅的成本和质量［开车的金钱和时间成本、停车费和门票（每个听众一张）成本，为了去听听可能的世界级表演］和 CD 的成本和质量（可以不用额外的费用，为多个听众播放和重播世界级的表演，在自己的客厅里，没有开车或停车费用，没有嘈杂的声音）。考虑一年让顶级音乐家演奏莫扎特的钢琴协奏曲第 21 号给现在这么多人会花多少钱录制？似乎不可能不考虑把现场转变为录制音乐作为听众的生产力提升，同时提高质量，降低成本。当然，对于那些喜欢录制音乐而不是去音乐会大厅看现场表演的人，选项仍然存在。

当我们将这种分析转向教育时，就会出现引人入胜的问题。这里传统的分析也集中在"表演者"并且已经取得教师教学技术。而基本的鲍莫尔问题出现。老师会怎么做：跳过其他章节？谈论快两倍？相反，我们专注于"倾听者"并思考通过数字电子技术将学生直接与信息联系起来，这必然会降低学习质量吗？或者可能是那种脱媒，把注意力转移到学生身上，实际上提升了学习质量？

Kolderie 引用的来源是教育发展的论文，发布在其网站 www.educationevolving.org 上。

23. "学生获得三个 R 的双倍剂量"，美联社，2006 年 8 月 4 日，http://cnn.com/2006/EDUCATION/08/04/double.doseeducation.ap/index.html（2006 年 8 月 25 日访问）。

根据《时代》杂志的一篇文章，"布朗大学的马丁·韦斯特发现平均而言，从 1999 年到 2004 年，阅读教学获得了一周 40 分钟，社会研究和科学分别损失约 17 分钟和 23 分钟。但科学和社会研究的衰落在努力结束失败纪录的学校更多。在亚利桑那州圣路易斯亚利桑那沙漠小学,学生们每天花 3 个半小时的时间识字和 90 分钟在算术。科学不再被教导为独立的学科……对阅读和数学关注的回报:学校从 2004 年的失败到取得平均年度进展并获得亚利桑那州教育部去年授予的'优秀表现'称号。"Claudia Willis 和 Sonja Steptoe, "如何解决不让一个孩子掉队的问题",《时代》,2007 年 5 月 24 日,http://www.time.com/time/magazine/article/0,9171,1625192,00.html。

24. Picciano 和 Seaman,第 11、16 和 17 页。

25. 见 Virtual ChemLab,http://chemlab.byu.edu/Tour.php(2006 年 10 月 22 日访问)。Sam Dillon,"没有试管?关于虚拟科学课程的讨论",《纽约时报》,2006 年 10 月 20 日。

26. 另一方面,明尼苏达州前教育专员 Robert Wedl 现在为教育发展网络工作,想起 2007 年 4 月与大约 50 名教师进行了讨论。这些教师尽管平均有 12 年的经验,大多数拥有高级学位,但从入学率下降的农村学校下岗了。他们在一所名为 Blue Sky 的特许在线学校合作,这个学校主要由教师组成的董事会管理。Wedl 报道,最令人惊讶的是这些教师如何描述他们与个别学生——他们从未面对面见过的人——的关系。他们要处理的学生比例和传统学校差不多相同,每天大约 150 名学生,但是在线,每个人都是真正的个人。学生们可以在任何时间打电话或发电子邮件,因为他们可以在任何时间做功课。即使是以前在学校有行为问题的孩子似乎也变好了。因为在只有一个人的班里很难有行为问题。(与 Robert Wedl 的谈话,Curtis W. Johnson 的笔记。)

27. "Personalization in the Schools: A Threshold Forum",*Threshold*,2007 年冬天,第 13 页。

28. Steven Spear,《追逐兔子:市场领导者如何超越竞争对手以及伟大的公司如何追赶并赢得胜利》(纽约:麦格劳-希尔,2008 年)。

Spear 教授的核心研究成果之一就是指导丰田人员工作的方式的原则或"使用规则"可以被有力应用在很多种情况下,从医院的运行到铝冶炼过程和集成电路制造。对于那些对 Spear 的作品感兴趣的读者,我们建议你先阅读 Steven Spear 和 H. Kent Bowen 写的"破译丰田生产系统的 DNA",《哈佛商业评论》,1999 年 9 月。

第 5 章

以学生为中心的学习体系

在图书馆,玛丽亚非常兴奋地打开了电脑,几乎没有注意到罗伯就坐在她对面的电脑前,但罗伯看到了玛丽亚。

"你没去上课?"他问道。

"我们正在注册下学期的课程,然后我就去吃午饭。"她回答道。

"那你在这儿干什么?"

"奥斯顿告诉了我一种在线获取阿拉伯语学分的方法!"玛丽亚说,然后压低了声音,很不安地意识到自己的声音大到图书馆里的很多人都能听到,这些人或许已经认为她是一个没礼貌的笨蛋。"这个在线教育系统将为我定制一个课程计划。"

"什么?那一定要花一大笔钱。"

"不,这个系统是免费的。"玛丽亚说。她现在正在开始界面上,然后选择了登录阿拉伯语课程网站,并单击进入第一个页面。

屏幕上显示:"请选择一个对话伙伴。"快速浏览了一下之后,玛丽亚意识到,这个课程的一部分,是她需要定期与一位正在尝试学习英语的、母语为阿拉伯语的人进行网络视频对话。

"这真是太棒了!"她兴奋地叫道,却又忘了压低声音。一位图书管理员向她投去充满责怪的一瞥。"这太棒了!"她压低声音说,罗伯笑了。

"怎么了?"

"我结交了一位会说阿拉伯语的外国朋友。"

"那很棒!嘿,看,我想我找到了一个能免费辅导我化学的日本人,只要我跟他讲英文。"罗伯把他的电脑转过来,让玛丽亚看清楚。"阿尔韦拉先生建议选他,这位老兄看起来真的不错。"

"你是说阿尔韦拉先生,还是那个日本人?"玛丽亚问道。

"两个都是。"

从他们身后经过的阿尔韦拉咧嘴笑了。参加州际教师会议终究还是有用的。昨晚,他花了一大段时间上网阅读国际导师提供的材料,终于找到了为罗伯量身定做的学习伙伴。他自己每天要面对120个学生,实在难以分心照顾罗伯,但这个日本留学生应该能照顾好他仅有的远程学习伙伴。

· · ·

正如我们在第 4 章中指出的,颠覆式创新迭代旧事物的过程一般分为两个阶段,我们希望教育行业正在经历这样一个过程。在第一阶段的颠覆过程中,革新者会创造出比现有产品更便宜、更易于操作的产品。但是一开始,制造这种产品是极其复杂且昂贵的。例如,当微软开始颠覆 IBM 和 Digital Equipment 在操作系统市场中的地位时,微软的产品(DOS,Windows)更加便宜和易于操作。但是这些产品的成本仍然很昂贵,制作起来也很困难。同样地,类似 Silicon Graphics 和 Sun Microsystems 这样的公司,基于工作站模式制造了早期微处理器，从而颠覆了小型计算机市场。虽然这些微处理器比早期的计算机更便宜，使用起来也更简单，但它们仍然很昂贵、难以设计，更难大规模投入制造。原因在于以 Windows 系统为代表，所有微软的产品架构是专有的，这些产品内部之间相互依赖性很高，这就意味着该产品每一部分的设计都得取决于除自身以外的其他每个部分的设计（详见我们在第 1 章中的讨论）。因此，为了设计好整个产品，你必须综合考虑整个过程，只有这样才能设计好每一个部分。

同样的道理也适用于如今的在线教育行业。虽然很多产品已经像玩电子游戏一样易于使用，但一个内容丰富且规模成形的在线教育产品的构建成本却很高，其版本升级的维护费用也很昂贵。

然而，到了颠覆的第二阶段，正如我们在第 1 章中所提到的，被颠覆的目标行业中被称为"模块化设计"的技术变革，使得产品的构建和升级变得简单且实惠。比如，计算机操作系统业务正在经历第二阶段的颠覆。Linux 是一个由"内核"组成的模块化系统，这些"内核"以定义分明的方式组合在一起。这就让应用程序开发人员易于设计和开发自定义操作系统。模块化系统也简化了计算机设计，才使得戴尔的创始人——迈克尔·戴尔（Michael Dell）可以在得克萨斯大学的他的宿舍里组装个人电脑。

我们相信在教育领域也将发生类似的颠覆式创新，而这一点将是以学生为中心的技术成为现实的关键。即便是现在，教育平台的涌现也正在让在线教育产品的开发变得更加简单。这样发展下去，学生们就可以自己制作工具来帮助他们的同学学习；家长可以自行组装符合他们的孩子需要的产品；教师也能不受地理因素或者课程形式的限制，自行设计帮助学生学习的课程，与此同时，建立自己的个人品牌，并与世界各地的学生建立联系。用第 4 章所介绍的科技替代曲线的语言来描述，公共教育领域发生颠覆的第二阶段将导致这个行业发生"翻转"，让以学生为中心的在线教学技术成为现实。

在颠覆发生的第二阶段，被我们称为"价值网络"的现有价值链几乎无一例外地被破坏。不改变系统其他部分而仅颠覆价值网络的一部分是极其困难和罕见的。正是颠覆性科技对整个价值网络的破坏，使得最终的这些模块化解决方案得以出现。在一个完全颠覆的价值网络中嵌入颠覆性产品，是获得比颠覆的第一阶段更廉价、更易于推广的新解决方案的关键。

随着第一波颠覆性浪潮的到来，最早的一些以学生为中心的教学模式的应用将在公立学校系统之外萌芽。这一阶段，采用颠覆性产品的决策是分散的。正如本章开头的小故事一样，采用颠覆性产品的决策将由校长、教师、家长、学生以及学科本身来选择，其动机往往是解决眼下的问题。这种情况下的决策是分散的，如此随意，以至于不需要按照学校董事会和教师工会等权威机构的规则进行郑重的审批，甚至会无视这些机构的反对继续进行。

为了理解以学生为中心的教学技术如何才能在 K-12 系统之外扎根，然后反向渗透它，我们首先需要详细说明什么是价值网络，以及为什么在颠覆出现并获得成功时，几乎总是会出现一个新的价值网络来取代旧有的价值网络。我们还概括出三种基本的业务模型。在这些分析工具的放大镜下，我们可以科学地观察公共教育的价值网络，并理解为什么集成软件商可以在颠覆的第一阶段取得成功，以及我们需要进行重大改革的其他方向有哪些。这样，我们才可能实现建立以学生为中心的教学方式系统的期许。下面，我们来了解这三种基本的业务模型，以便为我们了解未来以学生为中心的教学技术场景提供线索。

❖ 颠覆价值网络

价值网络是企业建立其成本结构和运营流程、与供应商和渠道合作伙伴合作、共同对客户的需求进行回应以获利的生态环境。之所以说为了让颠覆式创新发生，整个价值网络必须被替换，是因为价值网络的每个链条的参与者的商业模式、经济激励方式，以及创新的节奏和技术范式都是相辅相成的，总是保持着相对一致性。具有颠覆性经济模式的公司，根本无法与旧的价值网络相兼容。[1] 这意味着，生产教育内容，决定采用何种内容，以及向学生提供内容的整个系统将不得不改变。

这里，让我们举一个很简单的例子来说明。正如我们在第3章所讨论的，晶体管对于真空管而言是颠覆的，但是恰恰因为晶体管无法处理太大的电流，因此不能用于制造大型产品，如当时领先的电子消费品公司 RCA 和 Zenith 生产的落地电视、台式收音机都不在它的应用范围。这些公司仍然使用真空管技术生产主流产品，并通过电器零售商进行销售。电器商家的大部分收入不是靠卖电视和收音机产品，而是靠修理他们出售的产品中烧坏的真空管所获得（我们的读者中一些白发苍苍的人也许还记得，那个时代的电视和收音机，只要烧坏了一根真空管，就会以令人抓狂的频率失灵）。

1955年，索尼公司发明了世界上第一台微型晶体管收音机，四年后又发明了便携式电视。当时，该公司也试图通过电器商店销售这些产品。但是家电商店不可能给索尼公司机会，这是为什么？因为索尼的固态电子产品里面没有会烧坏的真空管（也就没有维修业务）。然而，对索尼来说幸运的是，像凯马特、沃尔玛和塔吉特这样的大型折扣零售商当时正在兴起，这些公司本身不适合销售基于真空管的产品，因为它们无法提供售后服务。索尼与这些公司可谓是天作之合：不需要任何服务的产品，通过不提供服务的渠道销售。到 20 世纪 60 年代中期，固态电子技术已经发展到可以满足大型电视的功率需求。在随后的产业大转型浪潮中，不仅索尼和松下颠覆了 RCA 和 Zenith，而且整个小型固态电子元件供应商颠覆了大功率元件制造商，折扣零售连锁店颠覆了家电商店。一个价值网络彻底颠覆并取代了另一个价值网络。

三种商业模式类型

要理解开发、生产和销售教育内容的价值网络如何可能被下一个系统颠覆，我们必须首先理解当前公立教育产业的价值网络所涉及的商业模式。奥斯坦·菲耶尔斯塔德和查尔斯·斯塔贝尔教授已经开发出一种具备三个通用类型商业模式的框架。我们将这三种商业模式称为：解决方案商店模式、增值服务模式和辅助网络模式。[2] 颠覆可能发生于任何一个商业模式之中。然而，当颠覆式创新使得解决方案商店模式让位给增值服务模式，服务模式让位给便利的辅助网络模式时，这对行业的影响是翻天覆地的。

解决方案商店模式下，公司雇用的是经验丰富、训练有素的专家，这些专家的工作是诊断问题并推荐解决方案。高端咨询、法律、广告公司，研发机构，专科医生在医院的诊断，都是这种商业模式的例子：他们诊断问题并推荐解决方案。这些公司为客户提供价值的能力，很大程度上取决于在这些公司工作的人的素质；标准化流程在解决方案商店模式中并不常见。通常，特殊教育属于教育领域的解决方案商店模式：每个学生所面临的挑战都得到了诊断，并被有针对性地解决。

制造、零售和食品服务公司是第二种商业模式的例子，我们称之为增值服务模式。采用增值服务模式的公司把生产材料投入它们的生产场所，然后通过各种步骤增加价值，最后向客户交付价值更高的产品。与解决方案商店模式不同，增值服务模式产生价值的能力已经被嵌入一个强大的、标准化的流程。它的功能不像解决方案商店模式那样依赖人为操作。教科书的生产和发行就属于增值服务模式的业务。目前，大多数学院也像增值服务模式公司一样运作。学生们在每个学年开始的时候被赶进一间教室，经过一年时间，他们自身的价值得到了提升，然后在学年结束的时候跟着流水线进入下一年级。

第三种商业模式是辅助网络模式，它着重于促进网络、客户之间的交流。无线通信是一个便利的网络模式的例子，人们相互之间发送信息。保险业也算一个，我们向保险公司投保，资金进入同一个保险金池中，然后保险公司用它来支付保险费用。银行也是一种便利的网络业务。这些辅助价值网络的业务本身通常不是买卖双方的主要利润来源。相反，网络只是一个辅助的基础设施，帮助买卖双方从其他业务中赚钱。而主要靠在便利的网络中赚钱的公司，就是那些促成网络发展的辅助价值网络公司。

公共教育的价值网络

当前公共教育的价值网络很大程度上是一种增值流程服务商业务。

这就决定了哪些类型的教学方式可以被引入到当前的系统中,而哪些会显得格格不入。我们总结了公共教育价值网络中的各类玩家——公司和委员会,并列示在图 5-1 中,包括能够决定学校教什么和如何教的所有利益相关方所涉及的所有活动。首先,各学科专家编写教材,设计其他教学工具,然后编纂教学的概念和教学方法。其次,由各州和地方学区的课程专家决定采用哪种教材。最后,教师通常会以集体的方式将内容传递给学生(但有时也存在例外),再评估学生掌握所教内容的程度。在这个流程中,教师培训贯穿其中,并强化了所有步骤,保证这个流程像设计的那样运行。

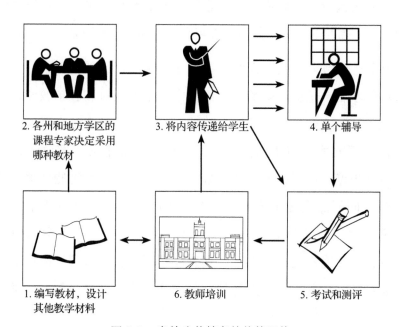

图 5-1　当前公共教育的价值网络

在图 5-1 中,连接不同活动的单箭头表示这些活动的经济因素必然激励活动参与者走向大规模量产化,双箭头则表示该连接点的技术和经济模型更适用于小规模产品。下面，我们将重点讨论各个阶段主要接口的技术和经济模型是如何相互作用，以及这些力量是如何限制当前 K-12 系统中可能出现的颠覆性产品的。我们还会讨论这些相互依赖的力量在历史上是如何强化公共教育的千篇一律特征的。

第一步　教材和其他教学资料的制作和发放

价值网络的第一环是教材的创造。这通常开始于一个或几个专业教师撰写教材。然后，其他经验丰富的教师和素材专家编辑并审查文本。教材的体系结构通常反映该领域的公认的知识体系结构。教材会定义引入关键概念的顺序，以及它们之间的逻辑关系。教材通常配有教学工具、推荐的考试和其他各种丰富学习体验的材料。

但是，正因为这些专家源自我们在第 1 章讨论的"天派"——高智人群的学者，这就意味着学校课程中使用的教材和教辅教参，都是由主流承认的"好学生"开发和教授的，而这些专家定义了这个学科正确的教授方式，顺便也根据自己的思维方式定义了解决该领域问题的最佳思路。也就是说，通过编纂教材、教学资料这些理解和解决某一学科问题的主要工具，这些专家大脑回路的思维方式主导了这个学科的"正确的"教学方式。那么，物理老师、经济学老师和数学老师往往具有高度的逻辑和数学智能，而这些领域编写教材的专家们更是如此。这些人利用这种特定的智能类型来构建和解释该学科的问题。

教材行业是一种规模密集型的增值服务业务，无论卖出 1000 万册还是 100 万册，写作、编辑和印刷装订一本书的成本大致相同[3]。这种特性强化了这些知识分子小团体，也同时排斥了和他们不一样的、在智能的其他维度更强的人。制药、商用飞机制造业也是规模密集型行业，固定成本高，越是大公司，越可以将这些固定成本分摊到更高的单位产量上，降低成本。因此，大公司的单位成本明显低于小公司。规模经济效应明显的产业往往高度集中，就是这个道理。在大型商用飞机领域，曾经显赫一时的大约20家公司中，除了波音（Boeing）和空客（Airbus）两家以外，其他所有公司都已通过破产或合并进入更大的公司，退出了这场竞争。教材行业也呈现出同样的模式特征：小公司之间大量的合并或者被大公司收购就是证明。这些行业中的公司都在寻求成为垄断爆品。对于教材出版商来说，单一畅销图书的市场的吸引力，不亚于爆品"善胃得"（Zantac，美国最大品牌的胃药）和"立普妥"（Lipitor，一种流行的降血脂药）对制药公司的吸引力。

教材出版商之间几乎没有分歧，因为每个学生的学习方式不同，他们应该有不同的学习选择和不同的教材。因为如果它们真的想为每一种智能类型的学生开发不同的教材，那每本书的销量及盈利能力都会大幅度下降。这将灾难性地颠覆这些公司的商业模式。所以，这个价值巨大的行业的大部分人力、才智和财力都集中在为更广大的学生群体创作更单一、更商业化的畅销教材上。有的教材出版商可能会尝试加入一些个性化元素，来吸引不同类型的学生，但是教材出版业的本质是不变的。给教材再添加素材会增加它的厚度、重量和复杂性。让那么多的学生每天背着装满厚厚课本的书包回家，而每本书里面有几百页他们不需要看的内容，这件事情是不合常理的。

第二步　营销和分销渠道

现有价值网络的第二个环节是教材的销售和发行，这一步在促进教材一致化方面比开发教学资料更重要，它保证整个系统固化、统一，非常适合大规模分销的产品。这样说是因为一个学区、一个州采用什么教材，总是由学区层面的课程专家和州级课程专家做出决定。例如，如果一位教材作者及其出版商能够让得克萨斯州立教育委员会（Texas's State Board of Education）选择它们的书，然后其他三四个人口众多的州或地区的委员会也选用了这本书，那么这位作者和他的出版商的财务绩效就得到了保障。一旦一些较大州的委员会做出了决定采用某套教材，那么其他学区和州往往也会跟风地做出同样的决定，而不再走他们自有的评估流程。

为什么许多工程师在拼写方面差得出奇？为什么那么多热爱文学的学生要痛苦地努力掌握数学呢？为什么在一场又一场的比赛中，那些身体动觉智能达到天才水平的运动员，在教室里却被贴上"笨蛋肌肉男"的标签？教材的编纂和采用过程是一个很关键的原因。试想，在地区和州政府级别，做出教材选用决策的委员会成员通常由该领域最受尊重的专家组成，他们是各自知识派系的"领头羊"。无论有意识还是下意识，这些成员都倾向于选择最适合向各领域的精英学生传授知识的教材和教学资料。

委员会成员对选用教材的决策进行了集权，这能够有效地控制成本和质量：有了整个地区或州级的巨大体量撑腰，委员会的采购负责人可以和任何供应商谈出更好的价格，成本优势显而易见。而在判断质量时，定义什么是"最好的"教材是一个充满复杂性的挑战，因为这不仅仅是契合学习方法的问题。标准化考试的压力时刻存在，预算资金和选择者的声誉取决于学生在定期进行的标准化考试中的表现，以致那些不能明确地帮助学生在这些标准化考试中进步的文本根本无法采用。委员会很明白,不存在万能的教材,因为不同的学生,其学习方式不同,但是,他们需要为所有学生选择一种统一的教材,因此最好的解决方案就是尽可能选择适合大多数人的课本。同理,采用某种教材的决策做出以后,对应课程的教学方式也需要标准化。

可想而知,即使作者和出版商开发出一种更加适合某一学生群体需求的教材,而该群体属于特定的、非主流的智能类型,那么在主流教学体系中也几乎不可能销售该教材。因为不符合该领域大多数人智能的标准,单独生产和销售这些教材又只会提高整体成本,违背了规模经济和"一刀切"的考试指挥棒的要求,所以这套新教材不可能被决策委员会通过。正如我们所试图向读者说明的一样,以学生为中心的教学产品要找到对口客户,就需要一个新的价值网络:一个便利的辅助网络,而非增值服务。

后续的步骤

如图 5-1 所示,教学服务价值网络的其余四个步骤:对学生进行整体指导,并尽可能提供个性化的帮助,然后进行整体测试来评价能够理解教授内容的学生的数量,第六步为对新教师进行培训,主要在世界各地的大学开展。而以上 1~5 步主要在公立学校每日上演。教师培训的主要目的在于让教师在这个千篇一律的系统中成为稳固可靠的螺丝钉。例如,如何在讲授化学中的共价键时吸引全班学生的注意力。

请注意,这个流程中的所有内容(除了在步骤 4 教师提供少量个性化帮助以外)都被设计成标准化的,教师需要一视同仁地对待所有学生。

集成软件解决方案如何适应现有价值网络

大多数工作于我们第 4 章中所讨论的在线教育产品开发第一线的市场参与者，都试图在图 5-1 所示的系统内部进行商业化并从中获利。其中的原因非常合理：和教材出版发行一样，复杂软件的开发和销售的价值网络，也呈现增值流程服务的特征。因为软件开发阶段产生了高昂的固定成本，软件行业也是规模密集型的（规模经济特别明显，因为软件在复制和分发方面几乎不产生成本）。与教材相比，集成软件更容易整合不同类型的学习者，以便这些学习者理解不同类型的教学方法。这增加了软件的大小和复杂程度，但每个学生不必直接面对这种复杂性。程序员可以在程序中创建多种路径供学生选择；每个学生只需按照他们自己的进度学习，而无须了解与他们个人学习无关的整个软件。

上面说的是好消息。那让我们来说说坏消息：这项技术非常昂贵，而且有很高的门槛。学校收到的划拨经费，乃至管理层的声誉，都取决于学生在标准化考试中的表现。尽管在线教育工具可以构建实时评估功能，这一功能也不太可能在短期内取代作为现有系统基石的大一统式的标准化考试。因此，任何软件必须进行必要的调整，以服务于这些测试；否则，各学区就不会采用它。此外，各地区、州和联邦的政策还需要进一步的辩论、授权和完善，才能明确计算机技术在教学领域能做什么、不能做什么，以及必须做什么。这些政策都会不可避免地将软件教学的巨大潜能限制在各学科的传统主流教学方式以内。举个例子，你还记得在第 1 章中那个希望在化学的场景中教授代数的老师吗？在当前的价值网络里，这样的创新将很难、很难实现。

在我们关于颠覆式创新的研究中，支持本章论点的证据可谓汗牛充栋：当颠覆式的创新者将非消费者作为其新技术、新产品应用的目标市场时，成功的机会很大。但是，如果把这些应用放在一个既有的价值网络中，而该网络从供应商到用户的每一环，他们对产品质量、盈利能力的定义和评价方式等，都是基于现有的产品和市场演化而来的，早就已经基本定型了。那么，除非符合所有现有用户的需求和期望，否则颠覆性产品很难存活。这样的价值网络会限制创新，并且使得颠覆性产品立足和发展的代价都变得非常昂贵。正是由于这些原因，当我们要将颠覆性的新技术推向市场的时候，不仅要设计出颠覆性的商业模式，还需要采用一种新的、颠覆性的价值网络（颠覆性的供应商和分销商），使得价值网络的规模经济和成功商业模式与我们想要的颠覆式创新相匹配，才能让颠覆式创新真正得以实现。现在，我们来仔细看看，这个颠覆的第二阶段，以及它所需要的生态环境，应该是什么样子。

❖ 通过颠覆式创新实现以学生为中心的教学体系

我们在颠覆教学系统的第一阶段说过，我们希望的教学软件一开始很可能不可避免会复杂且昂贵。究其原因，可能是它将不得不通过现有的价值网络分发而吃亏；也可能是因为宣传、推广和销售这种新的教学软件费时费力……就跟互联网世界里不成熟的 Web 2.0 软件刚刚被推出的时候一样。然而，在接下来的几年里，有两个在颠覆的第一阶段没有出现过的因素，对第二阶段来说却至关重要，这些因素正按照我们的预期浮现。第一个因素是帮助用户自己生成、创作、共享内容的互联网平台工具；第二个是一个类似于 eBay、YouTube 和 dLife（针对糖尿病患者及其家人）等其他行业的辅助网络的出现。软件平台的工具将使得开发在线教育产品变得前所未有地简单，让学生能够构建帮助其他学生的产品，家长能够组装工具用于自家孩子的教育，教师能够轻易地创造新的教学工具，来帮助不同类型的学习者。这些教学工具看起来更像教程而非课件。但是，这些工具不会经统一的流程盲目地强推给学生使用，而是通过教师、家长和学生的自我诊断来选定。辅助网络而非增值服务，才是最适合颠覆性教学方式的价值网络。这样，家长、教师和学生可以与其他的家长、教师和学生共享这些教学工具。

在图 5-2 中，我们将这些颠覆阶段描述为一连串互相交替的竞争象限，每一个象限都代表一个价值网络。而最后端的象限代表了当前公立学校以及大多数私立学校和特许混办学校所使用的价值网络体系。如前所述，这些学校使用大一统的教材。教科书的研发、出版、学区是否采用、教学系统和评估方式都是统一的，因为定制的成本高得令人望而却步。

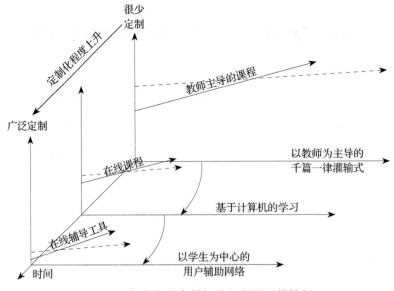

图 5-2　教育内容交付的分段颠覆及其特征

竞争象限的中部代表了颠覆性教学模式的第一阶段，我们称之为基于计算机的学习，或在线教育，这种方式在"非消费"没有竞争的市场中站稳了脚跟。就像玛丽亚想学阿拉伯语的例子那样，由于学校无法提供所有学生想要或需要上的课程，在线课程就成了没得挑的选择。现在，这种教学方式的创新，多亏现有教师主导的学习模式的经济模型限制（出于经济效率原因，学校不可能提供所有学生想要或需要的所有课程）已经开始在公立学校不愿意开课的领域站稳脚跟。这一阶段的课程和前一个竞争象限的课程差不多，因为它们往往是由某一学科领域中，在主导智力方面占有优势的精英（所以他们成了这一领域的专家、教授）所设计和教学的。这两个阶段的教学用的都是完整的课程，并由使用流程增值服务商业模式的公司制作和销售。[4]

图 5-2 中第一阶段的竞争象限也展示了颠覆的第二阶段。接下来我们来讨论这一由用户自主开发和共享的在线辅导工具，因为它们将成为这一阶段的主流教学产品，并将通过一个辅助网络（而不是增值服务）被分发给学生、教师和家长。这些产品是模块化的，定制起来会很容易，甚至在某种程度上类似于模块化编程：Linux 系统环境下的软件开发人员可以通过插入不同内核，构建自己定制的操作系统。类似地，用户可以选择这些教程模块，然后像插入"内核"一样，依据不同类型学习者的学习进度和需要，为自己量身定制课程。

最终，人们将把这些课程模块组合成完整的课程，这是真正以学生为中心、可以配合千万种不同类型学习者进行自定义配置的教学方式。

技术平台

能使非专业编程人员可以针对特定目的构建复杂软件（应用程序）

的技术平台，在软件市场中越来越常见。Intuit Inc. 的 QuickBase 就是其中一个。QuickBase 是一个在线软件平台，任何人都可以通过这个平台开发自己的系统来管理小企业的资源。比如，想象一下你正在为你所在的州组织一年一度的女童子军饼干义卖活动。你需要记录几千个女童子军提交的不同类型饼干的订单；你得分别记录寄了钱的人与没寄钱的人、把订单加总起来发给总部；你需要确保成千上万的饼干盒准确无误地送到当地女童子军领袖手里，这些小领袖又能准确地把饼干盒送到每个女童子军的家里，然后确保女孩们确实给顾客送去了选定的饼干；你还要催先前没有付款的顾客付钱，确保所有的组织者都能收到感谢信，以感谢他们付出的努力；还有，对那些达到一定销售额标准的女孩子给予特别的奖励。顺便说一句，你不是程序员，对编程一头雾水，还有自己的家庭要养活。这是一个非常棘手的问题，而且你不能简单地从 SAP 这样"高大上"的系统集成供应商那里买一个现成的企业资源规划软件包——这太不值得了。但是，有了 QuickBase，你只需上网根据自己的需求定制一个软件就可以了。

与 QuickBase 性质类似的软件平台能让非专业人员创建软件，帮助不同类型的学习者掌握比较困难的任务。乍看起来，这是一些不起眼的初级产品；但是，这些产品是由那些能够最直接地接触学生在学习过程中遇到的问题的人设计的。这些产品可能来自一位具备数学天赋的父亲，他明白为何他女儿拼写能力如此之差而且不喜欢拼写，然后他设计了一种方法来适应他那思路和他人不一样的女儿学习拼写的习惯；也可能来自一个刚刚弄懂了线性代数的高中二年级学生，但是他却能把弄懂的概念有效地传授给身边的朋友们；又或者来自一位历史老师，出于强烈的求生欲，他居然最终发明了一种方法，让学生听他的西班牙宗教裁判所的历史课听得兴致盎然。

这些产品听起来更像是私人教师所用的教辅工具，而非大众化教学方法，但重点正在于此。我们希望每个学生都能请得起私人教师，这些私人教师有能力用适合每个学生的方式教授他们不同的课程。但迄今为止，这样做的代价太昂贵了，因此我们不得不满足于使用统一的教材。在颠覆式创新的第二阶段，这些新工具的出现扰乱了整个辅导行业。通过这些科技工具，每个学生都可以拥有一个虚拟导师。随着时间的流逝，学生、家长和教师用来帮助学生解决个别课程中的个别学习问题的模块将越来越多，最终被组合成完整的定制课程，这便是模块化的终极目标。

我们不认为以上只是无端臆想，支持自适应简易编程的软件并不止 QuickBase 一家。以前迪士尼的艺术家创造的动画电影无与伦比，没有任何其他竞争者敢奢望和它同台竞争。但是，数字动画技术的发展，使得后来居上的皮克斯创造出更好的电影，甚至倒逼迪士尼必须收购皮克斯才能继续在这场竞争中保持优势。现在，动画技术已经变得如此简便，很多人可以简单地自己制作动画。上 YouTube 看看，你就会发现，Second Life，一个非常受欢迎的网络游戏，就是"完全由居民想象和创造"的在线三维世界。[5]

辅助网络商业模式引发的颠覆

最初，创建我们前面所描述的这些辅导工具的动机是有局限的，即仅供家人、朋友或某个教师自己的学生使用。如果以历史为鉴的话，这些产品中最好的那些工具,将通过交换和共享迅速普及开来。用户生成的内容可以免费或付费提供给其他人。举例来说,著名的 SaaS 软件服务公司 Salesforce.com 的网站上就有一个"AppExchange"功能。在这个页面下,使用 QuickBase 或类似平台开发了新程序的人可以发布他们开发的应用程序供他人使用,其他用户也可以加入并找到能满足他们的需求的应用程序。

虽然处于起步阶段,但由用户生成的社交学习库这种辅助网络正在兴起,全世界的参与者可以通过这些网络相互指导学习[6]。这些网络可以激发和利用存在于网络空间的庞大智囊团的创新能力,而这在当今的增值服务流程为主导的商业模式中是不可能发生的。增值服务流程模式主导着传统教材的产生、销售,以及教材在整体教学中的使用方式。随着这些网络逐渐为人所知,用于构建这些产品的平台工具也越来越易于使用,搞明白了怎么教逻辑性很强的人拼写的一小撮用户可以共同开发一个工具,然后尝试着到应用程序的交易场所发布自己写的教学工具。随着使用者越来越多,用户会对这些工具进行评分,就像他们对亚马逊(Amazon.com)上的书籍和奈飞(Netflix)上的电影进行评分一模一样。这样,其他人就可以轻松地找到并下载最适合他们的学习工具。

教育工作者可以从医疗行业中得到一个启示:只要有了足够强大的工具,人们其实可以进行自我诊断。甚至,他们常常能更全面、更细致地察觉自己的症状,远比他们口述给医生的症状要精确。这就是制药公司为何愿意在直接面向患者(而不是医生)的疾病广告方面投入巨大资金的原因。因为通常来说,如果病人不知道其实这是病症,而且有治疗措施,那么他们只能忍受疾病和不适。而制药公司的这些狂轰滥炸的广告，不仅给出了某种病症的解决方案，也顺便告诉了患者病症所在。过去，药物是通过专业人士即医生来推销的。只要医生开了这个药，病人通常会乖乖地接受治疗。慢慢地，越来越多的患者在自己做出初步诊断后，开始从医生那里索取解决方案。

教育行业的情况也是这样。本来，家长和学生不知道学习困难是有补救方法的，所以他们通常会认为成绩差及由此带来的自卑，都是因为孩子笨。但是，我们所看到的辅助网络可以帮助学生及其家人进行自我诊断：为何掌握某一门学科如此困难？然后找到适合自己的解决方案。就像在医疗领域一样，学生及其家人不再等待教学上的专业人士开出"治疗"处方，而是会从辅助网络中自己找到适合自己的解决方法。

用户创建内容的优点

我们之前提到过，学生可以通过在软件开发平台上开发工具，并将其嵌入辅助网络来教授其他学生。那么，让专业人士来教，学生来学，不是更好吗？这可不一定。因为亲身教授别人往往比听教师讲的效果要好得多，学到的也更多。

举个例子：我有一个叫丹的朋友，在美国西部的一所大专院校学习会计。虽然付出了大量不懈的努力，但他仍只是以很一般的成绩毕业，然后被附近一所大学有条件地录取。在那里，他计划完成获得会计学学士学位所需的最后两年的高级课程。那时候，丹23岁，已婚，学习非常努力。但是，大学的第一学期结束后，丹的GPA仍然只有1.5。他的导师把他叫到办公室，问："你父亲是做什么工作的？"

丹回答："他是一个牧场主。"

"我想你应该回家和你父亲一起工作。"导师说,"你不适合上大学,我见过很多和你一样的学生。做你擅长的事情,你会更快乐。"

但是,丹回答说他不笨,以后想从事商业。"你看着我!"他反驳导师说,"我就是要学好,我就是要从这里毕业!"

从此,丹加倍地努力。通过每周做80小时会计作业,他顺利毕业,甚至进入了这所大学的会计学硕士项目。这一次也是有条件的,但是丹凭借非凡的努力和毅力获得了硕士学位。

丹毕业几周后,他曾就读的专科学校的一位会计教师突然病倒了。专科学校的管理层找遍了整个社区,也没找到其他有资格来讲授这一课程的老师。这时候,一位教师提起说有人告诉过他,丹刚好获得了会计学的硕士学位。"也许丹会愿意回家并来我们这里教书呢?至少扛一年,直到我们找到合适的人。"他提议说。

在没有别的选择的情况下,教员们一致同意了这个提议。丹也接受了这份工作。

丹和我们分享了一个小故事:"当我开始教会计学时,突然间,我懂了!我在学生时期仅凭蛮力和勇气熬过了许多难关,死记硬背所有的会计规则,但其实一直不明白为什么要做这些事情。如今,当我备课、准备教授这些内容的时候,我全明白了!"

其实我们可以理解和解释丹的体验。他的大脑为一种不符合会计教学标准的学习方式所束缚。当丹的许多同学能自然而然地理解规则和成因时,丹却在苦苦挣扎,因为他的思维运转方式与别人不同。但是,当他必须教授曾学过的内容时,他唯一能做的,就是按照与他的智能类型相一致的方式解释会计规则。当丹必须教授这些知识时，他也终于学明白了。

大多数人有过和丹一样的经历：当我们亲身教授知识时，比被动地坐在教室里听别人给我们讲课的时候，学得更好。这就是为何在技术上能让学生自己创建颠覆式创新第二阶段的内容的话，对以学生为中心的教学效果将大有助益。

❖ 受管制的颠覆性市场：从其他行业汲取的教训

无数教育改革家和慈善家因为看到了过多的阻碍现有体制变革的因素，而绝望地转为放弃努力，仅以抨击时弊度日。对许多人来说，美国的教育改革看似不可企及：妄想改变教科书的采用决策流程，质疑标准化考试，反对教师工会的强大力量。而这才是阻碍教育改革的种种因素中的三个而已。然而，颠覆性的变革确实已经席卷了许多其他受到严格监管和工会化的行业。它们是如何做到颠覆强大的现有势力的呢？在任何这些行业里，正面挑战构成现状的规章制度和价值网络的尝试一直存在，但从未成功过。相反，颠覆总是在监管机构无法触及的一个完全独立的价值网络中蓬勃发展起来的。一旦新的价值网络被证明是可行的、更加好用的，且大部分客户已经被吸引而转移到不受监管的系统中去，这个行业的监管机构才会进行回击。在颠覆性革命发生之前，很少有监管规则能够根据刚刚发生的创新进行修订。

例如，20世纪70年代初，美国西南航空公司（Southwest Airlines）

向美国联邦民用航空局（Federal Civil Aeronautics Board）申请对长途州际航线提供折扣，这一尝试并没有打破当时主流的航空工业巨头之间的平衡，所以比较顺利地通过了。用同样的思路，西南航空公司后来得以开始在联邦监管机构缺乏管辖权的得克萨斯州境内进行短途飞行。20世纪70年代末，在企业开始经营自己的卡车车队之后，因为企业车队不属于州际商务委员会（Interstate Commerce Commission）的管辖范围，不必应付监管，这使得企业车队更具竞争优势，而原有的州际卡车因为运输的费用和路线结构，在旧商业模式的重压下无法面对新的竞争对手而崩溃了。当不受美联储监管的美林公司（因为它当时并不算一家银行）引入了计息现金管理账户以后，针对银行利率而存在的监管法规便失效了。我们可以举出几十个类似的例子。在以上每一个例子中，有强大的现有价值网络的护城河包围、受到监管高墙保护的现有竞争对手所主导的老市场，最终无一例外地让位于新的价值网络，以及通过规避与监管正面冲突而形成高效、安全的新市场。在颠覆性商战里，正面攻击几乎从来不起作用。

在公共教育领域，教师工会所拥有的影响力，以及政党对教材和教学软件采用决策的影响力如此之大，以至于许多想要成为学校改革者的人已经放弃了进行重大变革的希望。然而，我们认为，当颠覆性的创新者开始创建新的辅助价值网络，使得专业人士和业余爱好者，包括学生、家长和教师在内的人，可以绕过现有的价值链直接向彼此推销产品时，教育领域的力量平衡将发生改变。政府官员、工会和学校董事会将不得不接受现实，即越来越多的学生不可阻挡地会使用更高级、更定制化的学习工具。

这也为那些希望对教育投资产生影响的风险投资家、基金会和慈善机构指明了方向。由于开发并大规模推广教育软件的成本高昂，大部分公司都避开了教育软件开发这个方向。如果我们的理论和推演是正确的，那么未来向两种方向的投资会产生巨大影响。第一是平台型企业，即开发一个非专业人士都可以使用的技术平台，让普通人得以通过这个平台创建以学生为中心的学习工具；第二是建立一个辅助价值网络。我们预计有成千上万的教师、学生和其他个人，会乐于使用他们在这些价值网络中淘到的、以学生为中心的工具，并也把自己开发的产品投入网络供其他教师使用[7]。教师们的参与将为这些便利的辅助价值网络的成长提供强有力的支援，从而削弱教师工会对过渡到以学生为中心的学习方式的革命浪潮的抵死反对。

通过引入便利的辅助价值网络，代替传统的价值增值系统，从而引入以学生为中心的学习体系，正是我们通过与"非消费"竞争从而树立初始市场的理论的优秀实践。有了我们上文所说的技术平台，以前没有能力独立开发或销售这些学习工具的教师、家长和学生，现在分分钟就可以成为产品经理，发挥自己的产品设计潜能。我们并不期望由用户生成的基于计算机的教学工具一下子就能击败教材，但是，只要它们开始可以被作为独立的教程工具使用，颠覆性产品存活的初始条件就满足了。在未来的几年里，大多数教师和学生仍将使用传统教材，但是渐渐地，教材将让位于基于计算机的在线课程；由用户生成的以学生为中心的学习工具将越来越多。当用户和教师开始共同生产出足够的工具模块，可以为每种类型的学生设计完整的课程时，颠覆式创新的第二阶段，即以学生为中心的阶段，将成为主流。

政府官员、学校委员会和教师工会将在某种程度上认识到，即使没有明确的政策指引，以学生为中心的学习体系也势必成为主流。我们在第4章中对于科技替代曲线的分析表明，上文所预见的反转将在从本书原书最初出版之日起的六年内——2014年左右发生。届时，在线课程将在高中的市场份额中占到25%。以学生为中心的学习体系，离我们并不遥远。

注释

1. 克莱顿·M.克里斯坦森，《创新者的窘境》（波士顿：哈佛大学出版社，1997，第29～59页）。
2. 感谢我们的朋友——挪威管理学院菲耶尔斯塔德教授传授给我们这种类型的商业模式，这在教育之外的许多领域都非常有用，其中包括健康护理领域。菲耶尔斯塔德教授给这些模式起了不同的名字：价值商店、价值链和价值网络。从1995年克莱顿·克里斯坦森首次发表的关于颠覆的研究开始，他在应用价值网络这个术语的过程中创造了一种截然不同的方式：供应商和客户的垂直商业系统，这种经济模型相互交织、相互协调。为了避免与那些研究过克里斯坦森早期研究成果的人产生混淆，我们决定在本书中重新标注菲耶尔斯塔德教授的概念。我们向有兴趣的读者强烈推荐他的作品。例如，菲耶尔斯塔德与埃斯彭·安德森，"铸造了这样一条链：价值和价值网络购物"，《欧洲商业论坛》，2003年6月。
3. 当然，不同的书有不同的版本，但如果我们假设书的质量是一个不变的常数，这基本上是正确的。
4. 在一个行业中出现两个阶段的颠覆是很常见的，这与我们期望在教育领域看到的模式有着惊人的相似之处。例如，在计算机领域，摧毁小型计算机制造商的浪潮是由像硅谷图形公司（Silicon Graphics）、太阳微系统公司（Sun Microsystems）和阿波罗（Apollo）［后被惠普（Hewlett-Packard）收购］这样的工作站公司所组成，工作站计算机具有专门的体系结构，因此不容易进行定制，而且非常昂贵，通常要花费7.5万～10万美元。戴尔是第二波颠覆浪潮的典型代表，该公司的产品架构是完美的模块化，定制起来很容易，每台电脑售价不到 1000 美元。

5. 引自 SecondLife.com 主页，2008 年 3 月 7 日。
6. 自从本书编写以来，我们尝试引入与我们在本章中描述的平台类似的创新产品的公司数量已经有了很大的增长。一些初创公司做出以引入下一代学习管理系统（LMS）为目的的努力，其产品类似于我们在本章中的描述。Agilix 的 BrainHoney 是在这一领域的领导。预先设立了所有相关目标和标准后，用户可以点击一个标准模块并查看如何通过不同途径的不同内容模块的组合——上述模块存在于在专有的或开源的在线课程中——完成符合标准的学习。Renzulli Learning 是另一个具有相似之处的便利学习网络。

其他公司则试图建立本章中所建议的以学生为中心的便利学习网络。"包教包会"（Guaranteach）就是一个这样的例子。由 Innosight Ventures 和克莱顿·克里斯坦森共同创立，"包教包会"允许教师在线创建视频课程，以多种方式教授数学概念。随着时间的流逝，Guaranteach 背后的数据引擎"学习"了每个学生的学习偏好，并且根据这些偏好量身定制 90 秒的视频，以不同的方式解释数学概念。学生也有很大的自主权，可以反复看视频，直到他们理解为止，视频网址如下：http://www.guaranteach.com/welcome/about。

7. 另一个便利学习网络 Knewton，一开始就瞄准了应试市场：一个充斥着非学校消费的市场，提供的产品比传统参与者提供的考试应试内容要便宜得多。在撰写本文时，它正准备进军 K-12 市场，Knewton 的建立是为了在 Metalevel 的任意地方标记内容，然后跟踪学生的反应和学习，从而创建一个实时的个性化学习引擎。一个是沉浸式教育平台，允许用户创建类似于 Second Life 的虚拟现实环境，但专门用于学习。相对而言，像这样的创作工具似乎比较少。另一个是 Mangahigh，允许教师创建数学游戏，还有一个是 Bloomfire。

另一种辅助网络的做法是由公司创建平台，教师可以在网上建立直接接触学生，学生可以在不同的老师中进行挑选，找到最适合自己的。美国的许多公司试图复制这种模式，但迄今为止收效甚微，有一家类似 Presence Telecare 这样的初创公司，在为偏远学区提供语言病理学讲师和服务。在瞄准这一市场的过程中，这两位创始人发现了一个非消费领域：许多学校负担不起全职语言病理学家的费用，也不在学区附近提供这一服务，因此，不管是学区还是学生，都很高兴有电视直播的存在，能让他们花更少的钱买到真正需要的东西。

8. 即使他们的作品得不到版税，这种情况也会发生。作为证据，现在出现了许多由教师们制作以便互相使用教学计划的网站,这些网站并非为了盈利,其主要动机在于帮助更多的孩子更有效地学习。其中一个方便教师使用的网站是 Curriki,它是 Sun Microsystems 启动的在线项目 Global Education and Learning Community 的成果。还有 BetterLesson 和 The School Collctive。Winnie Hu,"网上销售课程带来的支付及其他问题",《纽约时报》,2009 年 11 月 14 日。

第 6 章

早教对学生健康成长的影响

斯蒂芬妮·奥斯顿坐在自己的办公室里，仍然为自己终于给玛丽亚找到了阿拉伯语课而激动不已。她站起来，关上门，脱掉高跟鞋，把穿着尼龙袜的脚抬起来，享受地跷一会儿二郎腿。

神圣的玛丽亚·所罗门啊，要是所有的学生都能像玛丽亚那样就好了。

只过了一会儿，奥斯顿放下脚，向前倾过身来，坐回原位，然后起身打开一个文件柜。玛丽亚的问题解决了，但并非每个学生的问题都这么容易解决。奥斯顿拿出一个文件夹，里面是新生萨姆·施皮茨（Sam Spitz）的档案。人和人的差距也太大了吧！萨姆是一个有阅读困难症的学生。任凭奥斯顿使出了浑身解数来帮助他，却总是收效甚微。萨姆不管是三年级、五年级还是七年级，考试成绩就一个字——差。但这并不是因为他不够努力。正相反，萨姆学习很努力，他在上学期间接受了很多额外的补习和辅导。但是，看上去，他的学习困难症似乎早就有了，几乎没什么能使之改变。

萨姆的童年时期发生了什么？那么多年前开始的、导致今天萨姆阅读困难的谜题中，缺失的那一块是什么呢？奥斯顿再次伸手打开萨姆的档案，又跷起二郎腿，再一次从文件的第一页开始浏览。

· · ·

到目前为止，本书的大部分内容集中在学校应该如何进行改革，以帮助更多的学生最大化他们各自的潜能，以及实现我们在引言所提出的其他目标。然而，正如我们在上一章所指出的，教育改革的机会在很大程度上并不在 K-12 学校体系之内。一项令人咋舌的研究表明，即便从幼儿园开始进行这些改革，也可能已经太迟了，更不用说从小学、初中或高中开始了，据估计，98% 的教育支出产生在儿童基本智力水平定型之后。

有人可能会说，如果本章是想要讨论幼儿教育，那它不是更应该出现在父母教育或儿童发展的教材中吗？但是，这个话题和我们需要讨论的话题之间其实是密不可分的，原因如下：第一，我们在第 2 章中注意到，社会给学校的现阶段的任务，是不让一个孩子掉队，从而间接地达到消除贫困的目的。如果在幼儿园之前发生的事情，确实严重影响了孩子的发展前景，那么幼儿教育对于提高孩子在全日制学校的表现就是极其重要的。第二，我们看到，政界人士和政策制定者中，越来越多的人支持公共全日制学前教育，认为它是一种为那些没有准备好上学的孩子增加学业成功机会的很好的机制。正如我们后面的讨论所总结的：公共全日制学前教育项目是一种效率低下的方案，无法从根本上提升儿童在学校的学业表现，无法帮助儿童更好地面对将来的教育。在一个学校预算有限的时代，我们对执政者的忠言是：不要把钱浪费在毫无作用的项目上。这是这本书希望对公立学校系统传达的另一个重要信息。

如果我们能在孩子上学前做好学前教育这一环节的工作，那么学校的工作会容易得多。成功的学前教育有以下三个核心要素。

1. 幼儿智力能力的培养。

2. 培养孩子的核心信念：强烈、正向的自我认可。建立一个人的自我认可会穷其一生，但其根基是在儿童时期建立的。
3. 激发求知欲，使之成为持续学习的终生动力。

关于 0～4 岁的孩子在开始上学之前智力变化和成长的过程，这个话题讨论起来的内容至少需要一本书的厚度。在我们这短短的一章中，我们只是希望将一些经学术调研得出的重要结论传达给读者，从而对那些在公共教育方面制定政策和分配资源的人产生一定的督促效果，使他们能更好地把有限的公共预算花在能产生最大效益的地方上，而不是在那些注定失败的项目上。[1]

有一项专门研究已经向我们证实，一个人的智力水平在很大程度上是由人生的前 36 个月决定的。托德·里斯利（Todd Risley）和贝蒂·哈特（Betty Hart）是两名研究智力发展方面的著名科学家。他们观察并统计了孩子们出生后两年半的时间里，父母和孩子在家中进行的身体和语言互动的频次。他们统计的结果显示，父母平均每小时对婴儿说 1500 个单词。但是，仅仅看全样本的平均值是没有意义的。研究人员发现，受过大学教育的"健谈"的父母平均每小时对他们的孩子说 2100 个单词；而在研究人员所称的"领福利的"低收入家庭中，孩子们听到的是每小时 600 个单词。里斯利和哈特估计，如果父母接受过大学教育且健谈，他们的孩子在 36 个月大的时候，大约听过 4800 万个单词；与此相比，领福利的家庭的孩子只听过 1300 万个单词。有趣的是，就后来的认知水平而言，对认知能力最有影响的似乎就是在孩子出生后第一年内从父母那里听说的词，尽管没有明显的证据表明孩子能听懂父母在说什么。那些父母在孩子约 12 个月大时才开始认真地和孩子说话的家庭，与父母从一开始就老是絮絮叨叨地和孩子没话找话说的家庭相比，前者家庭的孩子在智力方面明显存在劣势。

这些不同的对话经历对孩子智力水平的发展有什么影响？哈特和里斯利追踪了这些孩子在成长过程中的认知成就，他们在这些孩子3岁时进行了斯坦福－比奈智商测试，发现孩子们听到的单词数量与自身的词汇量之间的相关系数高达 0.6，这意味着强大、直接的相关性。如果进一步消除与"现实任务"有关的单词，只计算孩子们听到的"额外谈话"（下面将详细讨论）的单词，孩子们听到的词汇量和智商之间的相关系数是 0.78，是所有可测量的影响智商因素中最大的相关值。[2]

研究人员继续跟踪这些孩子在学校的发展情况，发现孩子们在3岁之前的"额外谈话"的单词量，与他们在9岁（三年级）进行的皮博迪图片词汇测试分数之间的相关系数为 0.77。而孩子们掌握的词汇的广度，与阅读理解考试成绩之间，已被证明存在很强的相关性。

❖ 舞蹈性语言

这种与孩子的智力密切相关的"额外谈话"到底是什么呢？哈特和里斯利在他们的研究中观察到，父母和婴儿之间发生的对话其实分为两种。被他们描述为"沉默寡言"的父母，经常把他们和孩子的谈话限制在"现实任务"上，即只进行必要的陈述。"吃完你的饭""伸手""我们上车吧""该睡觉了"等，都是现实任务类的谈话的例子。父母与婴儿的这些对话既不丰富也不复杂，仅仅是简单、直接且即时的。如上所述，现实任务类的谈话对孩子认知发展的影响非常有限。

真正重要的谈话，是以被哈特和里斯利称为"舞蹈性语言"的方式进行的，即父母与婴儿面对面，用和成人一样完整、复杂、健谈的方式来对话；说话的时候父母默认婴儿在听，会理解，并且完能懂。舞蹈性语言可以发生在购物时、叠衣服时、吃饭时、换尿布时，或者拥抱时，是一种深思熟虑、毫不因为对象是婴儿而折中的成人式谈话。

舞蹈性语言不是商务谈话，而是"如果……""你还记得……吗""你不应该做……吗""如果这样不是更好吗"，等等。这些通常带着疑问的形式，能让婴儿深入思考周围发生了什么。舞蹈性语言涉及对话、深入思考和评论孩子的行为，以及父母在做什么、计划什么。这种交流方式已被证明能培养孩子的好奇心。

如果父母对孩子说话的单词数在很大程度上决定了他们的词汇量和认知能力，那么那些忙碌的父母应该直接打开电视，然后把婴儿放在电视机前吗，或者在参加商务会议时把孩子放在旁边的婴儿座椅上吗？不，事实并非如此简单。相反，这种"背景化噪声"对孩子的智力发展没什么作用。

有学者的研究表明，影响阅读技能最大的因素就是听觉处理技能，而这一技能是婴儿在听父母用成人语言和他们说话时磨炼出来的。[3]

舞蹈性语言的神经科学解释

神经科学专家正在研究大脑的生理功能，他们观察发现，额外的谈话或舞蹈性语言会提升孩子的听觉技能，进而提高他们的学习能力，两者之间有着密切的联系。我们的大脑由 100 亿～1000 亿个神经元或脑细胞组成，这些神经元昼夜不停地相互发送和接收信息。每个神经元的轴突是一个管状的长丝，负责发送信号；树突是一种延伸结构，就像树的末端加了一个"棒球手套",负责接收信号。一个神经元的轴突与相邻神经元的树突形成功能连接的部位被称为突触,几乎所有重要的大脑活动都发生在这里。

当一个细胞与另一个细胞通信时,它会向轴突下方的一个小分支或轴突末端的一个终端发送电信号,这个小分支或终端靠近相邻细胞的树突。[4]在发送信息的轴突和接收信息的树突之间的间隙,或者说在这个突触上,电信号触发了一种神经递质的释放。当这些神经递质被树突上的受体检测到并与之结合时,邻近的细胞就会接收到这一信息。

大量证据表明,当任意两个细胞或细胞系统之间的突触通路被反复激活时,这些神经元就会"相关联",因此其中一个细胞的活动更有可能使另一个细胞变得活跃。神经科学专家认为,细胞之间的突触通路被反复激活会导致细胞内的物理变化,这样神经元就可以更有效地在突触间传递信号而非在连接建立之前。相反,当两个细胞互相之间没有发送信号的习惯时,它们之间的间隙也即所谓的突触间隙并不会发生作用,这会导致信号中断。

当父母在婴儿出生后的前36个月对其进行4800万词汇量的谈话时,孩子大脑中的许多突触都得到了锻炼和完善,这让后续的思维模式变得更容易、更快、更自动化。婴儿主要的认知任务是利用这些突触通路来促进思维过程,一个在人生最初三年里听到4800万个单词的孩子,大脑中润滑良好的突触连接数目是那些只听了1300万个单词的孩子的3.7倍。每个脑细胞可以通过多达1万个细胞与数百个其他细胞相连,这意味着,与那些在养育者不喜欢多说话的环境下长大的孩子相比,那些在养育者喜欢多说话的环境下长大的孩子拥有不可估量的认知优势,他们的大脑回路被"连接"得更加完善,可以支持更复杂的思考方式。[5]

强大的自我认可是人生的基础能力，它能在孩子们遇到困难的教育挑战和生活问题时，给予他们获取成功所必需的信心。紧接上文的分析，当认知能力得到扩展的孩子们在学校遇到学术挑战并取得成功时，他们会获得自我成就感，进而他们会满怀激情，对自己有能力在不同的智力任务上取得成功充满信心。反之，如孩子们在不具备这些特质时就进入学校，他们在开始最初的学术试探时便会经历挫折和失败，这不仅会摧毁他们的自尊，而且也会让继续学习看起来令人生畏和乏味。我们将在第 7 章进一步讨论这一点。

❖ 恶性跨代循环

我们可能会从神经科学发现的婴儿时期认知能力的发展方式中得出一个可怕的结论：收入较低、教育程度较低、住在市中心拥挤狭窄的公寓楼里的父母的孩子，一出生就陷入了教育成就低下和贫困的恶性跨代循环。如果这些孩子的父母不愿意进行复杂、完全成年人式的额外谈话，那么他们的孩子在入学时就会处于非常不利的地位，并逐步落后于别人。这些孩子对学习的自信和热情也会随之消减。所以，日后当他们为人父母的时候，也会给自己的孩子造成同样的不利影响。更不幸的是，这个结论也合理地证明了，为何市中心的学校的改良和品质提升如此难以实现。

"3 岁前的生活在人类的全部生活中是独一无二的，因为婴儿所有的教养和语言都完全依赖于成年人。"哈特在《纽约时报》的一篇文章中说，"到孩子 4 岁时，我们能从教育或干预性项目中学到的是，不让条件较差的孩子进一步落后。"[6] 确实如此。我们看到，孩子在公立学校中 80% 的表现变化是由于受家庭影响，而非受学校影响而造成的。[7]

但希望还是有的。里斯利和哈特的研究最重要的发现之一是，家庭收入水平、种族和父母教育水平对孩子的认知能力水平没有决定性的影响。孩子的认知能力主要可以用舞蹈性语言，或者说除了商务谈话之外的额外谈话量来解释，这就解释了各种数据分析之间的结果差异。

"换句话说，"里斯利总结道，"一些贫穷的工薪阶层和他们的孩子交谈很多，他们的孩子就做得很好；而一些富裕的商界人士很少和他们的孩子说话，他们的孩子就表现得很差……种族之间也没有差异，所有的结果都是由家庭与 3 岁之前的婴儿交谈的次数决定的。"[8]

❖ 我们应该如何做

如果上述因果关系总体上是正确的，那么很明显，一些公共政策和立法举措出发点非常好，但从结果看来南辕北辙。政策和立法举措应当建立在相关性而非因果关系的基础上。例如，马萨诸塞州州长德瓦尔·帕特里克（Deval Patrick）将普及学前教育作为改善公共教育的核心举措。而这么想的不止他一人，其他几个州的官员也在考虑类似的提议。理由很明确：孩子上幼儿园前的准备工作，对孩子的学业成绩差异有明显的影响。如果我们早点儿开始加强对弱势群体的教育，也许我们就能消除一些入学准备上的差异。由林登·约翰逊（Lyndon Johnson）总统发起的"启蒙计划"项目也有类似的意图，这类项目的问题在于，除非为每个孩子聘请一位有能力进行数百个小时、面对面的"舞蹈性语言"的代父母，否则是行不通的。事实上，在学前教育项目中孩子们使用的大部分成人式语言必然充满"商业性"，这样的项目将耗资数十亿美元，然而我们预计它的效果微乎其微。

早期完全成人式的谈话对孩子的最终认知能力的影响目前还不被认同。即使是受过高等教育的父母，也希望为孩子做最好的事情，但是他们并不知道什么是最好的。为这些家长提供咨询的专业人士也不理解这一点。例如，美国儿科学会（American Academy of Pediatrics）每月出版一份时事通讯，供儿科医生分发给两岁以内的新生儿的父母。但是，这份出版物甚至没有提到在婴儿12个月之前与之交谈的重要性。到了第12个月的时候这个话题才被提及，是因为这个时间通常是婴儿开始与父母交谈的时间点。

相较于用政府补贴雇用外人来替代那些在学前教育方面表现不佳的家长，我们在孩子成为父母之前教会他们如何为人父母，可能会产生更大的作用。在并不久远的过去，大多数高中都开设了家政、汽车修理、木工和金属加工等课程，让年轻人为成年后至少拥有某些技能做好准备。高中很可能是向将来的预备父母传授早期认知发展方法的地方，这样能带来更多好处。否则，那些年轻、单身、住在市中心低收入区域的父母，以及他们的孩子，就会陷入教育成就低下和贫困的恶性跨代循环中。如果这些父母能够知道如何塑造与孩子的早期互动，帮助孩子在学校取得成功，那他们肯定会从中受益。这也可能对他们将来成为"专业的"父母有所帮助。这些初为人父母的年轻人，往往急于在生完孩子后重返工作岗位，以至于他们过早地把孩子交给看护人，然而看护人往往照顾多个孩子，这让他们除了与孩子进行商务性交谈之外，几乎没有时间谈别的。所以，在高中设置像这样教授学生如何做称职的父母的课程，也会帮助他们做出更明智的家庭选择。

　　阿尔伯特·爱因斯坦的两个论断与本章的主题有关。第一个论断："我们所遇到的重大问题，无法用我们当初创造它们时所用的思维水平来解决。"[9] 而爱因斯坦的第二个论断，据说是他对精神错乱的定义："一遍又一遍地做同样的事情，却期待产生不同的结果。"[10] 几十年来，我们忽视了教育孩子们为将来为人父母所做的准备，而这种日益恶化的对"父母"的教育，困扰着越来越多的家庭。如果我们不改变我们的思维方式，考虑学校里发生的那些系统性问题的根源，如果我们坚持认为这些问题可以仅通过改善公立学校系统来解决，那么我们永远无法成功地解决这些问题。

注释

1. 我们向感兴趣的读者推荐有关这个主题的几个信息源。贝蒂·哈特教授和托德·里斯利教授从1965年开始研究认知能力是如何产生的，他们在堪萨斯城、堪萨斯大学和艾奥瓦州进行了相关研究。他们在《美国儿童日常经历中的有意义的差异》（Baltimore: Paul H. Brooks Publishing Company, 1995）一书中总结了他们和同事的许多研究结果。《早期干预》杂志对这本书很认可："这本书很可能会改变我们关于如何安排孩子早期经历的想法，如果不能彻底改变我们对待孩子的方式的话。"关于这个话题的其他研究可以在 www.lenababy.com 上找到。
2. 如果一个变量的变化与另一个变量的变化之间存在完美的一一对应关系，则测量的相关系数为1.0。0.78的相关系数大概是人们在解释斯坦福－比奈智商测试中不同学生分数变化时所能找到的最高水平，因为同一名学生在该测试中复试分数的相关系数是0.81。
3. 参见 Kurt J. Beron 和 George Farkas（2004），"口语和阅读的成功：一种

结构方程建模方法",《结构方程建模：多学科》期刊，第 11 卷，第 1 期，第 110～131 页。

4. 这一解释摘自 2008 年 2 月出版的《思维、情绪和记忆》(*Mind, Mood and Memory*)。这是一份来自马萨诸塞州总医院(Massachusetts General Hospital)的时事通讯，该医院是认知健康领域领先的卓越研究中心。(查看更多信息，请登录 http://www.mindmoodandmemory.com。)

5. 每一个关于大脑和学习的领域都是如此年轻，以至于这些想法还没有得到更好的研究。然而，多种智能类型的存在有可能起源于大脑中神经通路的形成过程。换句话说，哈特和里斯利观察到的那种与父母额外谈话的孩子有可能拥有很强的语言天赋。过去，各种各样的实验人员都注意到，锻炼、听音乐（莫扎特效应）、拥抱、光线、颜色、户外活动或接触媒体（手指画、与水有关的游戏、沙子）、食物的味道，以及各种声音、地点、语言和人都能使儿童受益，而另外一些研究人员对其中许多研究的结论提出了怀疑。如果大脑突触间神经递质连接的模式受到这些经历的影响，即培养特定类型的智能而非其他，那么这些研究中采取的方法很可能存在缺陷，即测量了不正确的智能类型。我们认为，能解决这些问题的有效研究将具有不可估量的价值。

6. Sandra Blakeslee,《婴儿语言的力量》,《纽约时报》, 1997 年 4 月 20 日，参见 http://query.nytimes.com/gst/fullpage.html?res=990CE3DB1F3FF933A15757C0A961958260。

7. 丹尼尔·M. 奥布莱恩(Daniel M. O'Brien),《家庭与学校对少数族群与弱势学童认知成长的影响》, 1999 年 3 月 18～20 日，美国教育财务学会。这篇论文由乔治·法卡斯(George Farkas)和 L. 沙恩·霍文(L. Shane Hall)在《Title I 能实现它的目标吗？》(布鲁金斯学会教育政策论文，2000 年版)中进行了总结。

8. 这段话及其中使用的许多其他措辞摘自大卫·博尔顿对托德·里斯利博士未经编辑的采访，参见 www.childrenofthecode.org/interviews/risley.htm(2008 年 4 月 3 日访问)。为了在进一步的研究及其他突出的研究和讨论中引用本章，以及讨论让低收入家庭的孩子逃离因贫困使教育质量不达标的多代恶性循环的可能性，我们强烈推荐 Paul Tough 的 *Whatever It Takes: Geoffrey Canada's Quest to Change Harlem and America*(New York: Houghton Mifflin, 2008)。在这本书中，Paul Tough 详细讲述了哈莱姆儿童地带的故事以及它在解决这个问题上的行动理论。

9. 参见 www.quotedb.com/quotes/11(2008 年 4 月 3 日访问)。

10. 参见 www.quotationspage.com/quote/26032.html(2008 年 4 月 3 日访问)。

第 7 章

为什么越来越多的
学生缺乏学习动力

过了一会儿，奥斯顿在办公桌前坐下，写了一份简短的备忘录，打算今天晚些时候发给她的员工。突然，一贯沉默寡言的阿尔韦拉打开她的房门冲进来。他激动地挥着手，说话速度很快，打破了办公室严肃的气氛。

"太惊人了！你不会相信我刚刚知道了什么。"阿尔韦拉上气不接下气地嚷嚷道。

奥斯顿警戒地往椅子里边缩了缩。她衷心希望阿尔韦拉的下一句话不会导致她整个下午都不得不去解决一些棘手的公共关系问题。

阿尔韦拉仿佛看懂了她的心思，马上接口说："不，不，这不是一个麻烦，只是太惊人了，我迫不及待地想告诉你。"

"关于什么？"她问道，双手做了个"赶紧说出来"的手势。

"嗯，你知道萨姆·施皮茨吧。那个孩子总是那么努力，但似乎永远跟不上节奏。"

奥斯顿把她的键盘塞回书桌的插槽里，伸手摘下眼镜，她也感到有点吃惊。"也许这是个巧合，"她说，"我刚好在看他的档案，想弄清楚他是不是从小就有这些学习困难的问题。你到底想说什么？"

阿尔韦拉抓过一把椅子，把它拉到奥斯顿的旁边，一边松开自己的领带，一边滔滔不绝地说了起来："今天下午我在自习室巡视，我看到两个孩子走到施皮茨的桌前，递给他一个小包裹。我在猜测那是什么东西,难道是毒品?你知道,关于这些孩子有很多谣言。"

"然后呢?"奥斯顿不耐烦了,催促他不要卖关子,直接说正题。

"我过去问他发生了什么事。结果呢?事实上,施皮茨在某种程度上是个网红呢!他很擅长媒体剪辑!别的孩子给他放有视频和照片的存储卡,他配上合适的音乐,然后创作一些视频放到网上。这些孩子称之为'混搭'风格的音乐之类的。"

奥斯顿听说过"混搭"这个词,但从来不知道它是什么意思,她也不想冒丢人的风险去问一个学生。阿尔韦拉知道一点点,但也不比奥斯顿好到哪里去。"我听说,施皮茨好像是和仓库区的一家小型媒体艺术公司联系上了,把所有的空闲时间都花在那里。这些孩子说,施皮茨一谈到音乐、视频,就跟换了一个人似的,他创作了许多作品并上传到网站。他聪明得很,特别牛。"

"我手里萨姆·施皮茨的档案显示,他可不是这样的人呢……"奥斯顿心想。"显然,萨姆有着他自己可以大放异彩的成功领域,只不过学校的功课并不在其中。"她自言自语着,因为阿尔韦拉已经溜出去赶着讲下一节课了。

· · ·

在大多数学校的改革中,重点是学校自身。我们通常的诘问都是:"为什么学校的表现没有达到应有的水平?"但是,也许我们问错了问题。如果我们改而问"为什么现在的学生越来越不喜欢学习",也许我们会发现满腹牢骚的大众尚未察觉的一些东西,毕竟,我们应该关心的是孩子们的表现。一般来说，一所学校的表现，不过是所有学生表现的总和。

在引言中，我们解释了社会繁荣所带来的一种好坏参半的影响，就是摆脱贫困成为一些学生强有力的外在学习动机。为了这个，他们可以忍受数学、科学等学科单一、集中、枯燥的教学方式。但是，经济和社会的繁荣消除了这种外在动机的来源，这时候，唯一的解决办法是让学生具有内在的学习动机。而以学生为中心的学习体系，必将在帮助我们的社会应对这一挑战中发挥关键作用。本章的目的在于借鉴我们在创新研究中发现的各种模式，以更深入地研究学生的学习动机问题。如果有一种办法，能赋予孩子们充足的学习动机，并且每个人都能有效地学习，那我们教育系统的表现想不优异都难。正如已故教育家杰克·弗赖米尔（Jack Frymier）常说的："如果孩子们想要学习，我们大人是无法阻止的；但是如果孩子们没有学习的欲望，我们再强迫也是枉然。"

如何激发和增强学生的内生学习动机？这个挑战是提高学习能力的一个普遍而且日益严峻的障碍。无论是富裕的郊区学生表现出的漫不经心的厌倦、市区学校令人头痛的低出勤率和高辍学率，还是"被遗忘"的家庭作业，其根源都是一样的：我们越来越无法让学生对学习感到兴奋。绝大多数人都对这一难题束手无策。老师和家长费尽心机地"提供"更多更好的教育资源，但许多学生并不买账。[1]有的时候，有个别非常规的家长、老师和学校似乎找到了这个问题的解决方案，但是在大多数情况下，他们的解决方案并未形成规模，这就好像在提升学习动机的方式中，存在一味秘密调料，却没有人有办法将它编纂成册广为流传。

❖ 为了解决这个问题，让我们来借鉴从其他商业场景中学习到的激励客户购买商品的方法

激励客户购买公司想卖给他们的产品和服务，是世界上所有公司都要面对的问题。如果我们把教育看成激励学生购买教育服务，那教育提供者（学校）面临的困扰与其他公司并无二致。即使是我们知道的那些全球知名的大公司，它们超过75%的新产品和服务在进入新市场后都失败了。年复一年，那些支持、资助这些产品开发的人都单纯地相信，只要这些产品足够好，就会有它们的市场。如果没有看到充足的需求，一个默认的解决方案就是让产品变得更好。这些公司傻傻地一直相信，客户没有动机购买某个产品的原因一定是它还不够好。然而，正如后续的改进很少能挽救一艘正在下沉的船一样，这些产品大都失败了。

为何要解开客户动机这个谜题这么难？我们关于创新的一个研究模型提供了很好的解释：不能正确理解和预测客户的动机，这是导致创新失败的最常见原因。具体来说，这个模型可以解释，我们将学生的糟糕表现归咎于缺乏动机，而不去质疑更深层次的原因，这本身就是一个误区。现在，让我们继续使用我们这本书其他章节所使用的方法，首先用企业创新的理论诠释这个模型，然后用这个模型来研究与学生的学习动机相关的挑战。

❖ 正确进行市场细分的重要性

公司定义和细分市场的方式会影响它们开发的产品，并决定这些

产品中包含哪些功能和特性，乃至定义谁是目标客户，而这些进一步决定了公司如何将产品推向市场。细分方案还决定了谁是竞争对手，以及目标市场机会究竟有多大。换句话说，公司进行市场细分的方式，其实是一个影响巨大且深远的决策，本质上，公司对市场结构的理解决定了它们的营销工作是否在朝着正确的方向努力。然而实际情况却是，许多管理者很少谨慎地审视他们正在使用的市场细分方式。

对于大多数营销人员，如果我们仅仅从他们的行为来判断，会觉得他们的整个世界都是由产品或客户构成的。比如说，汽车公司通常按产品类别划分市场，有微型轿车、小型轿车、中型轿车、全尺寸轿车、小型货车、越野车、豪华车、跑车、轻型卡车，等等。汽车公司的每个营销人员都可以告诉你，每个细分市场有多大，增长有多快，谁家拥有多大的市场份额。其他的一些公司用人口统计数据（如年龄、性别、婚姻状况和收入水平）来根据客户特征构建市场结构。当然这些细分方式并非互斥，也可以是互补的。企业对企业（B2B）类的公司通常使用企业间的统计数据来定义其市场结构，如小型、中型、大型企业或行业"垂直市场"。这些选择对创新的重要性在于，它们从客户和竞争对手的角度定义了创新的目标。从这些维度出发划分市场是有价值的，因为当你在公司内部观察市场时，你会觉得现有的市场结构的确是应有的结构。更重要的是，在收集有关市场规模的数据时，你会认为市场是由产品和客户类别构成的结构，因为这是收集和分析数据最简单的方法。

像这样的细分方案是静态的，因为客户的行为变化永远要比目标地区的人口学特征数据变化频繁得多。例如，消费品营销人员喜欢把18～34岁的年龄段划分为一个细分市场。但是，这个细分市场足足涵盖了17年左右的时间。在这期间，人们的态度、行为和需求都会发生巨大的变化。人口统计数据无法解释，为什么一个男人会选择在某天晚上约别人去看电影，而在下一个晚上却要订好比萨在家窝着看奈飞上的DVD影片。

人口学统计分类很难被用于解释每个客户是否会在给定的产品类别内购买一个新产品。其原因如下：从客户的角度来看，他们根本不关心产品和客户类别，他们压根儿就不会用这种方式来思考。那么，客户所关心的究竟是什么呢？只是自己需要做好的事情。在他们的生活和工作出现问题时，他们通过购买产品或订阅服务来解决这些问题。这意味着营销人员需要从客户的角度出发看问题。如果营销人员想要开发出一定会有客户购买的产品，那么他们需要深刻地了解客户需求的本质，即客户需要完成的基本任务是什么，以及客户需要使用一个产品来达到什么样的效果。换句话说，营销人员思考的基本要素应该是客户要解决的"任务"，而不是客户分类或产品类型。

营销史上大部分的"全垒打"都是怎么发生的呢？聪明的营销人员意识到客户试图完成某项任务，然后他们找到一种方法来帮助更多客户更有效、更方便、更经济地完成这些任务。相比之下，营销史上的"三振出局"和转瞬即逝的单打主要基于以下原因：开发出的产品仅仅是功能和特性比同类产品有了提升，或者开发者试图揣测某个人口统计分类中的普通客户的偏好并据此决定开发方向。

"任务"是客户在给定场景下需要解决的基本问题。下面，我们以快餐和摄影行业为例，来说明为什么在营销人员了解了客户的核心任务之后，他们的产品创新之路会越来越明朗，创新的成功机会也会发生显著的飞跃。现今大部分公司是按照产品和客户类别来细分市场的，但我们很快就会看到，如果按照"任务"进行市场细分，那所有人都会从中受益。

奶昔的任务

很久很久以前，有一家快餐店，决心提高奶昔的销量。[2]营销人员首先通过产品——奶昔来进行市场细分，然后通过分析最有可能购买奶昔的客户的各种特征来进一步细分。接下来，他们邀请符合这些特征的人来评估，以分析如何能让这些目标客户更满意：让奶昔更稠、更便宜还是更厚实？调研小组成员给出了明确的反馈，但随后进行的产品调整对销售没有任何影响。

后来，来了一位新调研员。与其他人不同，他在这家快餐店里花了一整天的时间，专门询问客户在购买奶昔时想要的究竟是什么。他详细记录了客户的穿着、买奶昔的时间、客户同时购买的其他产品，以及客户是一个人还是和其他人一起，是在店内消费还是开车带走等行为特征。然后他惊奇地发现，几乎一半的奶昔都是清晨的时候卖掉的，这些客户几乎总是独自一人，也不买其他东西；他们买完奶昔就上了车，带着奶昔离开了。这些清晨买奶昔的客户，究竟希望奶昔能够完成什么样的任务呢？

为了弄懂这一点，第二天早上调研员又来了。当客户手持奶昔离开餐厅时，调研员问道（当然，用的是更便于客户理解的语言）："对不起，你能告诉我你为什么会来这里买奶昔吗？"正当客户纠结于是否要回答这个奇怪的问题时，调研员继续追问："回忆一下最近一次，同样的情景，同样是买奶昔，但你除奶昔外还买了其他东西。那是什么时候的事情了?"事实证明,大多数人买奶昔是出于类似的目的:他们面临漫长而乏味的通勤,需要一些东西让多余的那只手保持忙碌,让通勤变得更有趣。这些客户并不饿,但他们知道自己上午10点左右就会饿。所以他们现在想吃点东西垫一下,把饥饿感推迟到中午。他们面临种种限制:他们赶时间;他们穿着上班的正装或者工作服,(最多)有一只手空闲。

为了回答研究人员关于他们同时购买了其他什么产品的问题,客户回想起来,有时他们也会买百吉饼,但是百吉饼干嚼的时候又干又没味道,而一边开车一边往百吉饼上抹奶酪可真不是什么好主意。有时候,这些通勤者会买一根香蕉。但香蕉吃得太快了,没法持续足够长的时间来解决通勤路上无聊的问题。而且吃香蕉,到上午10点,他们还是会饿。甜甜圈太黏了,容易弄得方向盘黏糊糊的;吃太多糖果的话,人们会有负罪感;而咖啡丝毫不能填饱肚子。事实证明,在完成这个任务方面,奶昔比其他竞争产品都好。人们花20分钟的时间从薄薄的吸管里吸出黏稠的奶昔,这让他们在枯燥、日复一日的开车之余有点儿开心的事情可做。他们不太了解奶昔的成分是什么,但这对他们并不重要。重要的是,当他们喝了一杯奶昔以后,每天早上10点就不会觉得饿。奶昔并不是一种健康的食物,而变健康也并非他们购买奶昔的目的。还有很重要的一点,就是奶昔放在车载杯架里简直是合适极了。

研究人员还观察到,在一天除早饭以外的其他时间里,奶昔主要是父母买给孩子们的。父母想完成什么样的任务呢?想想看,这些筋疲力尽的父母,总是不得不一而再再而三地对孩子说"不",这让他们也感到沮丧。而给孩子买奶昔,就成了一种无害的、可以很好地安抚孩子的方式，让他们有些"自己是仁慈的好父母"的成就感。然而，研究人员发现，目前的奶昔产品并不能很好地完成这项任务。因为父母吃完饭后，孩子往往还没喝完奶昔，父母需要在一边不耐烦地等着他们的孩子慢慢地用细吸管把厚厚的奶昔吮吸完。

现在清楚了，客户是出于两种截然不同的目的购买奶昔的。如果营销人员仅是在一个繁忙的早晨，询问一个行色匆匆的父亲为什么需要一杯耗时的奶昔，而又在当天晚些时候询问他为什么需要一杯很快能喝完的奶昔，然后问这些奶昔哪里需要改进，那么产品经理得到的信息，仅仅是同一人口类型内所有人回答的平均数，为此而开发的产品，不会让任何一个类别的客户感到满意。

反之，一旦营销人员了解了客户想要完成的任务是什么，就会明白，怎样改进奶昔才能让它更好地胜任这些特定任务，或者哪些改进是根本无关紧要、不必浪费资源的。怎样的奶昔才能帮上班族更好地打发早晨通勤的无聊时间呢？把奶昔调得更浓，这样可以吮吸更久、更有满足感。把水果切成小块调进去，这样司机可以偶尔吃到小块的水果，给他们单调的早晨增加一点"小确幸"。同样重要的是，营销人员可以把奶昔的自动售货机移到柜台前方，给客户办一张预付卡，这样客户就可以直接刷卡、拿奶昔，然后离开，而不会被堵在拥挤的"开车购买"的通道里。当然，为了解决父母给孩子买奶昔的需求，则应提供另一种完全不同的产品。

照片的任务

营销人员很容易被一种想法迷惑，觉得人们"应该"想要去做某件事情，然后就会去实施。实际上，要想准确预测客户实际会购买和使用什么，最靠谱的方法只有观察其行为。如果我们相信"客户想要的"等于"客户会做的"，那我们只会被客户误导。

让我们回想一下数码相片出现之前的生活：我们把胶卷拿到商店去冲洗。大多数人都会选择加印一张，因为第二张几乎是免费的。如果其中某张照片特别好，我们说不定会想把多出来的那张寄给老家的奶奶。当我们拿到冲洗的照片时，是怎么处理的呢？我们翻看它们一遍，然后把它们装回信封里，再把信封放进盒子或抽屉里。我们拍过的绝大多数照片都只被看过一次，只有那些最一丝不苟的人，才会不辞辛苦地把最难忘的照片放进相册里，以备将来反复看。剩下的像我们这样的一般人都知道应该弄一个相册，但是从来不会去实施，或者总有办法把它推到"明天再弄吧"的清单里。如果仔细观察人们的行为，我们会发现，他们知道他们应该做什么或想做什么，和他们实际上做了什么，是非常不同的。

然后，数码相机的出现颠覆了胶片摄影。刚开始，部分公司研究了数码相机技术能够提供什么，然后结合它们的市场调查中显示的客户需求，向广大相机用户市场尝试性地提出了几种不同的新功能：第一个是点击"附加"，"每当发生有趣或重要的事情时，你可以把照片通过电子邮件发给朋友和家人"；第二个是"你可以把那些你以前只看一次的照片编辑成最心爱的东西，但是你得花时间去学习如何上传这些照片"；第三个是"你可以把所有这些图片保存在在线剪贴簿中，这样就可以方便地从你的图片库中对数千张照片进行分类、搜索和打印"。

然而，如果我们仔细观察大多数数码相机用户的实际行为就会发现，大多数人从来没有学会使用照片编辑软件，也没有创建过在线相册。为什么？因为在数码相机这项新技术诞生和兴起之前，照片编辑啊，在线相册啊，等等，并不是人们日常生活中的要紧事项。大多数码相机用户实际使用的功能是什么呢？是将照片通过电子邮件发送给家人和朋友，或者在社交网站上发布照片。为什么？因为这个用途是我们过去做法的升级版。过去，我们洗两份照片，把其中一份寄给老家的奶奶，这和我们上网晒照片时所完成的"任务"在本质上是一样的。我们常说的"撒手锏级的应用"究竟是什么？其实就是让人们能够更容易、更廉价地完成他们需要的"任务"的创新应用。相比之下，如果一项创新试图让人们更容易、更廉价地去做他们不想做的事情，那么它将面临一场艰难的死亡行军，如同在齐膝深的淤泥里行走，而且终将失败。

世界上的很多人都具备一项无与伦比的技能——明明知道自己应该做什么，但是只要他们内心不情愿，就总是能够找到各种各样的借口来逃避或者拖延。他们要么推说"等明天"，要么找出借口说服自己，"如果不做这事儿其实也没关系"。我们人类总会扭曲规则，让我们想做的事情看起来是合情合理的。任何行业的营销人员都必须面对人性的现实：客户永远会优先考虑自己想要完成的"任务"，而不会老老实实地按营销人员告诉他们的那样，去做营销人员希望他们做的一些事情。大学生应该努力钻研在线课程来强化他们从书本上学到的知识；司机应该为自己的安全负责，遵守限速规定，但他们没有。这就是人类。我们所讨论的不只是有特殊需求的糖尿病患者、吸烟者和过度肥胖者的特性，更是所有人的共性。我们大多数人都曾经错误地认为，某些规则对其他人来说显然是至关重要、必须遵守的，但对我们自己是例外。

"需要完成的任务"这一概念被众多公司案例证明是指引众多创新走向成功的强大力量,原因之一是它直接指向行动的动机源头。确实,从结果上来说,某个人可以被划分为某一特定的人群,而这一人群通常更倾向于购买特定产品,人群分类并不是购买产品的原因;发生购买行动的真正原因,是客户有任务需要完成。[3]

❖ 学生们的任务

我们认为,许多学生在学校无精打采甚至缺课逃课的一个主要原因是他们并不想接受教育。教育是他们完成某种任务的手段,但不是任务本身。当我们进一步研究这个问题时,我们假设大多数学生都有两项核心的日常任务:他们想要获得进步和成就感;他们还想和朋友们共度快乐的童年时光。[4] 就像奶昔需要与香蕉、甜甜圈、百吉饼、糖果和咖啡竞争早晨通勤人员的购买选择一样,学校其实也在与小混混的帮派们竞争。学生可以选择成为帮派成员来获取成就感,与朋友一起玩乐;他们也可以选择辍学,买辆车在城里兜风;他们还可以加入体育活动,无论是校队、美国大学生联合会赞助的体育团队,还是随机组队的野场赛事,或者窝在家里打电子游戏。还有一些人,因为学习速度远远快于老师讲课的速度,学校对他们而言是一种煎熬,使得他们不得不在无聊中度日,从未体验过学习的成就感。

如果我们把学校看成是一种与其他活动相竞争、以完成学生"获得成就感"和"与朋友们一起玩乐"的任务的方式之一,那学校该如何在这些竞争中获胜呢？很遗憾，在大多数情况下，我们的学校真的没有竞争力。大多数学校解决上述"任务"的工作机制都是与教育相脱离的。运动队、乐团、戏剧艺术表演团体等让学生体验成功和取得进步的重要机制，被当作"课外活动"而不是"正规课程"，这一点其实意味深长。在我们现在的学校课程设计中，能让学生体验成功的主要事件是每隔几周一次的考试；而学生是否真的能从考试中体验成功，通常还会推迟一两周，等到老师评分结束才知道。不仅如此，当成绩公布时，体验成功和喜悦的特权只属于最优秀的学生，而剩余的学生则只能体验失败和沮丧。

  我们经常会轻易断言说，优秀的学生之所以成功是因为他们有学习动力，而其余的人则没有动力，所以处于中游或垫底的位置。如果从"需要完成的任务"的视角来分析，我们将得到一个截然不同的结论：所有的学生都有同样的动力去体会成就感。对一些人来说，他们有可能从学校的学业中获取成就感，这一群体可能包括：那些从小就被父母把学业成就和职业成功之间的关联灌输得很彻底的孩子，那些在三岁之前就能接受成年人反复、复杂的舞蹈性语言而得到充分的大脑训练的孩子，以及那些学习方法或学习的热情幸运地和他们的老师相匹配的孩子。相反，那些看上去拒绝从学业中追求成就感的学生，并非对成功不感兴趣，而只是觉得在学校获得成功无望。因为我们的学校并没有构建强大的内在激励机制，这常常让很多孩子觉得自己像失败者。因此，对这些学生来说，他们只能从学校之外的其他途径获取成就感，而学校根本无法和这些"其他途径"竞争。学习动机的因果机制，其实是以一种与我们大多数人所设想的截然不同的方式运行的。[5]

❖ 整合任务

在以"需要完成的任务"为重点的一系列创新研究的过程中,我们最重要的发现之一是:大多数公司整合的方式其实是错误的,哪怕大量客户正在使用它们的产品来完成某些任务。当一家公司了解到客户需要完成的任务究竟是什么之后,它将能够更好地整合自己的经营活动,以使客户更好地完成他们希望完成的任务。这种竞争优势将是强大的,而且很难被对手复制。

一项任务的体系结构可以拆分为三个级别:最高层次是任务本身——客户需要实现的本质结果。每一项任务都包括三个维度:功能性、社会性和情感性,这些要素的重要性因任务而异。例如,"我需要感觉自己属于一个精英、排他的群体",这是客户购买古驰(Gucci)和范思哲(Versace)等奢侈品牌产品所想完成的任务。在像这样的情况下,一项任务的功能性维度就远没有它的社会性维度和情感性维度重要。相比之下,送货卡车的"任务"则主要是由功能性维度决定的。

任务的体系结构中的第二级别,是由供应商必须提供的产品或服务相关的所有购买体验和使用体验组成的,这一系列体验加起来才能完美地搞定一项特定任务。

一旦创新者真正理解了完美的客户体验应该是什么样子的,他们就可以开始进行第三级别的架构工作:最优化的整合包括底层技术、人体工程学特征、包装、客户培训、客户支持和服务能力、分销和零售系统、品牌和广告策略等在内的所有特征,以为客户提供完美地完成任务所需的全面体验。

相反，如果你不了解客户想要完成的任务是什么，那你就不知道究竟什么样的购买和使用体验才是必需的或者至关重要的。如果你不明白这些必要的体验是什么，那么很有可能你费尽心力地整合自己的企业要素，结果却与客户试图实现的目标无关。举例来说，让我们回到我们对"早晨通勤"任务的理解，即客户购买奶昔是为了实现什么样的任务？对这个（这些）任务的深刻理解，使得快餐店得以：①改善产品，让它使用起来更顺畅（让奶昔更稠，搅拌入小块的水果）；②把自动贩卖机挪到柜台前，方便客户自己打奶昔；③这台机器还可以配备预付费的刷卡系统，这样客户就可以直接进门——刷卡——取货——离开，不必排队等候。上述这个系统的每个要素其实早就存在了，但是只有深刻地洞察和理解了客户购买奶昔所想达成的任务，快餐店才有可能以这些任务为基准，最优化地整合自身的流程。至于提供为了安抚孩子而买的奶昔的任务这一项截然不同的工作，客户所需要的是完全不同的购买和使用体验，因此，快餐店需要提供另一种完全不同的整合方式。

我们在研究中也发现，那些以价格高昂和客户服务糟糕而闻名的公司，几乎总是不能有效地整合自身的工作流程以有效地帮助客户完成特定的任务。我们推测，这些行业公司的高管认为自己公司的资源是整合的，因为客户购买和使用其产品或服务所需的每个要素都存在。但是，这些要素并没有以为客户提供所需体验为目的，并以最优的方式整合在一起。

以学院和大学为例，它们的组织结构主要按照学术领域划分：数学系、物理系、法语系、经济系、古典文学系，等等。大学设立学术部门的初心，是为了提高教师与有共同兴趣和专业知识的人们交流的能力，并帮助他们在专业学术期刊上发表文章，从而获得终身教职。因此，对大多数学生来说，大学教育中的很大一部分时间，花费在教学部门和行政部门之间烦琐的往复上，而且大学需要发生额外的管理费用来管理这些事宜。换言之，很少有学校的组织和管理方式是为了最大限度地优化学生获取经验的体验而设计的。[6]

相反，那些以高质量和低成本取悦客户而闻名的公司，其成功的根本原因通常在于它们洞察和理解市场架构的能力。如果我们从"需要完成的任务"的角度来看，它们有意无意地形成了以优化这些任务为优先的业务整合方式。这使它们能够有效地整合公司的关键模块和功能，为客户提供优质的购买和使用体验，从而帮助客户完美地完成不同的任务。

举个例子，宜家家居一向以组织能力出色闻名于世。它为客户完成的任务是："我们必须一天之内给这整套公寓配好家具！"因此，宜家与其他廉价家具零售商的业务整合方式非常不同。宜家直接聘用自己的设计师，设计出宜家专用的可拆卸的轻量级家具套件。客户可以轻易地从仓库中买到这些套件，直接带回家自己组装，而不必等待专业送货人员。宜家这样设计的家具显然具有一定的临时性，不太适合成为传家之宝，但是它的客户对此毫不在意。宜家提供托儿服务，因为让客户可以心无杂念地专注于购买家具是一种重要的购买体验；宜家还在蜿蜒漫长的购物之旅的中点设置了一个价格适中的自助餐厅，这样客户就可以方便地补充体力。尽管宜家已经在美国缓慢地扩张了30多年，尽管它的"公式"对所有人都是开放的，尽管它的创始人曾是世界上排名前四的富豪，但并没有人抄袭宜家的运作方式。为什么没有人抄袭？我们相信，这是因为其他家具零售商按照产品类别和价格划分它们的目标市场，它们甚至不认为有必要对自己现有的业务整合方式进行改进。因此，它们很少重新审视自己的业务整合方式。

如果有那么一天，宜家的高管决定将业务多元化，转而从事其他业务，那么他们势必需要建立独立的业务部门，以建立新的一体化整合业务流程，提供适合这些新的任务的体验。比如，在家具领域的另一项热门任务可以被陈述如下："我们读研究生的时候买的家具凑合着用了20年，现在是时候为我们的房子置办些漂亮的家具，陪我们度过余生了，将来我们可以把这些高端家具作为传家宝留给我们的孩子。"为帮助客户完成这项任务，就需要在截然不同的业务线上实现非常不同的业务整合方式。

错误的学校管理整合方式

和那些提供高价、劣质服务的饱受诟病的公司一样，K-12教育的工作者早已经自顾自地按照产品类别（如课程中教授的科目）和统计学数据（如按年级划分的学生）构建了学校世界的结构。在这种框架下，教育工作者不是把"激励学生完成自己想做的事情"看作自己的任务，而是把灌输教育（他们的产品）当作自己的目标。学校里的日常活动通常并不以帮助学生每天都取得成就感为重心整合在一起，就算我们现在知道，让大多数学生每天都取得成就感，对学校完成自己的核心任务（为每个学生提供充分的教育、让每个学生从高中毕业[7]）而言是至关重要的。

让我们回想一下奶昔案例的启示。一开始，无论这家快餐店如何回应客户反馈、不断改进产品的特性，都未对销售产生任何影响，直到它的管理者明白了"早晨通勤"的任务是什么之后，它才清楚地看到，自己一直在改善的奶昔性能与它的客户所要完成的核心任务无关。这件事让快餐店明白，它的业务组织方式和资源整合方式的目的不在于单纯地销售产品，还包括提供让客户成功地完成这项任务所需的种种体验。

而现在，没有动力的学生"客户"对学校提供的产品或服务不买账，这一点我们只要看看缺乏学习兴致的学生把时间和精力花费在哪里就知道了。学校的管理者和教师往往一厢情愿地努力改进学校产品的特性，希望把课程、教材和其他媒体教材做得更有趣、更有吸引力，以为这样就能够解决学生学习动机的问题，却不知道这些努力其实并没有用在点子上。

学校应该怎样整合自己的资源和业务流程，才能让学生每天都感到自己是成功的呢？有一个新型学校叫作"远景学校"（big picture），它遵循基于项目的 PBL 学习策略。学生们分成小组开展有教学意义的项目，并通过完成这些项目来掌握学校希望他们学习的阅读、写作、数学、科学和社会科学技能。这种把课程的传授与学习体验相结合的方式，比传统方式更能让学生在获取成就感的同时，每天和朋友们共度欢乐时光。[8]

读者会注意到，我们在这本书中立场坚定地拥护基于电脑的教学方式。其原因在于我们坚信，以学生为中心的学习机制是一种更为优越的教育机制。而电脑软件的性质决定了它可以帮助学生在接受被灌输学习内容的同时，足够经常地感到成功和愉悦。后者通常以软件内置的反馈机制或机考的形式出现，要求学生证明自己已经精通了上一阶段的学习内容，才能进入下一环节的学习。基于电脑软件的反馈可以是实时的，在必要时还可以一对一单独进行，以帮助每个学生体会到自己的进步。相比之下，传统的大一统式的教室教学模式下，每隔几周才进行一次统考。这个传统的流程决定了学生将不得不被分为优秀、一般和差生，而这直接导致了大多数学生在学习时缺乏自信心和成就感，觉得自己是个失败者。[9]

越来越多的证据表明，当教学内容"略高于"学生目前的能力，内容不偏难也不过于简单的时候，学生的学习效果是最好的。软件教学的情景下，电脑可以为每个学生定制"略高于"他当前水平的课程，这将要比目前大多数学校的单一灌输知识的模式符合人性得多。[10]

"宅男/宅女"和他们的任务

使用"待完成任务"进行市场分析建模的一个重要意义在于，任务可以独立于可能被雇用来完成该任务的产品或服务的市场存在。当我们看到一个客户缺乏工具或方法，无法完成某项任务时，不一定意味着他不想完成这项任务。更确切地说，这可能仅仅意味着他没有可供选择的工具。

举个例子，在帮助贫困国家经济发展的案例中，最广为人知的成功榜样之一，是由诺贝尔和平奖得主穆罕默德·尤努斯（Muhammad Yunus）创办的孟加拉乡村电信（Grameen Telecomm）。这家公司在当地建立了无线基础设施，然后贷款给每个村庄精心挑选的妇女领袖，帮助她们买手机。村里的其他人可以向这位"电信创业家"付费来使用她的手机。

村民们最常需要用手机的时候，是村民们准备将他们的农作物或牲畜运往市场去卖之前。在乡村电信公司的手机业务开展之前，农民需要选择去哪个镇上赶集，却不知道在哪个城镇的哪个市场上，他们特定的牲畜或者农作物的价钱是多少。当他们辛辛苦苦赶到那个城镇集市的时候，当地买家拥有绝对的砍价权。因为如果买家不买，村民就白辛苦一趟。乡村电信公司的手机业务能让农民在出发赶集之前给所在地区的每个城镇集市打电话，了解哪里的价格最好，并在出发前锁定价格。这里的客户的任务是：在出发之前就知道哪个市场有最好的价格，这项任务已经存在了几个世纪。但是，直到尤努斯和他的同事们构思并实施了这项手机服务之后，可以帮客户完成这项任务的服务市场才出现。

我们假设，每个孩子都有达成"获得成就感"这一任务的需求。当一些孩子年纪轻轻自称"宅男/宅女"，每天无精打采地花几个小时窝在家里看电视时，我们不相信这是因为那些孩子偏偏就不想完成"获得成就感"这一任务。相反，我们怀疑，在他们的生活中，他们认为自己无论如何都无法成功。在学校的学习可能会让他们觉得自己是个失败者；运动队的成员资格也可能导致他们觉得自己失败了，等等。事实上，在这些特定的家庭中，不存在学术、体育或工作活动的"市场"，恰恰这些活动的回馈包含了成就感，但这并不意味着这些孩子在生活中不需要做这样的事情。[11]

规模化解决学习动机问题的办法

我们在一开始就注意到，个别学校的个别教师，凭着自己富有魅力的教学风格，或以一种另辟蹊径的教学方式，似乎可以"破解"诱发学生学习动机的问题。但是，他们的解决方案似乎总是很难规模化。我们本章所进行的研究，会让学习动机问题变得更容易解决吗？

我们认为，要解决这个难题，我们首先要能够规模化两个要素：第一，教学评估的原则必须是可规模化的。我们必须要扭转现在几乎所有教师和学校管理人员普遍持有的错误观念，即他们的"任务"是灌输教育本身。错！事实上，教育每分钟都在和学生可能从事的其他活动竞争他们的时间和注意力，其任务是让学生感受成功并与朋友玩得开心。而种种互相竞争的活动中，大多数有趣的活动并没有助益于教育的目的。第二，学校需要遵循正确的业务整合原则，让学习的内容可以更好地与客户体验结合，使学生每天都能品尝成功的喜悦，受到鼓舞，才有内生动机主动学习下去。在这方面的好处我们已经列举了很多，还有很多不为人知的例子，在此不再赘述。

其次，在对创新学的研究中，我们观察到，在任何一个行业的初始阶段，即使是基本的技术问题，也通常只能由专家来解决。专家利用自己比他人较为丰富的经验和多年磨炼的直觉来解决产品或服务设计中潜在的问题。例如，在合成纤维工业早期，世界上只有少数化学家能够制造出那些能构成尼龙、聚酯、醋酸纤维和凯夫拉纤维的分子，那时候，这些化学家中的大多数都受雇于杜邦公司。同样地，大型计算机工业早期也有一小群精英工程师具备必需的专业直觉，而 IBM 雇用了其中的大多数。大多数行业的早期阶段都有相似的特征。对于这样的专家密集型行业，它的行业特征造成的第一个隐含结果，是这些早期产品极其昂贵，以致许多人无法拥有；第二个隐含结果，是没有人能像杜邦公司和 IBM 那样参与进来，因为专家的经验和直觉是难以规模化的。

合成纤维和大型计算机等大多数产业曾经需要世界上最优秀的人

的经验和直觉才能解决某些技术问题，但是现在，随着基础科学和工业设计水平的发展，这些产业所基于的科学设计和制造规则慢慢可以被大众所理解，这让那些没有受过大量培训和拥有专业知识的人，也能够设计和交付质量更好、价格比早期能够达到的水平低得多的产品。随之，这些产品变得便宜、易得，而且质量一直越来越高。更重要的是，它们的生产不再依赖杜邦公司的科学家和IBM的工程师那样高精尖的专业知识，也就不再受这些专业知识不能规模化的限制。这些产业已经将本来有限的专业知识商品化，因此许多人才能更廉价地获取和使用这些产品。

如果我们能够创建好的学习软件，使学生更容易地在学习中获取成就感，那它和专家级优秀教师相比的一个很大的优势是，软件天生就适合廉价、规模化扩张。在线教育将会彻底改变教师的工作，而且随着网络和软件的迅速进化，它们将会帮助更多普通的教育工作者，使他们能够提供以前只有专家级教师才能提供的教学水平。

我们相信，在未来的岁月里，成千上万的教师和家长可以借助电脑和网络，开发出使学习对于学生而言更有成就感，并形成我们在第5章中所描述的新式辅助价值网络。知识和有效的解决方案可以通过这样的网络进行沉淀和共享，帮助我们有效地解决目前学生学习动力不足的挑战。

注释

1. 在这一段中，我们使用"购买"这个词的意思是为了得到另一件东西而放弃某样东西，学生自身并不为他们的教育买单，但是他们肯定会放弃时间和精力，并且为了得到学校提供的东西而付出对他们来说非常重要的机会成本。在这个意义上，我们认为学生是学校的顾客，他们可能会"购买"学校提供的东西，也可能不会。尽管社会是公立学校的最终客户，但如果学生不买学校提供的东西，学校也可能无法完成社会对它们的要求；这些期望（工作）将在第2章中讨论。

2. 本例中的产品和公司描述都进行了一定程度的伪装。
3. 我们将在下一章中描述和讨论因果关系与相关关系之间区别的重要性。
4. "见朋友"是孩子上学的主要动机，这已为教育工作者所公认。但我们要感谢克莱顿·克里斯坦森的一个学生冈纳·康塞尔曼，他深刻地提醒我们，构建"待完成的工作"框架将有助于应对挑战。

   此外，鲍勃·默斯塔最早联合创建了"待完成的工作"框架。Innosight Institute 的荣誉研究员（该研究所是一个非营利智库，致力于用颠覆式创新理论解决社会领域的问题）正在进行研究以进一步了解儿童要完成的任务。其他与教育系统相关的机构也在研究。

   此外，当我们使用"想要感觉成功"这个短语时，我们并不是指那种表面上的成功，即不管孩子在某项活动中表现如何，都要表扬他。这种错误的概念认为，在这种情况下建立"自尊"是一个好主意。相反，我们指的是真正的成功，学生实际上完成了一些真实的任务并取得了进步。关于前者的危险的讨论可以在乔治·威尔对波·布朗森和阿什利·梅里曼的《NutureShock：关于儿童的新思维》一书中找到。参见乔治·威尔的《如何毁掉一个孩子：过多的尊重，太少的睡眠》，《华盛顿邮报》，2010年3月4日，http://www.washingtonpost.com/wpdyn/content/article/2010/03/03/AR2010030303075.html。

5. 我们认为本章的论题是本书最重要的论断之一。然而，就像我们的大多数其他论断一样，这一论断并没有从对学生的大规模研究中归纳出来。相反，它主要是从我们关于创新如何成功运作的一种理论的视角来看待教育行业。我们邀请其他学者和基金会来探索、检验这些想法，并保证支持他们的努力。

6. 在我们撰写这一章时，西部州长大学（Western Governors University）和杨百翰大学爱达荷分校（Brigham Young University-Idaho）是重要的例外。这些学校的领导者的使命是帮助学生学习，而不是促进教师的研究，他们正在设计模型，优化学生的学习流程。对于某些研究型大学，传统的院系结构更为合适。然而，突破性见解通常出现在学科交叉领域，这一发现表明部门结构也没有优化研究的生产力。有关大学结构及其演变背后的历史的广泛讨论，以及关于西部州长大学和杨百翰大学爱达荷分校的更多信息，请参见 Anya Kamenetz

的 *DIY U: Edupunks, Edupreneurs, and the Coming Transformation of Higher Education*（White River Junction, Vermont: Chelsea Green Publishing, 2010）。

7. 如上所述，我们在第 2 章中讨论了历史上社会雇用学校所做的工作。从这个角度来看，我们一个有趣的案例研究。College Summit 是一个全国性的非营利组织，通过建立大学文化来帮助高中提高大学入学率。College Summit 通过抨击高中生需要做的事情来实现这一点，这样学校就可以反过来完成它们的工作。它的创始人 J. B. Schramm 观察到，大多数高中都试图通过鼓励学生"不辍学"来降低辍学率。然而，这种方法的问题在于，"不辍学"不是学生必须完成的任务。

在高中，学生的任务更多是为了获得更好的未来，即上大学或找一份工作。当与 College Summit 合作的学校改变他们帮助学生解决就业问题的方法，来帮助他们上大学或获得更好的工作之时，留在学校并毕业的学生数量会显著增加。因此，学校也完成了它们的工作，那就是提高它们的毕业率。

这说明了许多行业都存在的一个问题。当提供产品或服务依赖于多元利益主体的决策时，产品或服务必须完成所有多元利益主体需要做的工作，否则它将不能为任何利益主体工作。

需要考虑的另一个有趣的历史案例是无线时代的开始。许多公司提供的产品或服务将提高学生的学习能力，只要教师正确使用它们！许多教育科技公司都在与此作斗争，但很少有公司能存活到最后。无线时代的移动教育评估解决方案就有这样一款产品，但与大多数教育科技公司不同的是，它的产品获得了成功。那么区别在哪里？就像数码照片的故事，大多数教育科技公司不提供产品，而帮助教师更有效地做他们已经尝试做的事情和更有效地完成优先事项。相反，在老师已经很忙的工作之外，你可以"再多做一件事"。相比之下，在第 1 章中讨论过的无线时代的手持设备，可以帮助目标教师更容易地完成他们已经在做的事情，该手持设备能改善和简化他们的生活，而不是进一步使之复杂化。

8. 在第 9 章，我们讨论了一些学校的例子，特别是大都会学校和高科技高中，它们都是按照这些原则设计的。大都会学校的联合创始人丹尼斯·利特基（Dennis Littky）指出，对学生来说，一个关键因素是感到自己很重要，有内在的价值。因此，在学校里他们要完成的任务通常需要对学校以外的更大的社区有意义和价值。在很多情况下，课外活动可以很好地做到这一点，但常规的课业往往不行。

9. 我们推测，一些读者会满怀疑惑地想提醒我们，亚洲地区的教室里坐满了专心听讲的学生,他们一排一排地坐在大教室里,以一种整体式的方式上课,但他们的积极性似乎很高。我们要提醒这些读者,在许多这些国家,贫困仍然是一种强大的外部激励因素。

10. 这种想法与苏联心理学家利维·维果斯基(Lev Vygotsky)提出的近端发展区概念密切相关。http://en.wikipedia.org/wiki/Zone_of_proximal_development#cite_note-4,于2010年4月7日下午1时43分访问。查看维基百科条目"最近开发区域",以获得概念的高级摘要。这个术语的一个经常被引用的定义是:"独立解决问题所决定的实际发展水平,与在成人指导下或与更有能力的同龄人合作通过解决问题所决定的潜在发展水平之间的距离。"见 L. S. Vygotsky, *Mind in Society*: *Development of Higher Psychological Processes*(Cambridge, Massachusetts: Harvard University Press, 1978),第86页。

此外,从哈佛大学教授保罗·彼得森(Paul Peterson)引人入胜的新书《拯救学校:从霍勒斯·曼到虚拟学习》(*Saving Schools: From Horace Mann to Virtual Learning*)节选的一段话中,我们还可以找到讨论这个概念的另一种方式——一位认知科学家认为这是关于大脑如何运作以及对于学生的意义的(旧金山:Jossey-Bass,2009)。彼得森说:"认知科学家丹尼尔·威林厄姆为定制学习的力量提供了一种解释。处理难度适中的问题是有益的,但处理太简单或太难的问题是令人不快的。"参见《拯救学校:从霍勒斯·曼到虚拟学习》(剑桥,马萨诸塞州:哈佛大学,2010年),第253页。

11. 特里·贝伦特,Wichita公立学校学习中心项目的创始人。该学校为辍学者提供了一个获得高中文凭的机会,面临学分不足风险的学生可以通过使用在线教育来获得学分,他在Innosight Institute的一个案例研究中说:"我还没有遇到过一个不想以自己的方式成功的孩子。大多数时候,他们不知道如何成功,也不知道下一步该怎么做。"

凯瑟琳·麦基,"威奇托公立学校的学习中心:创造一种新的教育模式,为辍学者和有风险的学生服务",Innosight Institute,2010年3月,第5页。

第 8 章

亟待改进的教育学术研究

奥斯顿叹了口气。她还是没有琢磨明白，为什么她能够在学校内部、通过学校渠道找到外部资源帮助玛丽亚这样的学生，而萨姆·施皮茨却能从学校外面找到资源来实现自己的潜能。毕竟，也许想要振兴这所不堪重负的学校没有她想象中那么艰难。玛丽亚确实是一个少见的聪明且适应能力强的孩子，但是奥斯顿很明白，玛丽亚不是学校里唯一会因为自己的进步而兴奋的人。奥斯顿想起了自己的家庭和学校。她的整个家庭的人都很上进，她的弟弟戴夫（Dave）是一名工程师，她的妹妹埃莉诺（Eleanor）是一名医生。奥斯顿自己曾经认真思考了很久想从事法律工作，但在大学期间的一次青少年志愿者经历之后，她知道自己更喜欢教育。于是，在另一所高中教了几年历史后，她被派到一所初中担任校长。然而时间不长，去年春天的时候，校区领导把她叫到自己的办公室开会。

"你对兰德尔高中有什么了解？"他问她。

"听说那是个差劲透了的高中，不是吗？"奥斯顿试探地问。

"是的。"

"真艰难啊。"奥斯顿同情地说。

"嗯，其实呢，老汤姆·布里格斯（Tom Briggs）想要退休。你觉得你来接手这个难题怎么样？你是一个坚强的高手，这个挑战正适合你。"

"兰德尔高中一半以上的孩子数学和阅读都不及格啊！"奥斯顿说。

"嗯，"主管说，"你觉得你能改变这个情况吗？把它看成我们对你的能力的信任吧。"

就这样，奥斯顿把整个夏天都花在了为她的新工作做准备的研究工作上。她甚至找了一个训练营，这个训练营号称专门训练教育行政人员的"转型"技能。天哪，她想不出比兰德尔高中更需要转型的学校了。她毫不犹豫地报了名，到那里却发现自己收到一大堆书。她对这些枯燥的研究报告感到失望透顶。更令她失望的是，训练营塞给她大量的研究报告，但并未试图帮助她理解这些学术研究报告的内容。这些所谓专家出具的研究报告自相矛盾到了荒谬的程度：一项研究极力赞美了把规模过大的学校分成小规模的学校的尝试，然而另一个来自有影响力的盖茨基金会（Gates Foundation）的研究表示，在它们的资助下创建的小型学校良莠不齐，有些表现可喜，但其他的在学术成果上令人失望，并没有证据表明哪些做法是行之有效的。在奥斯顿收到的连篇累牍的书中，有些书讨论了她最感兴趣的问题——如何更好地使用计算机以辅助教学，但其他研究表明，技术进步没有显著地提升教学效果。一直以来，奥斯顿总是相信自己是一个坚强的校长，而且她自己就是在有强势管理者的学校里接受教育的，自以为成长得很好。但现在方兴未艾的另一个新潮流认为，教师应该在不受校长管制的情况下自由地相互协作。读了一顿乱七八糟、各说各有理的教育理论后，奥斯顿扪心自问：她自己和她的教职员工不也是这样吗？在她之前管理的中学里，她们一起尝试过很多各种各样的教学方法；她也见过她以前的一些老板尝试各种新的教学技术和教学方法，包括变更班级规模,甚至调整上课时长,等等。但是这些策略大多以失败告终,即使其中很多改良者是极其优秀的教育家,包括奥斯顿所钦佩的人,也不例外。

奥斯顿精疲力竭地瘫倒在自己的座位上,对着她面前的一大摞"最好的实践结果"研究废纸吐舌头。这些东西究竟有什么鬼用?谢天谢地,至少她自己有一个确确实实有用的方法——对于真正的学生有着实际帮助的解决方法。因为玛丽亚就在不远处的计算机房大厅里,登录"阿拉伯语2000"网站来学习阿拉伯语。

● ● ●

斯蒂芬妮·奥斯顿所头痛的问题,正是社会面临的一个现实痛点的真实反映。市面上有着汗牛充栋的教育研究著作。有些报告充斥着大量的统计证据,而其他研究报告着重于分析随机对比试验的案例。但通过大量的踩坑我们已经明白,统计上有效的研究结论,对实际生活来说经常没有什么用处,其中大部分结论甚至是自相矛盾或者与实践矛盾。另一些时候,当校长、教师或者政策制定者断章取义地应用某些研究结论时,其结果往往与意愿背道而驰。所以,像奥斯顿这样的教育一线管理者的抱怨,难道不是合情合理的吗?世界上有这么多有才华的人在努力改善公立学校,却得到令人失望的结果,因为他们遵循的教育科研理论和结论都是初步的、不完整的。[1]

为什么会这样?如果大势如此,那么你读完本书所学到的结论,会与市面上众说纷纭的教育研究高论有什么本质上的不同吗?在大多数其他科研领域，都已经有了成熟的研究成果，帮助人们更有把握地预测特定行动的特定结果。但是在教育界，很多教育人员（从教师到研究人员）认为，在教育学中建立这种确定性的预测模型是不可能的。"因为教育是独一无二的。"他们说，"它不是一门科学。它是一门艺术。期待科学一样精确的确定性是一种奢望，你想多啦。"

对此我们难以苟同。教育当然是独特的，它的很多构成要素属于且将一直属于艺术而非科学范畴。专家级的老师、老师与学生之间的人际沟通，以及每个老师理解学生，并和学生相处的方式都是独特的。但是，困扰教育研究人员至今的最普遍的难题，是他们甚至还没有机会发现能够系统性地提高学校效能的任何可依赖的通则。我们认为，导致这样的现状，是因为现有的研究范式导致研究人员只能进行一半的工作。目前的教育科研给了我们数据的相关性，却不能解释其因果关系。因此，大多数（虽然肯定不是全部）教育研究的结果造成了行业内更多的争论而非共识。顺便提一下，很多关于商业的研究也好不到哪儿去。这些研究共同的缺点，是仅显示了数据的相关性，却不能帮我们理解其间的因果关系。因此，很多学术研究的成果，对该领域的管理者而言，无法提供实质性的帮助。

有趣的是，教育并不是唯一一个大家众口一词地说过"这种现象太复杂，根本不可预测"的行业。例如，在1700年之前，人们也曾经用同样的态度去对待自然界。对那个时代的人类而言，太多事情似乎根本无理可讲，唯一行得通的解释是众神的愤怒。但是后来，科学方法论的发展改变了这一切。现在我们可以轻易地理解并合理预测我们身边的很多自然现象。例如，理解引力，可以让人类预测到如果有人走过悬崖边缘，他就会摔下去，因此，我们不需要再收集有关这个特定问题的实验数据。同理，我们可以预测给定的材料在什么样的压力水平下会断裂，某一元素在什么环境下将与其他元素产生化学作用，等等。

同样地，我们相信，通过缜密的科学研究，教育科学家可以在教育领域建立同样严密的科学认知。但是要达到这个目的，我们首先需要从现存的教育科研的普遍范式中脱离。从表象上研究什么是最佳教育实践，或什么方法在教育上能取得的平均效果最好，是没有意义的。正如精准医学的研究人员需要通过努力分析病因而不是归集症状来理解肌体紊乱一样，教育研究必须从个别学生的角度，理解什么教学方式在什么样的教学情况下能够达到最佳效果，而不是什么教学方式最适合提升学生团体或学校团体的平均成绩。

为什么我们要在本书中专门花一章的篇幅来理解教育研究？为什么把这段内容放在这里呢？毋庸置疑，本书早已明显背离了本章开头描述的教育研究的常见共同范式。我们所使用的成功开发、实施高效创新的理论和模型，不仅适用于营利性组织，也适用于那些受到强监管的非营利性和政府组织。那些善于使用这些创新模型的人可以成功地、有把握地实施创新。这些研究早已在各种情景和各种例外情况下被测试和演绎，并被证明是有效的。在之前的7章里，我们深入研究了教育创新可能的伟大前景。但是，这一伟大前景能否被实现，很大程度上取决于许多学生是否有动机去主动学习。而在当下，学校以单一的方式而不是因材施教的教学方式运作的前提下，答案是否定的。本章主要是运用在教育研究领域之外的其他领域的科研成果，对教育进行研究和间接论证。我们发现，单纯地通过比较一组学校、学生或学生的平均绩效来判定教学成果的优劣是不合理的。我们采用的方法是，通过创新理论的视角来检查我们的教育产业现状，从而更深入地理解公立学校系统为何一直在提升绩效和预测何种教学方式会更有效地提升成果方面举步维艰。因此，我们希望通过这一系列的分析，不仅能提供新鲜的意见或看法，更要能找到大家为之努力已久的、可预见的提升公立学校绩效的途径。因此，本章的目的是描述一种教育研究的过程，以保证它可以帮助我们预测学校的哪些做法将改善我们的公立学校系统，哪些不会，以及为什么。[2]

❖ 理解体的建立和描述

研究人员一般会通过两个阶段来建立理解体——描述阶段和指令阶段。描述阶段是一个初步阶段，研究人员必须首先通过它来逐步理解这个主体和它的属性。从事描述性研究的研究人员一般遵循三个步骤——观察、分类和定义关系，并以此来组织他们的研究工作。

第 1 步：观察

建立理解体的第一步，如图 8-1 中的金字塔所示，是尽可能准确地描述与目标主体相关的种种现象。学校、它们的建筑、它们所处的社区、教学方法，乃至学生、教师和校长的画像都是现象，仔细记录它们是进行学术研究的一个重要的基础。如果随后研究人员无法就现象的描述达成一致，那再回头改进理解体是很困难的。

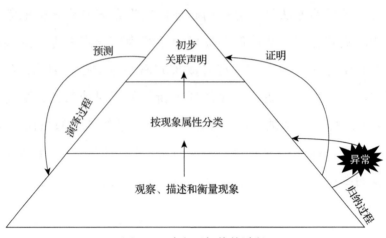

图 8-1 建立理解体的过程

为了能对所有细节形成一个整体的理解，研究人员在观察阶段开发结构。结构是一种抽象概念，帮助我们了解研究现象的本质。比如，我们在第 1 章介绍的"世界上存在多种不同的智能类型"理念，就是一种综合对不同学生学习方式和计算信息方式的一系列具体观察而抽离出的结构。种族特征同样是一个重要的构造，或者说抽象概念，帮助我们捕获令人眼花缭乱的描述性信息背后的深层本质。

第 2 步：分类

研究人员观察并描述了这些现象后，下一步是根据它们的特征对现象进行分类。例如，研究人员可能会把那些学生人数少于一定数量的学校定义为"小学校"，超过一定数量的学校定义为"大学校"。教育研究中的其他常见分类包括特许混办学校和学区统管学校，私立学校和公立学校，城市学校、郊区学校和农村学校等。[3] 研究人员经常对班级按大小分类，按培训教师的受训程度分类，或者按管理者的领导风格等分类。另外，我们第 1 章介绍的霍华德·加德纳的多重智能分类系统，就是一个说明性的分类系统的代表。迄今，许多人仍在争论和研究什么适当的分类更适合教育这样一个以更好地理解人们怎样思考和学习为研究方向的新兴领域。

研究人员进行分类是为了突出和识别这些类别特征和他们感兴趣的结果之间可能有意义的关系。比如，研究人员按照学校的大小分类，就是因为他们凭经验觉得，课程广度或给每个学生的个人关注程度可能对教学成果有重要的影响，于是他们就从这方面入手来试图找到数据关系。

第 3 步：定义关系

在现象被观察和分类以后，研究人员就可以开始进一步探讨各类别的现象的决定性属性和他们感兴趣的结果之间的关联。比如研究人员可能会衡量考试成绩与大学校和小学校的辍学率之间的联系。这个初步的研究结果可能证明，平均而言，一个群体做得比另一个群体更优秀。这些相关性研究的作用是有限的，尤其是它们无法预测是否特定的学生、班级、教师或地区将符合或应该符合一般趋势。

美国教育部的两项研究说明了这一点。第一项研究发布于 2006 年 7 月，它把私立学校和公立学校进行分类对比，并比较了四年级和八年级学生的阅读与数学成绩，成绩以国家教育进展评估项目组分数体系为准。在调整了性别、种族、民族、身体健全情况，以及如学校的教学语言、规模大小和地理位置等特征后，公立学校四年级学生的数学成绩高于私立学校，阅读成绩没有明显差异。在八年级学生中，私立学校阅读成绩领先，而数学成绩差异不大。[4]

大约在同一时间，教育部发布了另一项研究，比较了150所特许混办学校和6764所传统公立学校四年级学生的NAEP分数。研究表明，隶属于传统学区的特许混办学校，和其他传统公立学校之间差别不大，但是独立特许混办学校的分数比其他学校要低。[5]

不可否认，这些相关性研究是走向建立健全的理解体的必经阶段，但是，大多数教育研究停在这个阶段，没有超越它。这就导致了研究进展的瘫痪，因为仅有相关性的研究，或仅有描述性的理解体，无法判断特定的人是否适用于某个特定公式、在某个特定的情况下采取特定动作是否能够达到希望的结果。当然有个别特定的私立学校的表现，会优于教育部研究中的很多公立学校，但我们不知道它是哪一个，或者它为什么好。所有一般性的研究范式，特别是这项研究，只能断言，平均情况并非如此。但是，要想进一步知道，哪些行动将帮助我们在特定情况下、特定学校里取得期望的结果，需要等到这个领域的规定性理解主体发展之后才有成功的可能。而后者，要依赖我们改进现在的描述性研究才能实现。

❖ 改善描述性理解体

初步的、描述性的理解体几乎总有归纳上的源头，也就是说，它们的相关性来自一组数据。所有这些研究都是一个起点，以供后续的研究在它的基础上进步。但是，当人们只积累了半瓶子认知就自以为胜利，这个认知的金字塔只上行了半圈就停止深究的时候，我们整体理解教育科学的努力就暂停了。现在教育研究界的游戏规则是："我的研究数据的关联性比你的好。"这些数据结论中的有些可以被推上头条新闻，但在改善我们的学校方面并没有实质性的效果。私立学校与公立学校的对比研究、特许混办学校与传统公立学校的对比研究，做的就是这些。特许混办学校政策的反对者断言，以上研究结论证明特许混办政策应该被取消；但是特许混办学校政策的拥护者们总能提出其他相反的学术结论作为反击。[6]

其他领域的学者怎样从初步研究更进一步呢？常用的方式是寻求称为"异常"的、偏离描述性数据平均倾向的例外情形。他们沿着图 8-1 中金字塔的另一边继续前行，理论是"如果我们从以前的数据中观察到的相关性是真实的，那么当我们用这一相关性去预测更多现象时，我们应该看到正向的结论支持"。如果研究人员们在研究进一步数据的过程中看到了他们所期待的一致的相关性，那么这些相关性确实是真实存在的，但它们还是没有改善理解体。[7]只有当我们发现初步的相关性无法解释的东西时，研究才能有所突破。异常对研究人员而言实际上是好消息，因为它们给了研究人员一个思考的机会，"这里还有其他事情发生"，这才能促进更深一步的理解。[8]

如图 8-1 所示，发现异常经常意味着分类方案不够精准。研究人员根据异常的线索来研究金字塔的底层结构，以便于更清楚地定义和测量现象，或将这些现象进行更准确的分类。只有这样，研究人员才能对异常进行合理的解释，并且更好地理解先前的属性和结果之间的相关性。以上引用过的学区公立学校和特许混办学校的比较研究中产生的异常，就是那些学生整体表现优于公立学校的混办学校学生。对这些确实胜过了传统公立学校的特许混办学校进行仔细研究，将有助于引导研究人员意识到他们当初使用的初步分类方案可能根本就不正确。比如，究竟什么算"特许"？"特许混办学校"只是一个称谓，告诉我们它是根据什么规章制度成立的；它只是一个法律术语，丝毫不能反映学校的教学方针、特长，甚至是它的规模大小。威斯康星州学校董事会协会一个负责信息管理的官员说："2006年，（这个研究）就像说同样的油耗，租赁汽车比自有汽车跑得更远一样没用。汽车是怎么租的和车辆的性能怎么可能有关系？"

从描述性理解体到规定性理解体的跃迁

托马斯·库恩（Thomas Kuhn）在50年前曾经写道，混乱和对抗是描述性阶段的常态。对特许混办学校和传统公立学校或小型和大型学校的对比研究看起来混乱，证明库恩的远见是正确的。这个描述性阶段的研究，通常以大量分类方案为特征，因为每种现象都有许多不同的属性，也就有很多种分类和描述的方法。通常在这个阶段的研究难以产生无可辩驳的优越模型：每个新研究似乎都能很好地解释其他模型的异常，但它们自身往往也有异常。这就是目前很多教育研究陷入的困境。

当严谨的研究人员使用详细的经验以及人口学、人种学观察结果去诠释相关性分析的描述性结论时，这种困境就变得愈加清晰。如图8-2所示，它们向上跃迁到了规定性理解体所在的金字塔顶部，而这个金字塔的顶点是，什么导致了研究人员所感兴趣的结果。规定性理解体比描述性理解体有更强的预测能力，原因如下所述。[9]

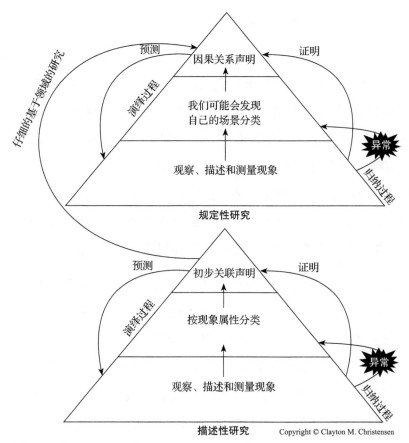

图 8-2 从描述性理解体到规定性理解体的转变

规定性理解,就像它的描述性前身一样,仍存在很多亟须改进的地方。研究人员通过描述性理解阶段使用过的相似步骤来实现这一点。他们像调整一组显微镜镜头一样校正和审视他们正在研究的因果关系,并拿着初步结论去验证新的现象,直到演绎到金字塔底端来测试因果关系假设的可靠性。他们的底层逻辑是,"当我们用这些因果关系去推测这些行动的结果时,这些应该是我们会观察到的结果"。当他们遇到一个异常情况时,他们回到金字塔的下层,通过重新研究分类精细度、重新推导因果关系来解释异常现象。

但是，这两个阶段有另一个重要的区别。研究人员在建立规定性理解体时，不是按现象的不同属性分类，而是对管理员、学生或教师可能出现的不同场景进行分类。他们问行业从业者在什么样的场景下会遇到异常，"这些人在什么样的场景下，会发现同样的行为产生了不同的结果？有什么新的因素影响了我们之前理解的因果关系，并且让它失效了？"现象的相关性和因果关系在金字塔两边上下反复时，寻求异常的研究人员上下而求索，通过这一过程最终定义每种不同的情况下，管理员、学生或教师在追求希望的结果时可能遇到什么样的情形。[10]

这种严谨科学的研究方法，打开了研究因果关系不确定性的大门，它帮助我们明白，研究人员一开始做出的因果关系假设为什么在不同的情况下会有不同的结果。规定性研究基于上一阶段经过充分研究的场景分类，让管理者和教师可以预测哪些行动在他们的特定教学场景中能产生他们想要的效果，并以此指导他们的教学计划和行动[11]。这样的研究过程能产生比以前更精细、更有实用价值的理论。虽然描述性研究也可能得出结论，"平均而言，使用声音教阅读会产生更好的效果"，但是规定性研究的结论则是，"如果学生在声音信号理解方面智力很高，那么，用自然发音教阅读会产生更好的效果；但如果学生在其他方面智力很高，那用整体语言教学的方法会产生更好的效果"。

载人飞行的发展历史

载人飞行的发展历史可以帮助我们更好地了解从描述性理解体到规定性理解体之间的跃迁是怎么发生的。故事开始于中世纪，梦想在天空翱翔的人们观察那些善于飞翔的动物，把它们和不能飞的动物做比较，研究其中的奥妙。他们发现了什么呢？他们发现，绝大多数会飞的动物都有带羽毛的翅膀，而几乎所有那些不会飞的动物都没有这些属性。这就是一个描述性声明。当然也存在像鸵鸟这样异常的、有带羽毛的翅膀但是不会飞的动物；蝙蝠没有带羽毛的翅膀但是飞得很好。虽然存在异常个例，但是翅膀、羽毛和飞行的相关性如此之高，足以说服早期的飞行家致力于复制会飞的动物看似最突出的特征：如果人类有翅膀和羽毛，有了像那些会飞的动物一样的"最佳实践"，那么从理论上来讲，人类也可以飞行。所以，早期的飞行家忽略了异常，他们制造人造翅膀，在它们上面粘上羽毛，背着它们跳下大教堂尖顶并努力拍打翅膀。但很遗憾，这些尝试都失败了。

于是，后继的科学家对上述分类方案提出了反对意见：究竟哪些鸟类的属性或行为是真的帮助它们飞行呢？例如，罗杰·培根（Roger Bacon）写过一篇颇有影响力的论文，断言人类和鸟类之间决定性的不同特征是鸟类有空心的骨头。而因为人类有坚实沉重的骨骼，培根推断，人类永远不会飞。然后，培根提出了设计可以拍打翅膀的机器，以产生足够的力量克服人类骨骼沉重的缺点。但这些尝试仍然全部失败了。[12] 历史的惨痛教训告诉我们，只用描述性的关联声明武装是不行的，导致了一代代的早期飞行家献出了生命。

后来，随着流体力学研究的进展，丹尼尔·伯努利（Daniel Bernouli）确定了一种我们称为"翼型"的形状：当这种形状切断空气时，会产生一种我们叫作"升力"的力量，空气可以形成一种向上的"推动"力。这个因果机制（现称伯努利原理）的发现，使飞行第一次成为可能。但这个时候，飞行的成功还不可预测。伯努利原理预测当飞行员建造有机翼的机器用于提升时，有可能会飞行成功，但飞机坠毁仍非常普遍，而这些坠毁都是伯努利原理不能解释的异常。坠机事件让研究人员不得不重新审视他们的分类方式。这一次，研究人员不是按飞行员的好和坏属性来分类，而是按场景分类。他们问："飞行员在什么情况下会出现坠机？"对这些异常场景的研究，可以帮助工程师改进设备、技术，并改进带有清晰场景前提的因果关系："正常飞行的时候，你应该这样操作；但当你遇到这种情况时，为了不发生坠机，你应该用不同的方法飞行。"

上述底层因果机制的发现，使飞行真正成为可能。对飞行员在不同场景下可能存在的异常情况的分类研究，使人们建立了飞行的可预测性。

如果场景定义的分类对于建立规定性研究如此重要，我们该如何确定什么是最佳的类别定义呢？还有，什么样的定义边界对我们建立准确的理解和预测是重要的，什么是次要的？在人类学飞行的例子中，重要场景之间的边界是需要飞行员用不同方式驾驶飞机的情况。如果不是因为不同的场景下需要不同的驾驶方法，那它就不是有意义的分类。学校管理者和老师同样可以借鉴这一原则。如果他们发现自己身处一种特定场景，他们就应该改变行动或组织方式，来实现想要的结果。这个时候，他们就跨越了一个显著的边界，进入另一个类别。

❖ 教育研究中的进步

我们上面所讨论的研究方法，在任何领域或事业中都适用。每个政策制定者、学校管理者和教师负责任地采取任何行动的基础，都是这个或那个教育理论。他们相信，如果他们做特定的某些行为，就会得到他们需要的结果。如果那些作为教育界组织结构创新的先行者的政策制定者和学校管理者，对教育能有行之有效的因果关系的理解，那么他们实现目标的机会将大大增加。如果研究人员能够提供有效的科研结论，帮助一线的教育从业者理解在每种不同的情况下需要采取什么不同行为来得到他们需要的结果，那么他们改进的努力将变得更加可预测。

在本次研究中，我们充分地意识到了学界对于改善教育研究的新意愿。虽然仍有研究人员在进行数百项描述性研究，但是把结果和不同学校的特征属性联系起来进行相关性对比，不一定能帮我们理解底层的因果关系。变化可能正在发生。许多联邦 K-12 拨款计划现在要求提供基于随机试验的研究支持。这类试验，或称"双盲"研究，是研究界向前发展的重要的一步。这类试验已经在医药和福利政策领域取得了重大进展。但是做试验和完成研究周期并不是全部，教育或者医学研究都仍处于蓬勃发展期。大多数双盲随机试验的结果，是只有一部分接受干预的样本出现了积极回应。如果这个百分比足够高，而负面回馈的比例足够低，这个干预就有了足够的进行进一步探索的吸引力。但是，现实情况是有很大一部分接受干预但没有产生正面或者负面回应的样本，现在被视为统计中的概率噪声，必须从试验中隔离。因此，我们实际从每次试验中学到的东西是很少的，其他未知元素产生副作用的概率，相对于对某种干预策略有效的人的比例而言过高。换句话说，大多数临床试验由于其自身设计的原因，一直保守地待在研究金字塔的描述性研究一侧，这是因为人命关天，需要保持新治疗方法的安全。如果要向前进一步，整个研究界，负责资助研究的基金会和政策制定者，需要把双盲测试作为研究过程整体的一部分，而不是简单地再用于"测试"研究结果。当一些受试样本对一种测试程序产生了回应，而其他有相同特征的人却没有回应的时候，证明有问题——存在"异常"。要么是因为存在多个潜在的因素可能导致相同的症状，比如阅读困难症有多种成因，要么是因为具有相同潜在条件的样本可能有其他基因或环境方面的差异，或者两者都有。无论如何，异常是提示研究人员探索那些出现回应的样本和那些没有回应的样本不同之处的线索，推动我们逐步、连续地走向规定性理论。[13]

Meredith I. Honig 在她的新书《教育政策实施新方向：面对复杂性》（*New Direction in Education Policy Implementation: Confronting Complexity*）中研究了关于教育研究现存的缺陷。她说，有部分教育研究的目标是帮助教育者和管理者在适合他们的场景下采取可预测成功的行动，但大多数不是。她说，如果乐观地看待教育研究状况，我们会看到一些政策得到实施，并且"在一些地方成功了一段时间……基本的实施问题变得不只是'什么是可实施的和什么有用'，而是'什么是可实施的、什么有用、谁、在哪里、什么时候和为什么？'"[14]

❖ 什么样的研究结论是有效的

我们怎样知道什么样的研究结论是有效的？有三个常见而且有效的衡量标准。我们把第一个衡量标准称为结论的可靠性。这个衡量标准随着样本量的增加而提升，即尽可能增加样本量，就可以最大限度地减少测量的相关性不是零的可能，简单地说就是确保观察到的相关关系不是由统计误差造成的。第二个衡量标准是内部有效性。内部有效性研究通过基于研究前提的逻辑推导得出结论，主要用于在没有其他合理原因可以用来解释观察到的相关性的时候。

第三个衡量标准是外部有效性。外部有效性不是用大量数据和统计意义建立的。相反，它是研究人员在定义有关他们感兴趣的结果的完整场景或环境时建立的。只有所有场景类别被用一种系统、详尽和互斥的方式定义了之后，研究人员才可以有把握地说："我正处于这种场景下，为了成功达成 Y 目的我需要这样做 X。但是当我发现自己在另一种场景下的时候，同样的方法就是行不通的。我必须那样做 Z。"外部有效性来自正确的分类，而当下流行的教育研究范式往往忽略了这一点。

当分析对象的单位是一组学校时，研究人员的细化程度只能精确到某个类型的学校。有些管理者会发现，那些研究中发现的、对某些样本平均效果最好的方法确实适合他们；但更多的时候，对"平均"而言，最好的行动在特定情况下未必产生最好的结果。贾雷德·戴蒙德（Jared Diamond）在《枪炮、病菌与钢铁：人类社会的命运》（*Guns, Germs, and Steel*）中这样说："如果你没有读完过任何一部分析环境对于人类影响的鸿篇巨制，细数过去 13 000 年来环境对人类社会的影响，那么你可以更简单地从身边很小的测试样本（你的人生体验）中得出可信的初步结论，即环境的影响应该是真的很大的。"[15] 同样，试想，是否存在一种方法，比如像 KIPP，对特定类型的学生行之有效呢？要验证这一点，在相信其他海量的数据之前，你需要先看看它在你身边的其他场景下，对更多孩子进行实验的结果怎么样。

像我们将在第 9 章中看到的，了解一个特定对象属于什么样的类别，是决定一个人应该怎么做来获得预期结果的关键。许多教育政策的制定者、学校管理者和改革者，经常采取不适合特定人、特定学校情况的行动。如果那些做过这项研究的人，或者在许多情况下，那些在报纸上写过研究报告的人（这些改革就是从他们的研究中构思出来的），确定了建议的行动在哪些情况下是有效的，那么结果的失败是可以预测的。

注释

1. 很多文章从和我们不同的角度批评教育研究。例如，一些学者指出这些研究往往过于狭隘地关注教学或课程因素，没有参考深层文化及其影响。参见 M. Fullan,《变化力量：续集》（London：Routledge, 1999）。Seymour Sarason,《教育改革的可预测性失败》（Hoboken, New Jersey：Jossey-Bass, 1990）。
2. 有很多观点是关于理论是什么和如何最好地建立和教授的。我们在这里提供的模型是其他几位学者写的有关如何建立有效和可靠的理论的综合。虽然有其他有用的理论建构模型，我们采用的特定模型证明它对我们和许多学生及同事都有帮助，但是我们共同做了理论建设研究，评估了其他人的工作，训练我们的学生，设计和教授我们的课程。这里综合的理论建构模型的学者及其著作包括托马斯·库恩,《科学革命的结构》，第 1 版（Chicago：University of Chicago Press, 1962）和 Karl Popper,《科学发现的逻辑》（London：Routledge, 1959）自然科学版；D. T. Campbell 和 J. C. Stanley,《实验和准实验设计研究》（Chicago：Rand McNally, 1963）；A. Kaplan,《咨询行为：行为科学方法论》（San Francisco：Chandler, 1964）；B. Glaser 和 A. Strauss,《扎根理论的发现》（Chicago：Aldine, 1967）；Arthur L. Stinchcombe,《构建社会理论》（New York：Harcourt, 1968）；F. J. Roethlisberger,《难以捉摸的现象：我在哈佛商学院组织行为领域工作的自传》（Cambridge, Massachusetts：Harvard University Press, 1997）；Herbert A. Simon,《行政行为：在行政组织中做决定过程研究》（New York：Free Press, 1976）；R. Yin,《案例研究：设计与方法》（Beverly Hills, California：Sage, 1984）；Robert

S. Kaplan,"实证研究在管理会计中的作用",《会计、组织和社会》,第11卷,4～5号,1986年,第429～452页;Karl E. Weick,"理论建构为受过训练的想象",《管理学院评论》,第14卷,4号,1989年10月,第516～531页;K. M. Eisenhardt,"从案例研究中建立理论",《管理学院评论》,第14卷,4号,1989年10月,第532～550页;Marshall Scott Poole,Andrew H. Van de Ven和Kevin Dooley,《组织变革和创新过程:研究理论和方法》(New York:Oxford University Press,2000,管理与社会科学版)。对于这个综合,我们添加了自己的观察结果,是通过研究哈佛大学、麻省理工学院、斯坦福大学和密歇根大学各种博士生的研究成果得出的。我们写这几页的目的仅仅是表明教育研究人员在历史上得到非常有限的资源,从归纳和演绎过程的相互依存,以及建立理解体的整体活动中可以得到很多。

3. 实际上,到目前为止只有原始的工作才能产生复杂的学校分类法。Mark Van Ryzin 最近在明尼苏达州的大学中开展了一项研究来创建这样的分类法。他的研究目的是找到一个经验导出的分类法,以便学校有更丰富的分类方案钻研类型描述,如"传统"或"进步"以及捕捉与学生成绩相关的关键结构和操作差异。在确定了初步变量后,这个研究现在进入落地阶段。参见 http://taxonomy.pbwiki.com。

4. Henry Braun,Frank Jenkins,Wendy Grigg 和 William Tirre,《比较使用分层线性建模的私立学校和公立学校》,美国教育部,国家教育统计中心,2006年7月,http://nces.ed.gov/nationsreportcard//pdf/studies/2006461.pdf。

5. 参见 Braun 等,《比较私立学校和公立学校》。
这些类型的研究是这个领域的典型。一份在 2007 年 6 月,纽约市市长布隆伯格执政时的报道指出,自 2002 年以来,47 所小型学校由大型学校改变而成,与地区高中平均毕业率为 60% 相比,毕业率为 73%。市长布隆伯格和主管乔尔·克莱恩把这些百分比作为小型学校做得更好的证明。但有些人认为这些学校倾向于招收更少特殊教育学生或英语能力有限的学生。参见朱莉·博斯曼,"小型学校提前毕业",《纽约时报》,2007 年 6 月 30 日,http:// www.nytimes.com/2007/06/30/nyregion/30grads.html?_r=1&oref=slogin。

6. 更确切地说,根据特许混办学校领导委员会的一份报告,17 项研究"及时查看了快照,9 项研究显示特许学生普遍比地区学校表现差,其他 8 项研究显示可比较、混合或一般积极的结果"。Greg Vanourek,《2005 年特许混办学校运动状况:趋势、问题和指标》,特许混办学校领导委员会,2005 年 5 月,第 14 页。EdSource 的一项研究提出了关于特许混办学校的这一启示:"这看情况。"它按级别对特许混办学校进行分类（初级、中级和高级），看看是否重要并产生了仍然是"平均"声明的各种结论。Nanette Asimov，"特许混办学校的表现比中级的普通学校表现好，但研究人员说，需要进一步研究并找出原因"，《旧金山纪事报》，2007年6月13日，http://www.sfgate.com/cgi-bin/article.cgi？f=c/a/2007/06/13/BAGQGQECQE1.DTL。

7. Popper, op. cit.，断言这个阶段的研究人员，当理论准确预测他观察的东西时，只能说明他的理论测试或实验"证实"或"未能否定"理论。

8. 见 Kuhn, op. cit., Poole, Van de Ven 和 Dooley, op. cit.。

9. 当我们在各种教师研讨会上展现这种理论模型时，我们经常卷入关于绝对真理是否存在的深奥讨论中，更不用说我们是否能够发现它是什么。我们从这些讨论中得出结论：我们无法通过它是否"真实"来判断理论的价值。我们最期望的是一个渐渐接近真理的理解体。因此，理论的价值用它的预测能力评估。这就是我们为什么断言规定性理论比描述性理论更先进、更有用。

10. 这个集合是否能够用永久、明确的方式来定义，本章后面后讨论。

11. 巴泽曼注意到一般社会科学研究对管理影响很小的一个原因是大多数研究人员选择不规定性。事实上，种类文化在许多社会科学研究者中出现，他们应该研究描述性理论。巴泽曼表明，在社会科学中发展规定性理论不仅有可能，还是可取的。M. H. Bazerman，"开展有影响力的研究：对规定性含义的需求"，《管理学会评论》，第30卷，1号，2005年1月，第25～31页。Ferraro、Pfeffer 和 Sutton 似乎同意这种规定性社会科学理论可以深刻地影响行为，有时候用自我实现的方式。见 F. Ferraro、J. Pfeffer 和 R. I. Sutton，"经济学语言和假设：理论怎样能自我实现"，《管理学会评论》，第30卷，1号，2005年，第8～24页。

12. Brian Clegg，《无限的简史：不可思议的探索》（London：Robinson，2003）。

13. 美国教育部的一份报告详细阐述了怎样进行这种研究会在药物和福利政策方面取得重大进展，以及怎样做以使它在教育方面也能取得同样的成果。例如，一项研究显示，合格的老师一对一辅导1～3年级的高度阅读困难者让普通学生的阅读能力比对照组没有经过辅导的学生高大约75%。用这种方式研究是教育界的一种改进，但仍然不完整。虽然老师广泛地捕捉了学习的因果机制（老师有更好的能力用以学生为中心的方式教学并满足学生的学习需求），但是仍然只告诉我们当我们实施某项政策时将会发生什么。它仍然是如图8-2所示在描述性研究这一边。教师和管理者需要知道如果他们在具体情况中实施政策，将会发生什么，而不是平均会发生什么。我们需要了解当学生在接受辅导后成绩令人失望时，他们处于什么情况。导师不好吗？导师没有调整他们的教学风格来和学生匹配吗？或者，是那些个别学生的问题吗？了解这些异常并重新看分类方案将提高声明的可预测性。《通过严密证据确定和实施教育实践：用户友好指南》，美国教育部，2003年12月。

军方的一项研究表明，接受辅导的学生的成绩比98%的课堂学习的学生更好（国防部部长办公室的前准备和培训政策计划负责人Michael Parmentier），高级分布学习简报，2000年春季。

另见Clayton M. Christensen，Jerome H. Grossman和Jason Hwang，《创新者的处方：颠覆式创新如何改变医疗》（纽约：麦格劳-希尔，2009年，第8章），其中作者讨论临床试验过程如何必须改变药品。本段的一部分是根据那一章的一节改编的。另外，作者在附录中给了一个图，提供了一个关于临床试验过程应该如何关注的建议，关注对于给定的治疗"更糟糕的反应者"，并用随机试验来丰富试验。我们在这里复制了这张图，因为它与改善教育研究相似，作为建议给参与该领域研究的人员进行或使用教育研究。

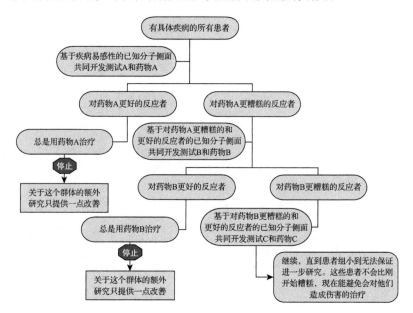

14. Meredith I. Honig，《教育政策实施新方向：面对复杂性》（纽约：纽约州立大学出版社，2006年8月，第2页）。

15. Jared Diamond，《枪炮、病菌与钢铁：人类社会的命运》（纽约：W.W. Norton，2005年，第54~55页）。

第 9 章

组织创新

奥斯顿这繁忙的校长的一天,充满了大大小小的兴奋与失望,交替进行着进入了最后一节课。这时候,她的秘书拿着一张便条进入了教室。奥斯顿正在电话上与 Matthew Keys 学校的校长讨论转校安排,匆匆瞥了一眼便条:替补足球前锋道格拉斯·基姆,昵称"道格"的不端行为,再次使他的运动员资格面临被吊销的风险。她叹了口气。道格的问题不仅仅是学术问题,还源于他的家庭。无奈的是,玛丽亚·所罗门不是奥斯顿学校的学生。

她尽快结束了与 Matthew keys 学校校长的谈话,直接拨电话给格拉迪丝(Gladys):"你能让道格在足球训练后来我办公室吗?我在家长教师讨论会结束后,要跟他聊聊。"

"这将是一个漫长的夜晚。"奥斯顿瞄了一眼钟表,心中一阵哀叹,"我既不是父母也不是老师,却要和他们开家长教师讨论会……"当她想象会议中提出的问题时,不禁开始担心。这些父母和老师对她有了足够的信任吗?

5点30分,在她走进那间占用乐队室改成的宽敞但肮脏的会议室时,帕蒂·伯金斯(Patty Burkins)已经在那里了,正在与几位家长手舞足蹈地交谈。奥斯顿成为兰德尔社区的一员并不久,但是她已经看到了伯金斯夫人的影响力,大多数父母和许多老师都会认为,伯金斯比奥斯顿更了解学校的运作方式。他们的这种想法甚至可能是正确的:伯金斯有四个孩子,其中两个已经毕业,再算上她家里一直寄养在这所学校上学的孩子们,她积累的关于学校的知识可比任何人都多。所以,如果兰德尔高中发生任何事情,伯金斯都知道。奥斯顿朝伯金斯微微一笑。她由衷地钦佩伯金斯,这个女人对教育认真的态度可以与她自己媲美。事实上,伯金斯让奥斯顿想到了自己的母亲。

大部分其他父母,奥斯顿是头一次见。她快速地梳顺自己蓬乱的头发,挤进一群正在闲聊的父母圈子里。"我是斯蒂芬妮·奥斯顿,新校长。"她欢快地向家长们自我介绍。

"芭芭拉·所罗门(Barbara Solomon)。"一个有着与玛丽亚同样面相的黑衣女子说。奥斯顿忍住没有开口告诉她,她的孩子是多么招人喜欢,她十分了解在其他所有父母面前这么说之后可能会引起的反作用。于是她紧紧握了一下那个女人的手,转身面向旁边的男人。

"拉尔夫·詹姆斯(Ralph James),"男人说,"我的妻子今晚因事无法参加,但我们十分欢迎您来到学校,奥斯顿博士。"

越来越多的父母陆续到达,奥斯顿洋溢着她标志性的笑容,熟练地和不同的群体套近乎,并与父母们温暖、坚定地一一握手。她之前的上级经常表扬她的沉着以及对新环境的适应力,但她知道在她开场演讲之后,她出色的闲聊技巧可能就没那么重要了。因为她来这里是为了宣布一些令人不开心的消息。在人们开始安静下来时,帕蒂·伯金斯将她请到屋子的前面。

"我想我们已经准备好了,"伯金斯对着麦克风说道,"又是伟大的一年!让我们听听兰德尔社区的声音吧!"

父母们大笑,且热情地鼓掌。伯金斯仿佛是一个啦啦队队员,但他们爱这样的她。他们不敢想象她最后一个孩子毕业的时刻到来,毕竟除了她，哪个家长会有这么大的热情来支持学校呢？

"我很高兴今天能够迎接我们的新校长。谢谢大家的光临。我知道奥斯顿博士见到你们很激动！"然后，伯金斯把麦克风交给了奥斯顿。奥斯顿站在那里，瞬间怀念起了自己高中辩论赛的那些日子。奥斯顿在各种教育会议及国立大学里做过演讲，但是这次的观众可能是最令她紧张的。

"谢谢，帕蒂。"她停下来，再次拨了拨遮住眼睛的头发，"我很高兴能够来到这里，与你们一起支持兰德尔高中的发展。我很期待今年家长教师讨论会和你们一起谈论将来我们要做些什么。

"我想谈谈兰德尔高中目前面临的最大挑战：标准化。我来到兰德尔高中是因为它需要追求新的方向。也就是说，我接受这份工作意味着我相信学校可以找到一条新的发展道路。

"我们的学校非常多元化，我们有来自富裕家庭的孩子，但我们也有很多需要免费及优惠午餐计划的孩子。超过50%的学生阅读能力没有达到全美平均水平。但我们也有网球运动员冠军及物理奥林匹克竞赛的获奖者；我们还有上周因非法经营临时冰毒实验室而被警察逮捕的几个孩子。在这个学校里有很多事情要做。而我们如何在同一所学校里同时满足所有孩子的需求呢？"

拉尔夫·詹姆斯几乎立刻举起了手。

"通过学习风格跟踪观察孩子，这个方法怎么样？"他问，"我的孩子很聪明，但他对传统的教学方式适应得并不是很好。"

"但是教师不能为每个学生量身定制一切。"卡洛斯·阿尔韦拉立即抗议，"我有120名学生，他们都有不同的学习方式。我认为学生们必须尽其所能利用现有环境,而不是要求环境去适应他们。詹姆斯先生,我无意冒犯您,但您孩子的错误学习态度源于家庭。"

"我们父母可以做些什么来帮助解决这个问题?"芭芭拉·所罗门插进来问,"我们处在不同的收入阶层。我们有不同的工作。25年前我就是这所学校的学生,我的女儿在这里各方面都表现得很好。但她做得很好,是因为她有供她使用的一些工具。那些需求在这里没有得到满足的孩子呢?甚至就算是我的女儿,她也经常有想要上的课程而兰德尔高中没办法提供。我敢打赌,如果放学后有更好的写作课程,她会更开心。或者扩大艺术课程的规模呢?如果孩子们可以为他们所喜欢的事情来上学……"

"这笔用于扩大课程规模的资金来自哪里?"另一位家长问道。

"大家注意,今天的会议不是自由辩论哦。"奥斯顿意识到这个错误时已经太晚了。当父母们开始纷纷加入争吵时,她抑制住想要将头埋在手里躲起来的欲望。这些讨论对兰德尔高中而言根本没有任何好处。但是,究竟要做什么才能帮助兰德尔高中走出困境呢?

一小时后,会议终于结束了。奥斯顿回到她的办公室。她有半个小时的时间来思考如何跟道格沟通。这个孩子破坏教学楼第四层的更衣柜被抓到。正常情况下,他是一个非常乖的好孩子,因此奥斯顿知道那时候发生的事情应该另有隐情。就算没有这件事,最近道格的出勤情况也会让他处于不合格的边缘。在短短的一天里,罗伯和道格的命运仿佛倒置了,而这不过是因为一桶把更衣柜刷得漆黑的油漆。不,她并不后悔等到道格今天进行最后一次练习之后再跟他谈这件事情。

奥斯顿回想起她夏天去的校长训练营。当时她在那里结识了很多校长，他们也是"知识就是力量"计划的校友。其中一些来自休斯敦和纽约的教育工作者提出了一些有趣的想法，顺便也证明了为什么特许混办学校在学校改革方面有更大的优势。在KIPP，他们明确地告诉孩子们应该运用策略来指导自己的学习——他们教孩子们如何保持专注力。特别是如道格这样的孩子，由于父母收入拮据，无法像其他同龄孩子的父母一样花时间陪伴孩子。奥斯顿了解道格父母的情况，她真恨不得能让道格整天待在学校，亲自监督他吃早餐，随时提醒他专心学习。她在课堂上看过几次道格的表现，他做笔记的认真样子很完美。但与大多数老师不同，她知道道格不是在做笔记，而是在涂鸦——极妙的、精心设计的涂鸦。第一次看到道格的笔记本时，她十分震惊，他这样子不做笔记只涂鸦有多久了？但她也立刻知道道格很有才华。也许道格应该去一所拥有更多非传统课程的学校，如更多的艺术、更有创意的写作、更多的音乐。然而兰德尔高中却因为没有基础设施或资金，所以它能提供的艺术项目确实比较糟糕。当道格将注意力放到正确的方向上时，他是一个多么充满活力而又容易分心的孩子呀。事实上，当道格到达她办公室的门口时，他正唱着歌，一副无忧无虑的模样。

"我听到了小道消息。"他哼唱着，"嗨，奥斯顿博士。"

"进来吧。"她说。

道格没等她邀请就一屁股坐了下来，看着她微笑。奥斯顿努力设法让自己不回以微笑。他的头发顶端是蓝色的，这是自他上次来校长办公室后又新加的吗？刚运动完又洗完澡后，他的头发显得十分湿润。

"道格，油漆真是又上了一个台阶的胡闹。你是否意识到破坏学校财产会面临五天停课的处理？"

他的脸拉了下来："这只是一场球队的恶作剧。"

"道格，球队中其他人什么都没做。"

他沉默了。

"你母亲的号码是多少？"她拿起靠近她桌子的电话听筒。

"奥斯顿博士，我妈妈在上班，是晚班，不需要打扰她。我会把衣柜清理干净，会赔偿这次学校的损失，您要罚我也行。"道格着急地说。

"道格拉斯·基姆。这已经不完全是金钱的问题了。还有，你觉得这个恶作剧得花多少钱？工人、新油漆，乘以你破坏的更衣柜数量，很容易就到800美元了。"

道格的嘴巴张开了一点。他咕哝着咒骂了一句，奥斯顿选择忽略。道格惹的麻烦已经够多了。

"要么你打电话给你的父母，要么我打电话给警察。"

奥斯顿总有几天讨厌自己的工作。在另一所学校，在另一个时间，她可能会告诉道格，他赢得了艺术奖。但是现在不会，她递给他电话。他十分缓慢且不情愿地拨打了电话。罗伯·詹姆斯不知道这件事，但道格威胁他前锋的位置的日子结束了。

• • •

奥斯顿身处一个令人沮丧且令人遗憾的尴尬境地：她看到了一个问题，并且知道有一些经过验证的解决方案，但由于学校的限制，她无法实施这些解决方案。正如我们之前看到的那样，奥斯顿的解决方案在兰德尔高中的体系中取得了一些改良性的进展。她引入在线课程让学生参加他们原本无法学习的课程，从而使学习变得可定制、更加贴近学生。但是，以学生为中心的基于计算机的学习并无法解决困扰兰德尔高中及其学生的许多问题。一些学生的家庭正强烈要求学校系统发生激烈变革——也许是像 KIPP 这样的特许混办学校，其结构的设计是为了同时传授学习和生活技能，而不仅仅是学习知识内容。但公立学校受到严格管制，拮据的预算以及完全不同的决策机制，限制了奥斯顿，让她无法为类似道格这样的问题提出一个共性的解决方案。她所能做的，最多不过是一次帮助一个孩子解决一个问题。

为什么成功转化了一个组织的改良方案，却无法在另一个组织中成功实施？绝大部分情况下，这并不是因为其中一个组织的员工渴望改善和解决问题，而另一个组织的员工更愿意被动地接受平庸。大多数情况下，改良创新方案的命运取决于不同组织中管理者创建组织结构的意愿或能力。有了这样的意愿或能力，才能够成功制订和实施新的解决方案。管理者的一项关键技能，就是以适合解决目标问题的方式来改变组织的结构。

❖ 组织的灵魂

特雷西·基德尔（Tracy Kidder）的普利策奖获奖作品《新机器

的灵魂》(*The Soul of a New Machine*)中的一个故事,很好地说明了一个组织的结构将如何影响其创新能力。在20世纪70年代后期,一家波士顿地区名为Data General的创业公司向当时的行业领导者——DEC公司发起了挑战,争夺下一代小型电脑的设计优势。汤姆·韦斯特(Tom West)——Data General公司的一个员工——领导该项目并漂亮地击败了DEC。

那时,DEC已经率先推出了新的小型机,因此Data General一开始处于舍命狂追状态。经过长时间的马拉松式的研发,韦斯特的团队在破纪录的时间内完成了新产品的设计。但是,他们马上面临一个问题,即DEC的产品优势。大名鼎鼎的DEC产品,比他们这个小团队设计的新产品好在哪儿?对他们的威胁有多大?很巧的是,一个朋友的公司刚购买了一台新的DEC产品,所以这个朋友允许韦斯特进入他的工厂将DEC机器拆开——不仅要看这台机器可以做到什么,还要研究它是如何做到的。

在仿若冷战时期的间谍活动一样的紧张气氛下,韦斯特轻轻松开螺丝,小心翼翼地抬起DEC产品的机盖,仔细观察这个神秘产品的内部结构。但是,韦斯特发现,DEC实际上并没有赢得竞争——Data General已经设计出的小型机明显更高效,更具成本效益。"看着(小型电脑),韦斯特简直可以想象到DEC的企业组织图。"基德尔评论道。[1] DEC的不同工程部门的组织方式,决定了它能够以及不能生产的组件。DEC的组织结构基本上决定了其计算机的设计,因此大大限制了它的新产品。

这个时候的DEC正在经历每个组织都会经历的转型过渡期。一开始,小团队都是以交互方式设计其早期产品,因而所有成员都对每个组件和子系统的规格做出了相应贡献。然而，当 DEC 开始在市场上销售其首批产品并大获成功后，它也必须承担设计其下一代产品的责任。DEC 形成了子团队或部门，用来改进每个子系统的设计，从数据存储系统到逻辑电路，再到操作系统等。工程师建立规则或者说是接口标准，用来解释每个部门的工作是如何与其他部门设计的子系统相适应的。换句话说，老产品的架构推动了组织结构图的配置方式——不同的组织有不同的职责，以及它们之间不同的交流方式。

随着这些部门的员工一代又一代地改进他们各自的 DEC 计算机，一次又一次成功解决问题，他们的子系统专业知识不断深化。但是他们完全重新配置计算机的各个部分，让电脑的各部分在一个新颖的体系结构中进行交互配合的能力大大下降了，因为定义电脑的组件和子系统，以及这些组件如何结合在一起，是 DEC 在其成立之初处理的任务。随着时间的推移，组织的设计与其产品之间的关系开始转变。如今，是组织的结构决定了其新产品的架构。

这种因果关系方向的转变也发生在每个成功的组织中。在当下任务只是改进单个组件时，成功组织的结构十分利于实施这些改进。但是，当公司的产品需要从根本上进行重新配置时，为了避免陷入上述陷阱，就必须重新配置组织本身现有的结构，从而建立团队合作的新模式。

❖ 组织设计的一个模型

从事创新的人面临的问题一般可以分为四类。如图 9-1 所示，对于每种类型的问题，他们需要不同的组织结构才能顺利解决。这张图系统地描述了从底部的组件级别的问题，到顶部架构创新和商业模型创新的垂直上升阶梯中，可能遇到的不同性质的问题。

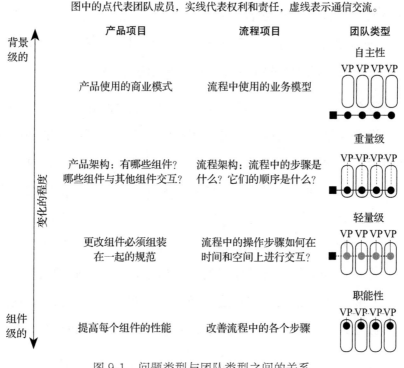

图 9-1　问题类型与团队类型之间的关系

其中最简单的持续性创新可称为职能性或部门性问题。此类问题发生在产品的各个组件或流程的各个步骤中。[2] 每个组件的工作都是独立的，每个部门的工作是可以自成一体的。这类创新的特点之一，就是问题可以内部解决，与其他部门交互不是必需的，只要每个部门的组件与其他部门的组件或流程对接的方式保持不变就行。

要想具象化这类问题，我们可以想象一下，戴尔如何改良它现有的个人计算机。戴尔计算机的架构是标准化的[3]。这意味着每个组件是什么，以及每个组件与其他组件交互的要求，在行业标准中都有详细的条例。这些条例十分详细，甚至到了致力于改良的团队不需要在同一家公司工作的地步！英特尔改进了微处理器，微软升级了自己的操作系统，希捷自己的磁盘驱动器增加了千兆字节，三星为自己的DRAM芯片增加了兆字节，等等。详细、通用的接口要求，减免了这些独立运作的组织之间的协调工作，使得它们更有效率。

最适合解决这类创新挑战的团队类型是职能性团队，我们在图9-1的右下角描绘了这个团队。职能性团队的管理人员倾向于围绕商业定义（如金融、营销、生产制造、工程等）创建职能性小组。他们通常会通过专业知识细分这些广泛的学科，例如工程组织中的电气、机械以及软件或会计组织中的成本会计、预算、应付账款、工资单、信贷、收款等。对组件的详细要求，决定了每个职能组应该完成什么任务，以及每个组的任务如何与其他组的任务相结合。当人们可以提前为这些任务提供明确的定义，并且这些任务相互间没有依赖性时，这些小组可以独立且有效地工作，几乎没有需要用于协调工作的额外成本。

另外一些时候，一个小组决定进行改良将影响另一个小组完成其任务的方式。当这些组之间存在可预测的相互依赖性时，管理者就需要创建一个轻量级团队来处理。我们之所以把轻量级团队的管理者称为轻量级管理者，不是因为他们的知识能力有限，而是因为他们的责任性质是协调或轻触式的管理。轻量级管理者奔走于参与项目的各个单位之间，以确保每个单位的工作在时间线以及功能上能够相互搭配。我们用图9-1中连接轻量级管理者和团队成员的虚线来表示轻量级管理者的协调性角色。但是，如图中的实线垂直线所示，职能部门仍然对工作负主要责任。团队成员的思维模式，是"我们代表各自部门的能力和兴趣来参与这个改良项目"。大多数"矩阵化"在组织上兼具协调性和轻量级特征。

改进给定产品架构中的组件通常会带来渐进的改良。但是，到了需要重大改良或突破性的进展时，难免需要重新考虑产品的基本架构。而当产品或流程的基本架构需要改变时，具体而言，就是需要组合、消除或添加新组件，或让组件在产品性能中承担与之前不同的角色。这个时候，组件和负责它们的各个单位的人员需要以新的方式建立接口，而这是不能提前预见或明确定义的。解决这些不可预测的相互依赖关系通常意味着人们必须权衡部门之间的工作、权责和利益，常常需要让一个部门支持另一个部门才能达到系统最佳的性能。为了应对这种级别的创新挑战，组织必须创建重量级团队。重量级团队结构使其成员能够超越各自组织职能的界限，以不同的方式相互交流。为了让交流更有效，重量级团队的成员通常必须在同一个地方一起工作，一个具有重要影响力的管理者必须负责领导这个团队。每个成员在加入重量级团队时都会带来他们的专业知识，但他们的思维方式在团队工作期间绝不能停留在"代表"他们部门的利益层面。相反，他们应当明白，自己有责任帮助这个新团队找出更好的方法，来将原有的业务重新组合优化，他们的目标是实现整个项目的目标。

重量级团队是企业用于促进、形成新型工作方式的工具，可以生成新的产品架构。相比之下，轻量级团队和职能性团队是开发利用与现有架构相匹配的现有权责模式的工具。

第四类团队是自主性团队。自主性团队的功能不是只通过创造新的产品和流程来创新，而是在管理者应对颠覆性的商业模式创新时提供关键助力。如果一个创新式的赚钱机制，与企业已成立的传统业务单元的、经验证成功的获利机制不相容，那么这个创新项目将对企业自身具有颠覆性。自主性团队正是创造新型经济模式的工具，可以为新市场提供有利可图的服务。一个经典案例是戴顿·赫德森（Dayton Hudson）决定创建塔吉特，以应对大型折扣商店对传统百货公司造成的颠覆性破坏。我们在第3章中引用过的其他例子也是如此。图9-1描述了这样的团队的主要特征，即其结构在商业和技术方面完全独立于企业的主流部门。

丰田的团队

历史上，丰田曾经是一个经典商业案例，用于描述不同职能性团队对于达到对应的目的的重要性。丰田用职能性团队来设计它的汽车产品。它可以高效地做到这一点的原因，是它的工程师团队详细、准确、尽职尽责地描述了每个汽车模型中每个组件的性能需求和标准。他们还明确规定了应当如何制造满足这些性能标准的组件，以及每个组件如何与其他组件对接和组合。这些详细的说明，最大限度地减少了工程师和制造工人之间需要协调的问题数量。每个人都清楚地知道自己需要做什么，以及如何与其他人做的东西交互。这使得丰田能够快速、经济地设计出不断改进的汽车产品，并且只需很少的协调工作，这体现了丰田在处理这类复杂产品方面的非凡能力。

然而，到了丰田开发"普锐斯"混合动力汽车时，它却无法使用职能性团队了。因为混合动力汽车用的是一个完全不同的架构。为此，丰田必须开发新的组件，以新的方式和其他新的组件连接。内燃机必须用电动机协调推进；刹车不只是让车子变慢，还需要能够发电。这又彻底改变了电池在系统中的作用。由于这些组件需要完成的功能和传统组件完全不一样,工程师需要找到能将组件集成到一个整体中的新方法。

为了解决这些问题,丰田从每个部门中抽出关键人员,调到一个远离总部的地方,形成一个重量级团队。虽然他们带来了自己的专业知识,但他们的角色并不代表各自部门的利益或需求。这个团队成立的目的,是利用每个成员的专业知识来帮助丰田设计一个全新的产品——一辆优雅美丽的车。相比之下,丰田的大多数竞品都是依赖轻量级团队设计的混合动力汽车。后来丰田在混合动力汽车市场占据主要份额,无疑证明了普锐斯的优势。

在开发第二代普锐斯产品时,丰田保留了其重量级的团队,只为了继续改进其架构并确保它充分了解了系统的各个部分是如何相互作用的。但是,一旦丰田工程师们充分了解到这一点,他们就可以编写说明文档,解释应当如何制作每个组件,以及每个组件如何与所有其他相关的组件交互,以便职能性团队在设计第三代普锐斯时,可以最大限度地减少协调的成本。

你有没有想过,为什么这么多员工抱怨工作时无法避免的部门间的交流不畅?是什么导致了这种现象?难道是他们的虐待狂经理迫使他们以这样互相隔绝的状态工作?当员工通过其部门内部早已建立的流程可以解决他们要处理的问题时,他们根本不会抱怨工作中的孤立状态。但是,当管理者要求为产品或流程创建新的架构,然后希望他们的部下在各自部门单位的范围内实现这一目标时,团队成员就会受不同部门功能性细节的限制,谁也无法解决系统级别的问题。于是,他们的工作会陷入地盘战,引发各部门间无休止的扯皮和协调、痛苦的妥协，最终造成他们自己、他们的老板乃至客户的失望和沮丧。

❖ 公立学校系统的创新及组织架构

许多公立学校在创新方面捉襟见肘的原因，在于它们的组织结构。与大多数组织一样，公立学校的体系反映的是其现有产品的架构。高中由英语部、科学部、数学部、社会研究部和外语部组成，是因为它平时教授的就是这些课程，各部门提供相应类别的产品。[4] 每个部门的教员组成了职能性团队。如果科学部引入新的化学实验室，不需要跨部门间的协调活动，只是在它控制的课程内部进行变动就可以了。这些活动是学校日常工作的一部分。同样，小学的职能性团队就是按年级划分的各个年级。

一个典型的学校也会有些轻量级团队。在高中，部门负责人经常组成轻量级团队，以协调各个学科领域之间共建的活动。同样，如果四年级教师要以新的方式教授多项式除法，就需要一个轻量级协调团队，负责跟五年级教学组沟通协调，搞清楚在之后的五年级数学课程中所需要进行的相应调整，并达成双方一致同意。

然而，在需要一个完全不同的架构才能促进更大的改良时，问题就随之出现了。学校管理者和监管机构通常会建立委员会和工作组来解决这个问题，而不是允许一线教师使用重量级团队。当在每个部门内工作的教师团队需要重新调整架构时，这些工作组很容易陷入无休止的争论，勉强妥协，而最后问题往往并没有得到解决。

重量级教育团队

不同的学区应该如何建立重量级团队呢？可以采取的形式是多样的，但各种名目各异的特许混办学校和试点学校，目前正在从巴尔的摩到纽约再到洛杉矶等地区快速涌现，是目前最常见的情况。

特许混办学校可以算一种形式的重量级团队。当我们通过创新研究的视角来研究教育时，我们本能地想要将特许混办学校划分为颠覆式创新。但仔细一想，这么说有失偏颇。大多数特许混办学校其实是持续性创新，因为它们的目的是更好地教育和学区学生一样的孩子们。但是，特许混办学校相关的法律法规，使得身处特许混办学校的创新教育者有更高的自由度，可以跨越学区学校很难跨越的部门间的沟通鸿沟，并可以让作为重量级团队成员的特许混办学校的教师们能够灵活地创建新的学习架构。同样的架构也可以出现在我们常规的公立学区学校里，但仅有当这些公立学校也愿意创建重量级团队时才有可能实现。

我们发现，大多数成功的特许混办学校将组织架构创新分为并不互斥的两类。第一类由新的学习和教学体系结构组成，创新在于如何教和学。第二类侧重于课业以外和上课时间以外的活动，以期改善那些对学生的行为有影响的因素并满足其他有着特殊需求孩子的需求。[5]

学术体系结构创新

如果将来我们要做到系统地整合在线教学内容，并以最适合学生的方式有针对性地推送教育内容，那很可能我们需要学术体系结构的变革，而这类重大创新通常只能通过重量级团队才能有效完成。其他略低一级的学术体系结构变化，可能会导致学生必须在不同学科（诸如经济学、化学和物理学等）的背景下学习另外一些科目，例如数学。还有一个学术体系结构创新的例子，是将历史和文学组合到一门课程中，用一门学科中教授的要义去研究另一门学科。

有一种学术体系结构变革的形式已经成功获得了一部分大众的注意力，它就是通过使用重量级团队创建基于项目的学习的新式学校。这些新式学校以在普罗维登斯罗得岛的大都会学校（The Met）为代表。大都会学校是远景学校的雏形。它不是根据学科部门组织的。相反，学校让学生在现实社会中实习，并让他们做自己选择的项目。大都会学校会聘请顾问而非教师来帮助学生通过项目学习，并整合所有为完成项目而取得的数学、读写以及其他传统技能和知识。大都会学校的架构将学习整合到完成项目的动作中，让学生在学习期间同时获取成就感。而我们已经在第 7 章讨论过，我们相信这是学生们每天要完成的最重要任务。

另一个有意思的特许混办学校的例子是圣迭戈的"高科技"高中，其特点也是通过基于项目的学习来创新学术架构。它对于技术的使用重点是不要与传统的教学有交集。正如其首席执行官拉里·罗森斯托克（Larry Rosenstock）所说，科技存在的目的"是让学校像每个学生的现实世界一样真实"。他接着说："当然，技术在这里到处都是。但重点是我们要生产技术，而不是消费它。实际上，我们这里的孩子在过去几年里已经获得了好多个专利。"[6]

罗森斯托克精心设计并组建了一支教师团队，并督促他们认真地研究和试验促进学生自己承担学习责任的各种方法。这里的教师更像教练而不像讲师。他们更重要的工作是帮助、指导和评估学生们。事实上，深信教学资格与教学能力之间并没有斩钉截铁的实在联系的罗森斯托克，在加利福尼亚州取得了办学许可，与当地高中一起开办了一所教育学院。在那里，他们逐渐打磨了一种教学方法，可以简单总结为"团队教学，小组学习，凭经验评估"。举例来说，如果学生的目的是建造悬浮船，那么评估的依据就是，它是否能脱离地面？

通过电子游戏进行游戏化学习，一直是很多教育工作者跃跃欲试的发展方向。父母们总是或多或少地抱怨孩子打电子游戏。然而，电子游戏如果被好好利用，完全可以教会孩子们那些所谓"21世纪的必备技能"，比如，如何解决问题，如何决策、做假设和制定战略。它们还可以用于教授数学的基本原理，或者引导学生进行阅读。更重要的是，如果做得好，孩子们会通过玩游戏而热爱学习。已经有完整的文献来支持这种"严肃游戏"运动的兴起。越来越多的电子游戏设计师和程序员开始设计具有教育价值的趣味游戏。马克·普兰斯基（Marc Prensky）就在这个方面撰写了大量文章。他最近的三本书是《数字化游戏学习》（*Digital Game-Based Learning*）、《不要打扰我，妈妈——我正在学习！》（*Don't Bother Me Mom—I'm Learning!*），以及《在线学习中的游戏和模仿》（*Games and Simulations in Online Learning*）。亚利桑那州立大学的教授詹姆斯·保罗·吉（James Paul Gee）也就该主题撰写了大量文章。他的书包括《电子游戏如何教我们学习和读写》（*What Video Games Have to Teach Us about Learning and Literacy*），以及《好的电子游戏和好的学习：研究文集》（*Good Video Games and Good Learning: Collected Essays*）。吉的这些研究是突破性的，为教育游戏带来了一些激动人心的理论创新机会。

无疑，游戏和学习的融合让人十分期待。但是这项技术在大多数情况下都不是一种独立、模块化、即插即用的改进方式。因此，许多教育视频游戏都在进校方面费尽心力却成就寥寥，迄今没有在我们的学校系统里造成有意义的改变。让教育视频游戏进入体系并引发有意义的结构性变化，等同于在教育界引发重大创新。这就需要我们重新审视现有课程体系结构，而为此，重量级团队将是不可或缺的。

纽约的一所新学校就进行了这种尝试。它的名字是探索学习学校（Quest to Learn，Q2L）。Q2L是受到了吉的研究的启发而设立的。它的课程完全基于游戏化的学习，其中许多是视频游戏。这所学校的新颖之处在于，从2009～2010学年开始的12岁学生，一直到18岁，都待在这所学校里。它有两个特点。首先，它的课程是游戏化的。其次，它的课程与人们熟悉的英语、社会学、数学等传统课程截然不同。Q2L的学习日常可分为四个90分钟的不同领域。这些领域有"代码学"（包括数学、英语及超文本语言，它们被看作具有不同逻辑的代码系统）；存在、空间和地点（英语和社会研究）；物体间的作用方式（数学和科学）；脑力运动（游戏设计和媒体艺术）；健康（社会情感学习，体育，营养），以及自我认知（社交网络空间）。学生通过完成游戏任务来学习，以类似于"打倒终极大坏蛋"（这是电子游戏用语中的常用词）的为期两周的考试告终。在这场考试中，整个学校都要共同努力，解决一些特定的挑战。学校课程的重点是帮助学生理解"系统"的概念，从如何细分一个系统，到理解这些构成系统的独立元素的一切，以及它们间如何相互作用。由于学校是公立的，学生仍然需要进行正常的学科内容测试，但最终目标是让学生为毕业后要进入的复杂世界做好准备。[7]

行为学结构的创新

还有一些特许混办学校，专注改良那些引导学生行为的体系结构因素。可以说，创立能够正向影响学生行为的体系结构，至少与开发以学生为中心的软件、为每个学生量身定制学习机会同样重要。公立学校提供的教学服务往往必须是全面的，因为它必须兼顾特定区域的所有学生，相对地就难以针对个人情况进行定制化服务。但事实是，并非所有学生都在同一起跑线上。而且，过去30年来学生的多样性显著提升，因此，定制化学习的需求也随之显著增长。

为了更好地理解这一需求，让我们来重新审视第8章中关于建立良好教育理论研究的模型。一个真正有效的模型很少会断言"……那样的……是放之四海而皆准的"。正相反，为了让模型具有更好的适用性，研究人员必须定义一系列场景和先决条件，决策者可以根据自己所在的环境对号入座，然后视具体条件做"如果……那么……"的简单逻辑决策。"如果你发现自己处于这种情况下，那么你应该这样做；但如果你处于那种情况，不要像之前那样做，因为它不会起作用。而要根据那种情况做……"这些理论是特别受实用主义者欢迎的，因为它帮助身处任何特定环境下的决策者来合理地预测他们的行为将会产生的结果。

当今，主流的学校分类方案是依据地域进行划分的：所有住在这个社区的学生，都应该去当地离家最近的学校。20世纪初，当汽车和公共交通系统都非常落后时，根据地域划分学校显得完美无缺。为了让孩子们上学方便，我们需要将他们分配到一定步行距离以内的学校。尽管现在这种交通限制基本消失了，但我们仍遵循这一项政策。其隐含的假设是，某一特定地域内的所有孩子都应该在同一种学校体系结构下获得最好的服务。

当孩子上小学时，按地理位置选择学校或许仍然是合理的。因为小学的基本社会功能之一，就是通过收纳孩子并允许不同背景的孩子一起入学，来促进社会的民主性。这不仅对社会而且对儿童本身都具有价值。[8] 但是，当学生年龄越来越大时，地域分类则显得没那么有意义了。[9] 同一学校的学生中考试成绩的差距已经清楚地表明，地域分类无法满足不同类型学生的学习需求。难道我们真的认为，只是因为某人与其他人住在一条街区，那么他们自然拥有相同的教育需求？地域分类的潜在假设偏偏就是这样。

如果学区将他们的任务定位为不断寻找不同类别学生的最佳体系结构，那么这将重塑其对特许混办学校的看法。从本质上讲，他们可以说："如果某种类型的学校不适合所有学生，那也没关系。我们需要不同类型的学校。"各区应将特许混办学校视为重量级研究和开发实验室，其章程实质上是帮助学区在特定情况下为学生匹配学校类型。

KIPP、阿米斯特德特许混办学校，以及北极星特许混办学校都是新型学校体系结构创新的例子。这些新的体系结构在帮助那些没有能够从家庭获得基本的学习行为指引的孩子方面，取得了令人惊叹的成功。KIPP 的架构包括一个叫作"SLANT"的课堂行为系统，它指导学生"S 坐下来，L 倾听，A 提问，N 点头，T 用眼睛追踪老师"。[10] KIPP 的联合创始人戴维·莱文认为，其实大多数美国人都已经在潜移默化的影响下熟练地使用这些学习方法来获取知识了。他说，KIPP 的学生"需要专门、明确地学习这些方法"。KIPP 的上学时间比别的学校要长，这点在其体系结构的设计中有着重要意义。KIPP 的体系还要求家长与学校达成协议，家长需要在一定程度上参与孩子的教育。KIPP 不会接纳不能满足此要求的家庭的孩子，因为其体系结构不适用于所有人，只适用于上述特定情况下的孩子。正是因为 KIPP 学校专门支持这些特定家庭背景的学生，它才需要拥有那些与传统学校无关但是对 KIPP 的目的实现而言极其必要的功能。这些职能让 KIPP 学校成功地教育它的目标受众——孩子。[11]

KIPP 系统的批评者说的一点没错，KIPP 的架构并不适合所有学生。但这又有什么关系呢？根据一所特许混办学校是不是有利于所有学生的发展，而决定接受或拒绝这个实验性学校体系结构的做法是愚蠢的。SLANT 的教学方法对许多学生来说是浪费时间，甚至会阻碍他们的学习进步。[12] 公立学区学校并不应将特许混办学校当作竞争对手而孤立它们；相反，公立学区学校应当仔细观察和研究特许混办学校的成功，这样它们才能理解每种不同的成功体系结构，都是针对其特定经营环境而言优越的解决方案。学校管理者应该让处于特定情况下的学生去一所专门解决他特定问题的学校。

特许混办学校只是重量级团队中的一种。公立学区学校还可以在自己的学区体系中建立重量级团队。比如，波士顿公立学校校区就已经成立了试点学校。学校内的院系也可以担任这个角色。事实上，如今越来越多的公立学区学校已经针对特许混办学校做出回应，并不是单纯地打击新兴特许混办学校的创意，而是要自己创建重量级团队。包括巴尔的摩、波士顿、芝加哥、纽约、洛杉矶和华盛顿在内的许多城市，以及明尼苏达州等州都在创建各种名目的新型学校。

如何系统地从特许混办学校及试点学校的创新中受益

虽然建立重量级团队的方式和地点等细节可能有所不同，但其背后的逻辑是差不多的。改变团队结构是学校改革者的关键武器。因为大家都已经清楚地看到，仅通过轻量级委员会结构是无法实现架构变革的。

将特许混办学校和试点学校看作试验而非竞争者，会给学校管理者和政策制定者一个截然不同的视角，让他们可以观察当前实验性新型学校新架构的优劣。因为这些新型学校主要是为了弥补市场上现有服务的不足应运而生的，它们的存在必有其意义。[13] 比较学校与学校之间的差异是一种错误的分析方法。对比来自相似背景的学生的表现，例如，其中一个在学区内的学校接受教育，另一个在使用不同体系结构的特许混办学校学习，这样的对比分析才有意义。[14]

当一所学校某些类型的学生取得了某些方面的进步时，我们应该研究和梳理究竟是什么因素起了作用，以及是如何成功的。这件事情特许混办学校可以自己做。或者，州立法者和慈善组织也可以委托专门的研究人员来进行研究，这样公立学区学校等于拥有了一个广阔的遍及全州的研发实验室网络，可以利用它们来最大效率地进行学习。我们的一个猜想是，在多数情况下，特许混办学校的优越表现也许是因为它们的教师更加努力工作。因此，随着教师的倦怠，学校的表现会逐渐变得不好。然而，在其他少数情况下，我们认为体系结构的持续进步造就了那些肉眼可见的改进。

就如我们一再强调的，为了促进体系结构创新，建立标准至关重要。流程标准（对教育学生的方式进行的规定）是对创新的抑制。但能力的标准至关重要，因为它们为创新者提供了改进的共同目标。没有这样的标准，学校的创新者的动力就无从谈起。

重量级团队与自主性团队的区别

公立学校董事会和管理者的使命应该是教育该领域内的所有学生，而并不只是维护其所辖地域的公立学校。然而，鲜有学区的董事会愿意将特许混办学校视为创新的改良工具。而大多数学区领导者更偏向于认为特许混办学校是自己的竞争威胁，因此，他们也刻意忽略它们的成就，或不相信其优点。这种思路的结果之一，就是大多数州都发现，特许混办学校的资金必须直接从州预算中划拨，而不太可能通过地区学校预算分配。因为学区领导者会将资源集中用于经营和改善自己的学校，即使他们知道这会将特许混办学校置于尴尬的境地。

在这种机制的作用下，如图9-1所示，特许混办学校被定位为竞争型自主性团队，在组织结构上与主流的公立学校分开，从而最大限度地减少一方拥有另一方资金的冲突。作为与主流市场中的可持续创新者相对应的颠覆性竞争者，创业型特许混办学校的表现正如颠覆式创新理论所预测的那样。首先，现任主流，即公立学校及其附属团队会为保护它们创建和管理学校的特许经营权而奋斗。考虑到老牌学校在持续性创新中所拥有的压倒性优势，特许混办学校的成长艰难也就不足为奇了，更不用说它们还要跨过重重法律和行政门槛，努力得到创建新型公立学校的许可、招收学生的资质、获得预算划拨的许可，等等。最近，如前所述，一些学区学校还开始自己进行可持续创新，已经开始为不同的新型实验学校创造多种可能性，以对特许混办学校形成的威胁做出回应。事实上，前面提到的其中一所学校——Quest to Learn，就是一所由纽约学区组建的重量级团队。由于学区为这些新型学校在自己的投资组合中预留了空间，我们预测这些现有学校基本上会"赢得"这些可持续创新的战斗，并在这个市场中持续占据主导市场份额。但是，这种竞争似乎只在一定程度上奏效，因为特许混办学校的威胁正在于，特许混办学校可以以学区没用过、想都不会想到或不可能采用的方式进行创新。

❖ 促进体系结构变革的政治力量

在本章中，截至目前我们都在集中讨论什么是必须做的：要建立新型学校的体系结构，必须培养包括特许混办学校以试点学校还有"学校内的学校"在内的重量级团队。这让教师和课程设计者有机会摆脱根深蒂固的学校部门界限的规则和早已习惯的界面标准。我们必须让这些团队成为我们学区不可分割的珍贵部分，而非竞争对手。但想明白什么是必须做的只是解决问题的最开端。如何提高政治影响力，说服每个需要合作的人在这些倡议中合作，这是本章最后一部分的主题。

我们关于如何完成我们辨明的必须完成的任务的建议，是基于我们的管理创新研究中出现的另一种被称为治理工具的模型。[15] 该模型认为，虽然在面临变革的时候领导者可以使用各种方法，让各利益相关方合作来执行创新，而且这些常见的方法还很多，诸如财务激励、谈判、愿景陈述、培训、绩效指标甚至诉讼等都算在内。但是，在大多数情况下，这些方法并不是总能起作用的。作为后果，领导者在实施变革时经常会浪费他们的信誉、精力和资源。有两个变量决定某种方法是否能有效诱导和激发某个合作项目通力朝着新方向进行：①各个相关利益方就他们都想要的东西达成一致理解的程度是多少；②他们就协议如何达成目标的方式的一致理解度是多少。从这两个方面来分析、审视学校，我们得出的结论是：大多数学校董事会所实践的民主决策制是非常不适合本书中所建议的种种创新和组织机构变革的。除非领导者能正确处理相关问题，否则民主决策制本身将成为阻碍学校变革的障碍。

测绘一致理解度

治理工具的模型如图 9-2 所示。其纵轴测量各利益相关方对于他们想要的某个事物即目标的一致理解度，即参与某项事业的人们所追求的目标究竟是什么：他们的价值观和重点是什么；他们愿意为实现这些结果会如何权衡取舍。一致理解度可以从图底部的零到图顶端的完全一致。图 9-2 的横轴代表各利益相关方对达到目的所涉及的因果关系和过程的一致理解度：某些行动会导致某些结果。对因果关系的强烈认同，也意味着对世界如何运转有一致的看法。

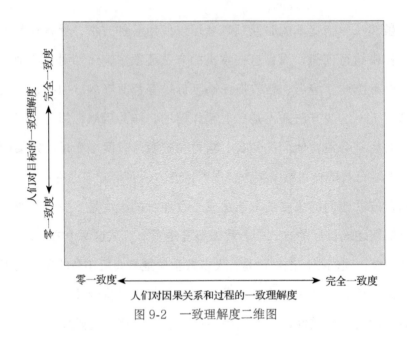

图 9-2 一致理解度二维图

我们可以将图 9-2 视为一张地图。领导者可以在地图的任何地方找到自己。在西南角，他们每个人在关于他们想要什么以及如何达到目的方面产生了分歧。在东北角，所有利益相关方目的一致，并且在如何达到目的方面抱有相似的信念。在这张地图上，没有"最佳"位置，关键是要认清自己究竟在哪里。该模型适用于像小到家庭一样的单位，抑或是项目团队、业务部门及公司，大到学区甚至是国家。一个团队的成员们能否成功地完成特定任务，对在特定时点这个团队在地图上所处的位置有着深远影响。许多团队在一开始处于地图的左下角。但是，如果它的成员能够一直成功地完成任务，且成员对于他们想要什么以及如何才能获得想要的东西能达成共识，那么团队的位置将转移到地图的东北角。例如，当新加坡于 1965 年独立时，这个小小的贫困国家由华人、印度人和马来人组成，那时他们的文化传统、家庭结构和宗教信仰并没有什么共性。李光耀（Lee Kuan Yew）总理在这个混乱的环境中脱颖而出，并制定了新加坡人的一套生活规则。正是依照这些规则，新加坡现在成为世界上最繁荣、最现代、最安全的地方之一。因此，到了现在，新加坡人已经对于如何创建和维护像他们这样的社会形成了一种强烈的信念。这些规则和信念通常与西方民主国家遵循的那些截然不同，但它们仍然成功地使新加坡从地图的西南部迁移到东北部。

相反，当历史上曾经成功的团队成员发现他们的组织正在逐渐走向衰败时，危机也会在这两个共识方面展开。由于资源和机会逐渐稀缺，人们开始以牺牲团队中的他人来为自己争取机会，团体会开始破裂。应该如何做才能阻止衰落，成为一个非共识的争论性问题。在作者撰写本书时，通用汽车公司就处于这种状况。不久前，它还位于地图的东北部，但是如今公司的经理、工会、供应商和经销商对如何解决公司问题几乎没有达成共识。

总而言之，成功可以将利益相关方推送到地图的北部和东部。但是，如果历史上成功运转的方式不再奏效，团队就将陷入危机，那么所有利益相关方的位置将向南部和西部偏移。

图 9-3 总结了用于团队和成员间促进合作的治理工具的类型，以及这些工具分别应用于地图上哪些不同位置的团队时将会是有效的。地图上画出的边界表明在给定区域内什么将会起作用，什么不起作用。这些标签并不是固定不变的，但可以帮助团队领导者了解在不同情况下使用哪些治理工具可能会有效。

在地图的西南地区，当团队在两个维度上都几乎没有达成共识时，能够在寻求创新行动的过程中促进合作的唯一工具是"权力工具"，比如命令、胁迫、威胁和斩首。这里可以是比喻义，也可以是字面意义上的。

例如，几个世纪以来，巴尔干半岛的各种种族和宗教团体一直位于地图的西南角。这些团体之间的斗争棘手而又根深蒂固，甚至它给英语带来了一个新词：巴尔干化。

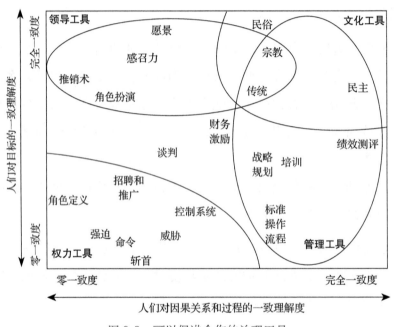

图 9-3　可以促进合作的治理工具

现在让我们用这个模型来分析一家公司——通用电气。当杰克·韦尔奇（Jack Welch）执掌通用电气时，该公司的业务五花八门，从化学品到灯泡，从喷气发动机到洗衣机，从金融服务到半导体，无所不包。当这些业务部门相互争夺资源时，就会出现巴尔干化的情况。韦尔奇管理通用电气的方法是：他宣称，一个部门如果做不到市场上的第一或第二，它就会被解散，而最终他真的解雇了大约 25 万人,并因此获得了"中子弹杰克"的绰号。在当时那种情况下,他其实没有选择,必须这样处理。结果,通用公司在韦尔奇的高压手段下发展繁荣,它在地图上的位置向右上方移动。之后,韦尔奇便明智地不再使用高压手段。为促进公司所需的合作,他开始使用战略规划、财务激励、培训和绩效测评等管理工具,以及愿景和角色扮演等领导工具。

虽然培训和绩效测评等管理工具在通用电气转移到地图的右侧部分时起到了很好的作用,但依据我们的模型,它们在更早些时候其实不会发挥作用。例如,你可以无休止地培训员工,但是如果他们对于通过培训来获得想要的结果尚未达成共识,或者对于培训如何能帮助他们达到目的缺乏共识,员工就不会自愿去做。于是,你只能强迫他们。同样,图9-3中的领导工具仅适用于地图的上部区域。人们只有在和他们的领导者想要的东西一致时,才会追随那些有感召力、有远见的榜样。想要不同东西的人则会漠不关心,甚至蔑视其领导者。

现在回到通用电气的例子。韦尔奇之后的首席执行官杰夫·伊梅尔特(Jeff Immelt)需要引导通用电气走向新的方向,而当前团队已经不处于地图的左下角了,他无法使用权力工具。如果他试图像20世纪80年代的杰克·韦尔奇那样,那么他会瞬间失败,因为通用电气的文化已十分强大。或许,他正在面临的管理挑战比韦尔奇执掌公司时的更大,因为当关于如何成功的广泛共识深深植根于组织文化时,变革就变得异常困难。如今伊梅尔特使用的文化工具,如传统、民俗、宗教和民主,都是出了名的善于抵制变化且坚持传统的。[16]

分离工具

模型的最后一个关键元素未在图 9-3 中展示出来。当潜在的合作各方间存在基本层面的分歧时，那么指望在所有人都自愿和满意的情况下就行动方针达成共识，基本是不可能的。在这种情况下，当所有其他工具都无法成功使用时，就可以出王牌了。我们将其称为"分离"：将存在意见冲突的各方分成不同的组，以便他们可以与其组内的其他人达成强有力的共识，但不需要与其他组的人达成一致。如上所述，在铁托巴尔干化后期，没有人可以像铁托之前做的那样，积累并掌握维持和平所必需的强大权力。所以我们只能尝试用克林顿般的感召力和布莱尔一样的推销术，即民主和谈判工具。我们也尝试了经济制裁和激励措施，但最后我们发现，除了分离，没有什么治理工具能再奏效。于是巴尔干半岛被划分为以民族为单位的国家和地区，从而减少有种族分歧的群体之间互相合作的需要，于是巴尔干地区的人们趋于和平。讲这个例子是为了说明同样的分离工具，可以帮助我们的学校通过独立的重量级团队或自主性团队实现体系结构创新。

❖ 有希望改变学校现状的治理工具

充分地研究了铁托、韦尔奇和伊梅尔特的例子之后，我们不禁想：这种工具对我们研究学校创新有何影响？在大多数情况下，公立学校系统位于地图的左下角。教师、纳税人、行政人员、家长、学生和政治家都有各自不同的关心事项，并对如何才能改进现状完全不能达成一致。回顾第2章社会赋予学校的许多工作——从学生社交到民主生活再到消除贫困，就可以想象到，这里面不同的利益相关者的优先考虑是截然不同的。对于什么样的特定行为才会让学校有所进步，所有小组成员有不同的观点：从更多的钱到更多的计算机，从更好的教师到更小的班级，从更多的自主性到更少的自主性，以及其他数不清的不同意见。

目前，学校处于地图左下方的低共识地带。了解了这一点，就可以理解为什么过去的改革者尝试过的很多补救措施都没有奏效。

例如，用我们的模型分析就可以得出结论，诸如按业绩付教师薪酬等财务激励措施将作用有限。几十年来，薪酬这个工具已经在美国的地区以不同形式使用过。这些方案中的大多数都失败了，因为它们的效力取决于各利益相关者对所要达到的成果及如何才能实现目标达成共识的程度。[17]几乎每个学区的校董会，都有一个关于如何成功的愿景宣言和战略规划。但校董会发现，这些愿景与宣言很少能让他们多元化的成员们达成一致并老老实实地合作。相反，他们会陷入地图左下方低共识地带所不可逃避的冲突和妥协中。

关于这种情况的分析结论发人深省。民主（目前法律框架下允许的主要治理工具）只有在地图右上侧的情况下才能成为有效的治理工具，因为那时人们对所想要的目标及世界如何运作方面早已经存在广泛的共识。[18]与宗教和传统一样，民主的本质是保持事物发生的方式不变。那么，改革公立学校是不可能的吗？

我们仍然相信，学校的变革是可能的。然而，我们写这一章是为了警告改革者们要明智且务实。人们一遍又一遍地尝试过各种方法——民主、民俗、感召力、绩效测评、培训、谈判和财务激励。一切都没能成功地改革我们的学校体制。分离工具目前看来是奏效了。但是，挥舞分离工具这样的大刀，需要强大的权力。

政客及学校领导者如果要对学校系统进行彻底的改革，就需要更加自如地积累并掌握权力。因为在目前的场景下，其他的治理工具最多会产生满腹牢骚、互相抱怨的合作。比如田纳西州查塔努加市中心的小学普遍表现糟糕。学区负责人杰西·雷吉斯特（Jesse Register）转而使用权力工具，更换了所有学校的校长。他让学校的所有老师重新申请工作并通过考试。虽然实际上他没有权力去解雇晋级失败的那100名教师，但他还是设法让他们从市中心的学校进入郊区的查塔努加学校，以便用那里更强大的基础设施支持他们。这些学校很快就焕然一新。[19]

学区通常由选举产生的学校董事会管理，其成员在激烈的争辩后通过投票决定做什么。然而，每个提案为了获得足够的票数，都通常必须妥协或让步。这基本上淹没了剧烈变革发生的可能性。因此，很少有学校董事会能够在学校体系结构及战略方面进行决定性的改变。

越来越多的市长，包括纽约市的迈克尔·布隆伯格（Michael Bloomberg）、波士顿的托马斯·梅尼诺（Thomas Menino）和华盛顿特区的阿德里安·芬提（Adrian Fenty），在过去十年里都选择了直接控制他们的学区。市长们可以任命一位具有与其相同的愿景的管理者，并且该管理者不必担心自己不得不取悦观点不同的学校董事会成员。公认的学校改革领导者如纽约大学校长乔尔·克莱恩（Joel Klein）甚至宣称，学校改革的必要前提是，许多现有的民主决策机制不要挡路。[20]

❖ 教育者的困境

是时候不得不做出改变了。社会对于公共教育的旧模式有越来越多的要求，而旧模式每天更显得岌岌可危。因为州法律允许公共资金投资于各种各样的学校，所以公立学校系统外部的其他选择越来越多。教育科技也绕开了传统模式找到了发展空间，并且日益进化得更高级、更易于使用。

学区会响应变革的号召吗？我们当然看到了各种响应的例子和不响应的例子，但是我们整体上持乐观态度。许多学区正在自己进行可持续创新。其他很多人更看好在线教育的颠覆式创新潜力，在他们各自的专业领域中尝试新的教育方法，并挖掘身边教育市场中尚存的非消费领域。

那些积极发展在线教育的地区，会用它真正改变自己目前的经营方式吗？前景尚不明朗。如果传统的公立学校能明白外部客观环境已经发生了不可逆转的改变，它们就有可能用前所未有的努力来发展在线教育市场。因为迄今为止，即使是组织结构更灵活、更开放的特许混办学校，也尚未真正抓住在线教育的红利。

我们知道，学校系统的这次转型绝非易事。作为创新学者，我们研究了多个行业，却很少发现兼具愿景、能力和意愿的主流企业，愿意在组织中刻意营造留白空间，以供颠覆式创新的机会成长。他们必须愿意给刚起步的企业相当大的自主权。他们必须明白，将一个颠覆式创新项目置于传统运营内部很可能会导致其失败，或者只是维持其现有发展。这些创新项目必须交由结构合适的正确团队。高级管理层无论是谁，都需要真诚的支持。企业全员都必须专注于达成目标任务，而不是迁就个人或团体的偏好。

虽然对于学校系统而言，更好的学习体验是目标，但各州和学区并不能强制"制订"更好的学习计划。它们所能做的就是创造条件，激励教师和学生尽一切努力获得更好的结果。

当前，一方面，不同的新型学校正在争相为那些从未上过传统公立学校的学生提供服务；另一方面，大多数的教育工作者正处于前所未有的变化和选择的十字路口。这就是教育者的困境。

注释

1. 特雷西·基德尔，《新机器的灵魂》(New York：Avon，1981，p. 32)。
2. 该部分组成的团队结构模型由哈佛商业学院的金·克拉克（Kim Clark）和史蒂夫·惠尔赖特（Steve Wheelwright）共同研发。参见史蒂夫·惠尔赖特和金·克拉克，《产品开发革命化》(New York：Free Press，1992)。
3. 如第1章所述，这种标准化体系结构便于戴尔计算机定制经济实惠的模块化组件。
4. 这些学校部门结构起源于这样一件事：一些学区在19世纪中期首次建立高中，这些学校在拥有相同学科部门的文理学院的基础上建立模型，并招聘受过不同学科培训的教师。莱瑞·古班，《高销售量、低使用率：教室中的电脑》(Cambridge, Massachusetts：Harvard University Press，2001)，p. 160。
5. 用其他理论解释（正如我们要解释的那样）这些学校已经知道他们的工作（教育所有学生），并了解找到正在运营的工作所需的经验。所以，他们已将传统上与学校无关的职能和服务向后一体化，这样他们就可以完成最重要的工作，如第1章中讨论的内容所述，他们希望能够建立可靠的汽车，像亨利·福特必须向后一体化并自己制造钢铁一样。
6. 从拉里·罗森斯托克的讲话到柯蒂斯·W.约翰逊（Curtis W. Johnson）(2006

年10月17日）关于团队访问加利福尼亚州圣迭戈的"高科技"高中的笔记。

7. 这些信息来源广泛，包括2010年2月16日探索学习（Q2L）研究的执行主任及任务实验室（Mission Lab）的研究总监罗伯特·托里斯的采访。详情另见http://q2l.org/（太平洋时间，2010年5月5日下午2:50访问）；《教孩子们通过游戏学难点》，《经济学人》杂志，2009年9月3日；杰里米·许（Jeremy Hsu），《纽约推出基于游戏的公立学校课程》，《大众科学》杂志，2009年9月16日，http://www.popsci.com/scitech/article/2009-09/first-public-school-based-games-set-nyc-debut。

8. 当然，一个问题是人们习惯性地让自己融入与自己有相似背景的群体，因此地域性学校并不一定能实现这一目的。

9. 我们注意到仍然存在一些重要的地理限制。鉴于在农村地区建立多所学校是不切实际的，其学生仍然需要按地域进行分类。在城市也存在一些地理限制。例如，正如案例"VOISE学院：在芝加哥公立高中开创混合学习模式"所讨论的那样，对于住在伊利诺伊州芝加哥奥斯汀社区的学生来说，"在其他社区的学校上学往往不是奥斯汀学生最安全或最实用的选择"，出于成本原因，或者说由于在这种特殊情况下，"前往不同的街区经常需要穿越帮派边界，这一点可能引发危险"。参见詹姆斯·斯隆（James Sloan）和凯瑟琳·麦基于2009年12月在Innosight Institute合作出版的《VOISE学院：在芝加哥公立高中开创混合学习模式》。

当然，那些同一建筑物内的小型学校或许可通过在线教育来避免因地域差异而缺少学习机会。在线教育的运作方式是灵活的"以社区为中心的模式"，在这一模式中，来自不同背景的学生可以有不同的非学术经历，也可能避免我们在本章中讨论的一些难题，还可能允许保留地理分类。

10. 根据堪萨斯大学唐·德什勒（Don Deshler）教授的说法，SLANT的一套做法是由现在是亚拉巴马大学的教授埃德·埃利斯（Ed Ellis）开发出来的。

11. 保罗·图赫（Paul Tough），"什么成就学生"，《纽约时报》，2006年11月26日，http://www.nytimes.com/2006/11/26/magazine/26tough.html?ex=1182142800&en=f88b748bf061ed7e& ei=5087。

12. 同样，Mass于2020年和其他人在说明学生延长学习时间的价值方面做了一些重要的工作。然而，这也可能是一种基于环境的理论。有些学生可能需要额外的在校时间来学习，但对其他学生而言，这可能是负面的，因为这可能让他们无法参加之前有机会参加的丰富的活动。

13. 这是一个关键点。相对于那些未受服务的人群，可持续创新对于任何市场中服务不周的部分至关重要，人们需要采取颠覆式创新。

14. 在某些情况下，即使这可能仍然是错误的分析单位，但因为要尽可能找到原因，人们也必须检查学生个人的课堂经历、教学安排、模块，甚至是一段内容。

15. 克莱顿·M.克里斯坦森、马特·马克思（Matt Marx）和霍华德·H.斯蒂文森（Howard H. Stevenson），"合作与变革的工具"，《哈佛商业评论》，2006年10月。为了清楚地说明该模型的应用，我们将其重命名为治理工具。

16. 我们在这里有意识地使用宗教一词，是因为通用电气或苹果等成功的公司十分信仰宗教。

17. 理查德·默南（Richard Murnane）和戴维·科恩（David K. Cohen）已经在他们关于绩效薪酬计划的里程碑式的文章中记录了为什么大多数绩效薪酬计划都失败了，只有少部分成功了。他们的理论与我们此处提出的理论非常一致，根据泰克和古班的说法，"穆纳恩和科恩认为，如果其目的是让教师能够超水平发挥，那么绩效薪酬计划很难奏效，因为管理者之间几乎无法就什么是有效的教学以及如何衡量它达成一致。在某种程度上，教学法的复杂性让绩效薪酬无法实现。当一些教师获得'优秀'而其他教师只获得'良好'的等级时，内部斗争就会在管理者预判之外爆发"。穆纳恩和科恩说，这些计划只有在教师帮助制订计划时才有效，而该计划并没有对教学情况进行评判，相反，为教师提供额外的资金，用于普通教学工作之外的学校相关工作。理查德·穆纳恩和戴维·科恩，"优异薪酬和评估问题：为什么只有少部分绩效薪酬计划可以成功"，《哈佛教育评论》，1986年。泰克和古班也参考了Susan Moore Johnson关于这个主题的工作成果，这与同样的理论相呼应，因为它详细说明了为什么教师会反感并拒绝这些计划。泰克和古班，《朝着乌托邦调整》（Cambridge, Massachusetts: Harvard University Press），1999，pp. 130-131。

18. 片刻的反思赞成这种想法。每当美国试图在一个国家实行民主，且该国的人民对于自己希望得到的或在不使用权力工具的情况下如何达到目的没有达成共识，即使获得成功，最终其社会秩序也会瓦解。海地和尼日利亚见证了之前发生的事情。也有做到的反例，如日本和联邦德国，美国利用权力工具恢复和维持其秩序，然后创造了共同的成功，推动两国走向民主。在菲律宾，虽然美国使用权力工具，但该国并没有走向民主并取得同样的成功。起初美国在犹豫是否要在萨达姆·侯赛因政府倒台、统治混乱时用权力工具，我们仍在等待伊拉克尘埃落定的结果。实施权力工具大大扭转了这一局面并恢复了一定程度的秩序，而作者在撰写本书时，尚不清楚伊拉克人是否会足够成功地共享成果，将他们自己推向图9-2的东北角。

此外，在过去50年由于根本性监管变革而实现了经济快速发展的国家，包括韩国、新加坡和智利，其领导者可以使用权力工具做需要做的事。随着这些国家的繁荣，两个方面的共识也逐渐增加，于是它们朝着民主的方向发展。

19.《新闻时间》栏目的教育专栏特约记者约翰·梅罗报道了为解决田纳西州一组小学问题学校领导者所做的努力。约翰·梅罗，"查塔努加市中心小学努力改善低的考试成绩"，《新闻时间》，2006年6月20日，http://www.pbs.org/newshour/bb/education/jan-june06/chatanooga_06-20.html。

20. 当然，乔尔·克莱恩仍然要对选民负责，因此他在某种程度上也要对民主负责，尽管是间接的。例如，如果布隆伯格市长在连任竞选中失败，克莱恩很可能也会失去他的职位。

结　语

25年后，小道格·基姆是南加利福尼亚州奥斯顿高中里大约2000名学生中的一名。此刻，校钟正在上午7:35响起，意味着教学楼将在10分钟内开放。有个瘦弱的二年级学生一直在停车场待着，和自己的乐队队友谈论音乐课。这个二年级学生抽出一些乐谱，开始向一位朋友解释一段旋律。外面很冷，而且有些学生会在晚些时候才到达。因为他们每个人和学习教练设定的时间不同，所以其实离小组排练开始还有很长时间，但他们仍然非常兴奋，一早就来到了学校。罗伯特·詹姆斯站在漆成蓝色的走廊门口，微笑地看着他们。尽管他从事教学已经十多年了，但是看着这些瘦高、笨拙的青少年，他仍然不敢相信，这些孩子的教育离他早期的教育经历已经如此遥远了。

"嗨，詹姆斯先生！"一个清脆的招呼声穿过整个停车场。他转身看到玛丽亚，像往常一样小跑着跑向他。

"嗨，所罗门女士。"他说。

"哟！孩子们今天早上不想走。"她说。

"这些孩子今天也是！"他回答。

他们走回教学楼里面，玛丽亚走进她的教室，罗伯特走向他的。他们在相邻的教室里工作，每个房间都有不同的技术设备。罗伯特的音乐和美术学生，包括小道格·基姆和他的乐队成员，已经迫不及待地打开电脑；玛丽亚的学生则各自决定是学习外语还是科学。他们的房间是由玻璃墙划分的，罗伯特可以看到玛丽亚正向自己的女儿萨拉（Sarah）弯下腰去，指着屏幕。今天早上吃早餐时萨拉还说到，她对即将开始的个性化教程感到非常激动。罗伯特无比怀念地记起他的日本朋友感谢他帮助自己练习英语的那一幕。现在，网络摄像头已成为标准配置，而教育对学生而言更加量身定制，使得他们对学习的热情高涨。萨拉像她的父亲一样，喜欢听音频，并通过反复练习来学习。她点击屏幕打开或停止播放一部阿拉伯电影，并可以随时停下来查看语法细节。在她的对面，萨拉的双胞胎兄弟萨姆（Sam），正按程序指令跟读并写下一个个单词。

在罗伯自己的教室里，瓦妮莎（Vanessa）正向蒂姆（Tim）展示她发现的一个可以帮他更好地理解乐谱的程序。蒂姆之前练习小号时，总因为自己一遍又一遍地重复同样的错误而十分苦恼。今年年初，这两个孩子还互相看不上，但现在，黑发女孩正专心致志地在足球运动员的键盘上操作着。看着蒂姆全神贯注的表情，罗伯笑了。瓦妮莎点击"启用"，程序演奏起了完美的曲调。"你可以把它设定为重复一定的次数，因此它是辅助你练习的，不要像拐杖一样依赖它。"她说，"你仍然要学会识乐谱。但如果你吹错了，它会马上告诉你。"

蒂姆把这条线路连接到与程序相连的麦克风上，并开始按乐谱演奏小号。这个程序会把他的演奏绘制在实际乐谱的下方。"看，你的第八个音符的时间太长，而且开始得太晚了。"瓦妮莎指着说道。

这时候，罗伯自己的电脑已经启动。他看了看自己最近的浏览记录：昨晚，在定制学习网（Custom-Learning Network，一个虚拟的网站名称）上，他终于找到了一款共享软件，能够帮助马特（Matt）解决保持节拍稳定的问题。要是他自己在上大学时能有这个软件该多好，那他学敲鼓就不会那么痛苦了。

如今,"教室",或者说是学习室,比过去更令学生们愿意亲近。学生们可以在这里一起学习,同时也可以施展各自的才华。"这是真正的因材施教。"罗伯感慨地想。目前,他们还没有添加 VR 模拟足球训练,但这个或许会有用。也许他应该找个时间跟助理教练道格·基姆聊聊这个事儿。话说回来,谁又能想得到这个当年化学差点不及格的小子最后也当了学习教练呢?

· · ·

我们这种对未来学校的构想,是否听起来有些牵强附会、遥不可及?多年来,我们在教育改革方面付出了各种各样的努力,却只取得了寥寥的进展。有些人试图直接对公立学校进行改革,其他人则通过开设特许混办学校寻求改革,还有许多人将计算机视为解救学校的关键点,等等。然而,我们仍在一次又一次地面对同一个问题:为什么学校没让我们的学生获得大家期望的结果?而我们提出的这次改革会有所不同吗?或者,我们应该就此放弃尝试吗?

不,现在并不是放弃的时候。为了让读者加深理解,让我们回顾一下本书中的五条重要信息。

1. 迄今为止的改革中,绝大部分并不剑指学生不愿意学习的根本原因。大多数改革的尝试缺乏对问题本源的深刻理解,为什么现状是这样的,或者说如何可预测地引进创新尝试。如果缺少这些深层理解的指导,教育改革这条路就注定难走。另外,往好处想，这也意味着我们现在正有机会取得重大进展。

2. 学校改革者一再试图谴责现有系统并正面对抗它，而我们从创新研究中获得的重要体会，是颠覆式创新从来不是通过直接攻击现有系统而立足的。相反，它必须绕过现有主流。这就是颠覆式创新如何用更廉价、便利、更好的功能和更快的反应最终颠覆主流市场的要诀。

3. 如果我们承认所有的孩子都有各自不同的最佳学习方式，那么学校教育服务目前的组织结构（在一个千篇一律的批处理模式系统中，让所有学生在同样的时间以相同的方式学习相同的东西），并不允许我们以个性化定制方式教育学生，甚至连尝试都很难。因此，我们需要一个新的、模块化的组织结构。

4. 一些最有可能规避现有的旧系统并创建新的模块化教育系统，从而使新兴的定制化教育成为可能的沃土，就是强大、可移动的互联网世界。我们可以把互联网看作我们在第9章中所描述的自主业务单元。当学校因决策机制过于集中而变得僵化时，每次变革的尝试都会受到许多现有的强大政治和其他"山头"势力的影响，因此从学校开始变革和推行定制化教育几乎是不可能的。反之，便利的、基于互联网的辅助价值网络将为定制化学习建立新的价值网络。在这个新的系统中，教育产品的开发以及购买决策会更去中心化和民主——学生、家长和教师都可以有自己的声音。只要给予足够的条件，我们相信，聪明的人会做出聪明的决策。

5. 最后，如果学校的管理者和领导层真的想在学校系统内实施这些变革，或者部分地推进因材施教的教学变革，他们需要能够有效地使用我们讨论过的权力工具和分离工具。在特许和私立学校中使用这些工具是最容易的。因为它们意味着学区委员会和政府官员需要转变思路：他们的责任不是管理其管辖范围内的特定学校，而是教育自己管辖地区的所有适龄儿童。系统的改革需要系统的视角，包括对所有类型学校的理解。如果我们相信教育者的最终职责是通过"不让一个孩子落后"的方式教育所有孩子，从而消除贫困，那么塑造儿童基本学习能力家庭教育的改革也是至关重要的。

在公共教育领域，不同的利益相关方有着不同的侧重点。这些利益相关方从地方级的行政人员和民选官员到州和联邦一级的官员，从教师到家长和学生，从慈善家到改革者和研究人员，从企业高管到商学院教授，每个人关心的点都不一样。根据本书的分析和理解，这些参与者需要做些什么才能助力教育改革，让这些众望所归的变化快速发生呢？

致教育系统的领导者：行政人员和民选官员

你们需要使用正确的创新工具来引发变革。永远不要相信自己是特殊的，由于某种原因而可以不受组织学的科学规律支配。在当今世界上，处在古老的学校系统"体制内"的人彼此之间有着深刻的分歧，他们对于学校系统想要什么有很多分歧，而对如何达到目的的分歧更大。因此，通过谈判来实施重大变革根本行不通。虽然权力工具和分离工具对那些受过多年民主决策思想熏陶的领导者来说似乎很刺耳，但它们却是解决教育改革难题的关键。

当你们面临预算危机而且难以获得好的师资时，不要通过在现有系统中减少输出来解决，而要通过促进颠覆式创新的方式来解决它，并尽可能完全让颠覆式创新保持自主性。这很关键。要谨记，不要试图用旧的监管方案来管制颠覆式创新，在旧方案的价值体系中，颠覆式创新不可能表现优秀。而且，让颠覆式创新置于旧系统内部本身就存在风险。学校系统的颠覆式创新必须摆脱那些适用于旧时代流水线模式的、注重投入的监管条例，因为这些条例中的KPI，从在座位时间到固定的学生/教师比，再到基于结果的指标如将学校预算与学生掌握课程的水平挂钩，不可能适用以学生为中心的新教学模式。如果我们允许时间成为系统中的变量，那么我们就可以将学习作为常量，从而使为学习成果付费在操作上成为可能。

任何资源分配过程，都不可避免地为了支撑现有系统而挤压新生尝试所能获得的资源。这意味着，每所学校应该有一个人的唯一的工作，就是研究在线课程的引入，并且随着时间的推移，这个人可能变成一个部门。这个人的职责，与学校或学区的首席信息官或信息技术人员不同。这个人需要拥有广泛的自主权并能直接向校长或学区负责人报告。他不对学校的其他教学工作负责，而是有权自由地根据他的意见，采取必要的步骤引入在线课程，帮助学校的孩子们访问并找到需要的线上课程资源。这个人的职责还应该包括从中吸取经验，不断改进课程引入过程，使之更顺畅。这就好像"校中校"的概念。它将有助于为学校开展颠覆式创新提供所需的成长空间，并逐步转向以学生为中心的教学模式。

此外，不要让学区给在线课程拨发资金，因为这样会将在线学习放在和学区争夺资源的对立面。让颠覆式创新直接对抗整个现有系统——学校，是没有意义的。不要对学生进行网上学习的科目或教师可在线创建的教学内容设置人为限制。如果他们需要访问课程或想要创建内容和课程，那么就放手让他们做他们需要做的、想要做的事情，以及最适合他们自己的事情。

致慈善机构与基金会

你们可以用资助的方式帮助颠覆式创新者并为这项创新创造市场。慷慨善良的人们和慈善机构浪费了大量的资源在无用的创新尝试上，而这些尝试，倘若经过创新者科学、仔细的审视，是早就可以预测到它们难以成事的。传统教室中的计算机、智能主导软件，默认所有学生的学习方法都是相似的；教师按学生成绩拿奖金的薪酬计划设计，以及那些将学校或教师的特征与学生的日常表现相比对来寻找规律的描述性研究，在公立教育改革方面基本没有成效。

相对地，你们应当去资助可以帮助我们了解不同的人如何学习的研究。这些研究帮助我们了解如何识别人与人之间的差异，以及不同的学生应当如何最好地教育自己和朋友。投资在这些研究上，将创造持久和深远的价值。因为如果它们能够成功，学习就会成为所有需要学习的人激励自我、获取成就感的主要途径。记住，富裕正在不断地削弱以前一直是我们主要学习动机的外生动机。此外，随着一些新型学校中某些类型的学生取得了成功，你们应当着重资助在哪些因素起了什么作用、对什么样的学生起作用，以及如何可预测地实现预期效果等方面的研究。这样，特许混办学校就真正成了全州学校的研发实验室。一个成功的特许混办学校的经验,可以在全州的所有公立学校中迅速普及。一种特定的学校体系结构在什么情况下有优势、在什么样的情况下效果欠佳,是十分值得研究的。

致企业家和创业者

投资技术平台让孩子们能够为彼此创建学习工具,帮助父母为自己的孩子和其他孩子创造工具,也让教师能够轻松地为学生和其他教师创造工具。这是件功德无量的事情。因为当我们需要教别人时,我们学得最透彻。投资这些可交换学习工具的平台以及便利化学习网络,可以为投资者带来经济上的回报,为慈善家带来社会上的回报。请记住,学生、家长和教师都特别希望能够找出并解决他们自己的学习问题和教学缺陷。他们都是有高度积极性和自主性的人,只是过去一直被困在僵化且互相制约的学校系统中,身边有太多阻碍定制化学习的条条框框。

致教师培训学院

不要再继续培训千人一面的、教学内容以教师为主导、上课以推送为主要形式的教师。老一代优秀教师的关键技能,是将学生的注意力集中在根据大多数学生的学习类型来教授的每个学科上。而未来的教师,需要具备可以对不同类型的学生进行一对一辅导的技能,因为这些学生的学习方式将演变成以学生为中心而设计的学习方式。在未来便利的网络上，教师可以创建并分发各种教学工具，将在以学生为中心的学习方式上发挥关键作用。所以未来的教师则需要学习如何为不同类型的学生创建这些工具，并在新环境中运行。

致研究生教育学院

不要仅仅做些对平均趋势进行描述性统计的枯燥工作，而应把你的注意力用于研究异常案例和异常数据，这里是最考验你的洞察力的地方。只有这样，教育研究人员才有可能发现我们目前尚且不明究竟的因果关系，以及为什么有的特定行为可以起作用，但有的做的是无用功。随着时间的推移，研究人员将逐渐形成基于环境的描述性的教育科学结论，这将有助于我们在未来几年取得更好的进展，因为我们真正了解了每个学生的需求，而不是学校的平均情况。

致教师、家长和学生

如果你的学校现在有一些学生需要的课程是自身无法提供的，请你自己动手在线搜索，并努力说服你的学校认可这些课程的学分。当学生学习某个概念遇到瓶颈时，鼓励他们上网搜索。这些创新性的辅助价值网络的目的，正在于能找到可以帮助该学生的在线辅导员或内容。如果有能力，你大可以自己创建这些工具，不要害怕与其他人分享。父母应该尽早寻求机会与孩子一起探索，这也是你在家里和孩子共度时间的非常好的方式。创建学习工具的过程不仅有趣，还可以帮助学生找到他们各自的爱好及学习兴趣，并大大鼓励他们的独特性。

我们的社区学校有能力实现变革。通过颠覆我们现在所了解的课堂，我们可以有效地解构教师、家长和学生多年来想要努力解决的重要难题。这些技术和组织创新方式并不是对现有系统的威胁。正相反，它们是令人兴奋的机会，可以让学生学习起来加倍地具有内生动机，使教学获得专业的回报，并使我们学校的问题从经济、政治上的负担转变为解决方案和力量的源泉。

吃掉那只青蛙经典时间管理